Escravidão
POR DÍVIDA NO TOCANTINS-BRASIL
Vidas dilaceradas

Editora Appris Ltda.
2.ª Edição - Copyright© 2024 do autor
Direitos de Edição Reservados à Editora Appris Ltda.

Nenhuma parte desta obra poderá ser utilizada indevidamente, sem estar de acordo com a Lei nº 9.610/98. Se incorreções forem encontradas, serão de exclusiva responsabilidade de seus organizadores. Foi realizado o Depósito Legal na Fundação Biblioteca Nacional, de acordo com as Leis nos 10.994, de 14/12/2004, e 12.192, de 14/01/2010.

Catalogação na Fonte
Elaborado por: Dayanne Leal Souza
Bibliotecária CRB 9/2162

L864e 2024	Lopes, Alberto Pereira
	Escravidão por dívida no Tocantins-Brasil: vidas dilaceradas / Alberto Pereira Lopes. – 2. ed. – Curitiba: Appris, 2024.
	312 p. : il. ; 23 cm. (Coleção Sustentabilidade, Impacto, Direito, Gestão e Educação Ambiental).
	ISBN 978-65-250-6206-8
	1. História. 2. Escravidão. 3. Direitos humanos. I. Lopes, Alberto Pereira. II. Título. III. Série.
	CDD – 323

Livro de acordo com a normalização técnica da ABNT

Appris editora

Editora e Livraria Appris Ltda.
Av. Manoel Ribas, 2265 – Mercês
Curitiba/PR – CEP: 80810-002
Tel. (41) 3156 - 4731
www.editoraappris.com.br

Printed in Brazil
Impresso no Brasil

Alberto Pereira Lopes

Escravidão
POR DÍVIDA NO TOCANTINS-BRASIL
Vidas dilaceradas

Appris
editora

Curitiba - PR
2024

FICHA TÉCNICA

EDITORIAL
Augusto Coelho
Sara C. de Andrade Coelho

COMITÊ EDITORIAL
Ana El Achkar (UNIVERSO/RJ)
Andréa Barbosa Gouveia (UFPR)
Conrado Moreira Mendes (PUC-MG)
Eliete Correia dos Santos (UEPB)
Fabiano Santos (UERJ/IESP)
Francinete Fernandes de Sousa (UEPB)
Francisco Carlos Duarte (PUCPR)
Francisco de Assis (Fiam-Faam, SP, Brasil)
Jacques de Lima Ferreira (UP)
Juliana Reichert Assunção Tonelli (UEL)
Maria Aparecida Barbosa (USP)
Maria Helena Zamora (PUC-Rio)
Maria Margarida de Andrade (Umack)
Marilda Aparecida Behrens (PUCPR)
Marli Caetano
Roque Ismael da Costa Güllich (UFFS)
Toni Reis (UFPR)
Valdomiro de Oliveira (UFPR)
Valério Brusamolin (IFPR)

PRODUÇÃO EDITORIAL Lucas Andrade e Bruna Fernanda Martins
REVISÃO Luana Íria Tucunduva
DIAGRAMAÇÃO Adriana Polyanna V. da Cruz
CAPA Carlos Pereira
REVISÃO DE PROVA Renata Cristina Lopes Miccelli

COMITÊ CIENTÍFICO DA COLEÇÃO SUSTENTABILIDADE, IMPACTO, DIREITO E GESTÃO AMBIENTAL

DIREÇÃO CIENTÍFICA Belinda Cunha

CONSULTORES
Dr. José Renato Martins (Unimep)
Maria Cristina Basílio Crispim da Silva (UFPB)
Dr. José Carlos de Oliveira (Unesp)
Iranice Gonçalves (Unipê)
Fernando Joaquim Ferreira Maia (UFRPE)
Elisabete Maniglia (Unesp)
Sérgio Augustin (UCS)
Prof. Dr. José Fernando Vidal de Souza (Uninove)
Prof. Dr. Jorge Luís Mialhe (Unesp-Unimep)
Hertha Urquiza (UFPB)
José Farias de Souza Filho (UFPB)
Talden Farias (UFPB)
Zysman Neiman (Unifesp)
Caio César Torres Cavalcanti (FDUC)

INTERNACIONAIS
Edgardo Torres (Universidad Garcilaso de la Veja)
Ana Maria Antão Geraldes (Centro de Investigação de Montanha (CIMO), Instituto Politécnico de Bragança)
Maria Amélia Martins (Centro de Biologia Ambiental Universidade de Lisboa)
Dionisio Fernández de Gatta Sánchez (Facultad de Derecho. Universidad de Salamanca)
Alberto Lucarelli (Università degli Studi di Napoli Federico II)
Luiz Oosterbeek (Instituto Politécnico de Tomar)

Aos meus pais, Ana Lopes e Luiz Pereira,
que estiveram ao meu lado
nos momentos felizes e difíceis da minha vida,
o meu amor e a minha gratidão.
E à minha avó, Auta Queiroga Lopes (mamãe – in memoriam),
poetisa popular, que acreditava no sonho
de um mundo melhor.
Saudades!

Canto das três raças

*Ninguém ouviu
Um soluçar de dor
No canto do Brasil
Um lamento triste
Sempre ecoou
Desde que o índio guerreiro
Foi pro cativeiro
E de lá cantou
Negro entoou
Um canto de revolta pelos ares
No Quilombo dos Palmares
Onde se refugiou
Fora a luta dos Inconfidentes
Pela quebra das correntes
Nada adiantou
E de guerra em paz
De paz em guerra
Todo o povo dessa terra
Quando pode cantar
Canta de dor
ô, ô, ô, ô, ô, ô
ô, ô, ô, ô, ô, ô
ô, ô, ô, ô, ô, ô
ô, ô, ô, ô, ô, ô
E ecoa noite e dia
É ensurdecedor
Ai, mas que agonia
O canto do trabalhador
Esse canto que devia
Ser um canto de alegria
Soa apenas
Como um soluçar de dor*

(Clara Nunes/ LP, 1976)
(Paulo César Pinheiro/ Mauro Duarte)

AGRADECIMENTOS

Nesta minha jornada, um pouco árdua, mesmo correndo o risco de cometer injustiças ao esquecer alguns nomes, gostaria de agradecer: especialmente ao professor Júlio César Suzuki, que acreditou na minha capacidade de fazer um trabalho tão complexo, e que se fez presente no meu dia-a-dia com afinco e generosidade. Muito cuidadoso, na forma de orientar e de construirmos juntos as reflexões do trabalho escravo contemporâneo no campo. É um geógrafo que faz do seu ofício a sua maestria pela sua dedicação em relação ao que trabalha seja o rural ou o urbano. Agradeço pelo carinho durante esse tempo de construção da pesquisa, incentivou-me cada passo, ensinando o caminho do método e da teoria sem nunca cercar minha liberdade de pensamento, a minha admiração e gratidão.

À Capes, que me proporcionou a bolsa de doutoramento do programa Prodoutoral/UFT, para a realização das atividades extras e complementares que o trabalho exige.

Aos colegas do colegiado de Geografia da UFT, em nome do professor Luis Eduardo Bovolato e da professora Jacira Garcia, que sempre me apoiaram nesta jornada, facilitando as atividades didáticas para o resultado deste trabalho.

Aos amigos Paulo Rogério de Freitas e Daniel N. Silva, pelas contribuições valiosas, a minha gratidão.

Aos professores das disciplinas que cursei durante o doutoramento: Amélia Damiani, Júlio César Suzuki e Antonio Carlos Robert de Moraes (in memoriam), cujas aulas me permitiram o aprofundamento das relações sociais e da reprodução capitalista do espaço, meu obrigado;

Ao amigo Eduardo Dutenkefer, pela amizade, pela confecção dos mapas que compõem esta pesquisa, sempre disponível, o meu agradecimento especial.

Aos amigos/as e colegas em nome de Nilton César que participaram juntamente comigo do colóquio e contribuíram com as sugestões e discussões propositivas para a organização desse trabalho.

Aos membros da CPT (Comissão Pastoral da Terra) em Araguaína, em nome de Frei Xavier Plassat e Edmundo Rodrigues, que não mediram esforços para disponibilizar os dados e as entrevistas sobre a escravidão contemporânea, o meu apreço.

Aos membros do CDHA (Centro de Direitos Humanos de Araguaína), em nome de Irmã Janete R. Silva e Claudiene Borges, que sempre estiveram presentes, reunindo os trabalhadores vítimas da escravidão e disponibilizando o carro para o trabalho de campo. Sem essa ajuda tão carinhosa não seria possível a conquista deste trabalho.

Ao Programa de Pós-Graduação Humana da USP, que me proporcionou o aprimoramento da minha capacidade intelectual; Às secretárias da Pós-Graduação em Geografia Humana da USP, pelo profissionalismo de estarem sempre disponíveis nas informações necessárias para a continuidade de um bom programa de doutoramento.

Aos professores Rosa Ester Rossini, Marisa Margarida Santiago Buitoni, Vera Lúcia Salazar Pessoa, Gláucio José Marafon que participaram da defesa desse trabalho com reflexões propositivas para o aperfeiçoamento desta obra, a minha gratidão.

Aos meus irmãos e irmãs por acreditarem sempre na minha capacidade de enfrentar as adversidades da vida, o meu amor incondicional.

A todos os trabalhadores que sofrem as atrocidades dos senhores do capital, mas continuam na resistência pela sonhada esperança que é a reforma agrária, especialmente aos trabalhadores vítimas do trabalho escravo contemporâneo no Tocantins – homens e mulheres permaneçam denunciando todos os tipos de violência lutem contra o cativeiro, libertem-se e salve as vidas dilaceradas – o nosso apoio incondicional.

APRESENTAÇÃO

Não é fácil pesquisar um tema que envolve representantes do poder deste país, em que muitos são responsáveis pelo processo degenerativo do ser humano, com atitudes como a superexploração da força de trabalho em relação ao camponês, negando direitos para acumulação da riqueza. É diante da degradação do outro que a gênese do trabalho escravo por dívida se encontra velada nas estruturas oligárquicas da agropecuária brasileira.

Este trabalho começa a se desenvolver perante a participação em projetos coletivos com o Centro de Direitos Humanos de Araguaína (CDHA) e a Comissão Pastoral da Terra (CPT), em busca de respostas concretas no norte do estado do Tocantins sobre o trabalho escravo contemporâneo. Saíamos de Araguaína antes de o sol nascer, pegando a BR-153, e logo mais a BR-230 em direção a Ananás – TO, cerca de 100 quilômetros, passando por fazendas autuadas pelo Grupo Móvel da Policia Federal que simbolizavam a repressão, o medo, a distorção da lei, a violência e o conflito.

Foram dias e mais dias, com a participação de uma representante do CDHA que me apoiava em termos logísticos para entrevistar homens e mulheres, que retratavam suas vidas de forma realista, demonstrando em cada olhar os sofrimentos que estavam presentes no dia a dia. É como se o dia após o outro não se diferenciasse; o presente é uma relação contínua do passado. É a permanência da ausência de direitos fundamentais para esses trabalhadores camponeses no Brasil, em especial no estado do Tocantins.

Nesse contexto, vi cada realidade tratada em suas falas comprovada nos lugares em que vivem essas vítimas. São pessoas simples, que sobrevivem com o mínimo, sem perspectiva de mudanças, em cidades pequenas que não oferecem nenhuma condição objetiva de trabalho e de melhorias da qualidade de vida. São homens e mulheres que deixaram o campo para morar nas periferias da cidade sem condições de dignidade humana. Estes não saíram espontaneamente do campo, mas foram obrigadas pelos donos do capital que expandem seus negócios e expropriam camponeses, indígenas, posseiros, extrativistas, dentre outros, para a territorialização do capital.

O objetivo desta obra é, então, mostrar como se organizam as forças produtivas no Brasil, especificamente no estado do Tocantins, a partir dos municípios de Araguaína e Ananás, sob a ótica de formas contraditórias de acumulação primitiva do capital que caracterizam a violência no campo por parte dos grandes proprietários de terra em relação ao trabalhador, que fizeram renascer o trabalho escravo por dívida.

Este é um livro que evidencia as condições insalubres do ser humano relacionado à jornada exaustiva do trabalho no campo no Brasil, especialmente no estado do Tocantins, no contexto da contradição do capitalismo para acumular riqueza. É uma obra que discute as categorias trabalho escravo, trabalho degradante e peonagem, que compõem análises de organizações como a Organização Internacional do Trabalho (OIT), a CPT, o Código Penal Brasileiro e pesquisadores.

Os dados apresentados nesta obra são de 2003 a 2017, sobre o trabalho escravo com trabalhadores envolvidos, registrados, libertados, e as atividades econômicas nas quais estão envolvidos, conforme gráficos. Dentre esses dados, apresentamos quadros, tabelas e gráficos com resultados anteriores a 2017, porque neles se evidencia a realidade contida nas falas de cada camponês por meio dos números apresentados pela CPT e pelo Ministério do Trabalho e Emprego (MTE) no momento da pesquisa.

É um livro informativo, resultado de uma tese de doutorado, que leva ao leitor a compreensão da dinâmica capitalista de produção que fundamenta a subordinação do trabalhador aos meios de produção. Essa dinâmica evidencia o trabalho escravo por dívida para reprodução do capital por meio da acumulação primitiva deste, dilacerando vidas fora do compasso.

O autor

PREFÁCIO

A DEGRADAÇÃO DO OUTRO NOS CONFINS DO BRASIL

O renascimento da escravidão é algo extremamente anacrônico na sociedade moderna, que se difunde em textos e documentos, inclusive governamentais, sobre o Brasil, em que a violência e a ausência de, no mínimo, uso do direito positivo revelam ausência do Estado de direito.

Em 1994, após vários anos de pesquisa e de análises da fronteira, em grande medida na Amazônia, Martins (1994) publicou um importante estudo acerca do renascimento da escravidão por dívida. Não era mais a submissão do trabalho pelo domínio do corpo a partir de preceitos étnicos, mas, agora, o elemento central é o agenciamento de populações empobrecidas, subalternizadas no contexto de uma sociedade que distancia sujeitos em suas necessidades básicas.

Por mais que a escravização possa ser encontrada entre homens e mulheres, não distinguindo gênero, no caso particular do campo brasileiro, ela é quase que totalmente masculina, pois, na tradição camponesa, são eles que saem de suas áreas de origem em busca de postos de trabalho, como bem o identificou E. Woortmann e K. Woortmann (1997), principalmente no que concerne aos rituais de passagem para a idade adulta.

Martins (1994), no importante texto acima referido, nos brinda com a análise dos intricados mecanismos que engendram a prática da escravidão por dívida, particularmente no que se refere ao seu significado no bojo do processo de expansão da sociedade nacional, tendo em vista que sua prática, em grande medida, se relaciona à ação de empresas extremamente modernas do centro-sul do país.

Para Martins (1994), então, o principal é o significado da escravidão por dívida como momento de formação do capital ou acumulação primitiva, já que a formação de novas fazendas se dá sem o uso do trabalho assalariado, aquele que é prometido ao trabalhador agenciado pelo "gato", o agenciador. No entanto, jamais se realiza, por conta da dívida inicial assumida pelo pagamento do deslocamento e, posteriormente, pelos altos preços manejados no barracão, o mercado em que o trabalhador é obrigado a adquirir seus bens.

É no contexto desse amplo e complexo emaranhado de relações que Alberto Pereira Lopes inseriu-se para desvendar os mecanismos presentes na escravização por dívida no estado do Tocantins. A partir de longo trabalho de campo, dialogando com trabalhadores libertos, com agenciadores, com mulheres de trabalhadores, com representantes do Estado e com prostitutas, descobriu elementos novos em relação ao que já havia sido amplamente discutido na literatura sobre a escravização contemporânea, particularmente no que se refere à rede de agenciamento para atrair e contratar o trabalhador, bem como às redes de solidariedade para protegê-los e salvá-los, além de suas famílias.

Munido de uma sensibilidade ímpar, Lopes conseguiu traduzir os dilemas das mulheres nesse mundo masculino de agenciamento e escravização.

Com dados extremamente reveladores, bem como mapeamentos detalhados, a análise de Lopes se impõe como leitura obrigatória a todos os preocupados com as formas de subalternização presentes na sociedade brasileira, particularmente uma forma das mais aviltantes como é a escravização por dívida. Um livro para aqueles que buscam construir uma sociedade melhor, fundada na igualdade de direitos, a começar pelo uso dos preceitos básicos da definição do humano e da humanidade na sociedade moderna, o direito de ir e vir, o primeiro dos parâmetros da liberdade.

Júlio César Suzuki
Professor doutor junto ao Departamento de Geografia
da Faculdade de Filosofia, Letras e Ciências Humanas da
Universidade de São Paulo – USP; bolsista produtividade em pesquisa
do CNPq, nível 2; pesquisador associado da Biblioteca Brasiliana Mindlin e
Professor Convidado na Université Rennes 2 (2014-2015).

Referências

MARTINS, José de Souza. A reprodução do capital na frente pioneira e o renascimento da escravidão no Brasil. **Tempo Social**; Rev. Soc. USP, São Paulo, v. 6, n. 1-2, p. 1-25, 1994.

WOORTMANN, Ellen; WOORTMANN, Klaus. **O trabalho da terra**; a lógica e a simbólica da lavoura camponesa. Brasília: UnB, 1997.

SUMÁRIO

INTRODUÇÃO 19

1
A ORIGEM DO ESCRAVO MODERNO NA ACUMULAÇÃO PRIMITIVA: UM RESGATE HISTÓRICO PARA A COMPREENSÃO DO TRABALHO ESCRAVO CONTEMPORÂNEO 31

1.1 O trabalho escravo moderno e sua origem na acumulação primitiva do capital 31

1.2 A ocupação do Brasil e o trabalho escravo moderno 41

1.3 Da produção do capital ao aparecimento da escravidão contemporânea 49

1.4 As formas práticas do trabalho escravo contemporâneo 54

1.5 A escravidão contemporânea no Brasil: um fenômeno complexo 61

1.6 A estrutura agrária no Brasil: uma condição que contribui para o trabalho escravo contemporâneo 79

1.7 A nova fronteira, da degradação do outro à esperança de um novo tempo 91

    1.7.1 O lugar de saída para entrar na porteira 100

    1.7.2 Ao entrar na porteira: da exploração do trabalho à degradação do outro 103

2
O TRABALHO ESCRAVO CONTEMPORÂNEO NO NORTE DO ESTADO DO TOCANTINS: O LOCAL DA DOMINAÇÃO E DO TRABALHO DEGRADANTE 109

2.1 O estado do Tocantins: novas/antigas formas de exploração dos trabalhadores vítimas do trabalho escravo por dívida no campo 109

2.2 A cidade de Araguaína: porta de entrada e de saída dos trabalhadores aliciados 133

2.3 A feirinha em Araguaína: o local do recrutamento dos trabalhadores vítimas de práticas de trabalho escravo 149

2.4 O papel do aliciador e do aliciado na cadeia do trabalho escravo por dívida 162

2.5 O patrão: a força que domina e que repulsa o aliciado (a repressão) 172

2.6 A liberdade que se distancia: o olhar perdido no lugar 181

3
O LUGAR DO RECRUTAMENTO E DAS VIDAS DESCARTADAS: AS VÍTIMAS E SUAS HISTÓRIAS DE VIDA 191

3.1 O Bico do Papagaio, uma região de conflito pela posse da terra e da concentração de trabalho escravo por dívida 191

3.2 O município de Ananás e a prática de trabalho escravo por dívida 203

3.3 Os trabalhadores escravizados: a segregação no lugar e as suas histórias de vida 211

3.4 A mulher, o gênero e a sua história na cadeia da escravidão por dívida 231

3.5 O retorno ao trabalho escravo: vidas dilaceradas 253

3.6 O Estado brasileiro e suas ações no combate ao trabalho escravo 263

3.7 O papel das entidades na batalha contra a escravidão por dívida 276

CONSIDERAÇÕES FINAIS 295

REFERÊNCIAS 307

INTRODUÇÃO

A abordagem geográfica da área de estudo demonstra a espacialidade da condição em que os trabalhadores vítimas da escravidão por dívida se encontram, aos quais podemos chamar de deserdados da terra, já que são submissos aos fazendeiros da região e de outras, que têm suas propriedades extensivas principalmente à base da pecuária. O trabalho escravo contemporâneo se diferencia da escravidão do Brasil colonial em que as etnias africanas definiam a situação de escravo, instituída pelo direito positivo. Hoje, o escravo encontra-se na situação de servidão por dívida de forma ilegal. Segundo Campos (2004, p. 118):

> Ao contrário da escravidão do período colonial e imperial, o escravo contemporâneo não possui cor definida ou raça identificável. Não é mais mercadoria legalmente vendida nos mercados, é transacionado como coisa descartável, ao arrepio da lei, na negociação entre 'gatos' e fazendeiros, arregimentado em municípios onde predominam os índices mais deploráveis de desenvolvimento e no balcão de imundas pensões pelo interior do país.

Dentro desse quadro, a pesquisa propôs realizar uma investigação sobre o trabalho escravo nos municípios de Araguaína e Ananás, no norte do estado do Tocantins, conforme Mapa 1. Tais municípios são o local dos aliciamentos, entrada e saída de trabalhadores e recrutadores, vindos de várias regiões do país; nesses municípios ficam também as fazendas envolvidas nesse problema que afeta a vida desses trabalhadores.

Discutiremos a origem do trabalho escravo moderno na acumulação primitiva do capital, bem como sua diferença em relação ao trabalho escravo contemporâneo por dívida. Além disso, identificaremos as forças produtivas na Amazônia, enfocando os municípios de Ananás e Araguaína, que ocasionam a expansão do grande capital, segregando o trabalhador e lucrando com sua mão de obra.

Outra questão a ser tratada na pesquisa é a analise do processo de aliciamento dos sujeitos que são recrutados para trabalhar nas fazendas, como vítimas do trabalho escravo. Trata-se também da avaliação do papel do Estado a partir das políticas públicas que objetivam a erradicação desse problema.

MAPA 1 – LOCALIZAÇÃO DA ÁREA DE ESTUDO SOBRE A PRÁTICA DE TRABALHO ESCRAVO POR DÍVIDA NO ESTADO DO TOCANTINS
FONTE: Comissão Pastoral da Terra – CPT, 2008. Org. Alberto Pereira Lopes, nov. 2008

Tendo em vista as feições da escravidão contemporânea, pode-se dizer que o Tocantins é o estado que hoje apresenta um dos maiores índices de trabalho escravo no país, segundo a Comissão Pastoral da Terra

(CPT, 2016), devido à expansão da propriedade destinada para abertura de pastos para o gado, como também abertura de novas áreas para o agronegócio. A violência se estabelece em relação ao trabalhador escravo por intermédio das forças produtivas, que são representadas pelo proprietário da terra e pelos capitalistas que têm uma estrutura política sólida, seja em nível municipal, estadual ou federal. Em relação a um fato ocorrido com um dos empresários do Tocantins ameaçado da desapropriação em uma de suas fazendas, Figueira (2004, p. 274) pontua que:

> [...] por utilização de mão-de-obra escrava, mobilizou parlamentares do Tocantins que o defenderam diante do governo e conseguiram que a punição se tornasse um prêmio; recebeu pela desapropriação da fazenda um valor diversas vezes superior ao valor previsto pelo mercado. De fato, o poder e o status de um empresário rural, em muitos casos, ultrapassam as porteiras da fazenda, estendem-se até Brasília e lhe proporcionam privilégios.

Isso demonstra a relação que se estabelece entre o Estado e os grandes proprietários de terra que, neste país, gozam de prestígio devido aos favores prestados nas campanhas políticas. No Tocantins, a situação não é diferente do restante do país: as propinas, os privilégios e os favores são presentes no cenário desse estado, haja vista que o trabalho escravo está presente também em fazendas de parlamentares, como aponta a lista suja do Ministério do Trabalho (2009).

O cenário espacial tocantinense, a partir dos municípios de Ananás e Araguaína, constitui o local de lutas de classes em épocas passadas, quando os latifúndios se estabeleciam e se expandiam expulsando os posseiros que se encontravam nas franjas das fazendas, grilando as terras e violando os direitos dos trabalhadores. Por meio das denúncias, procedemos à análise da escravidão por dívida, em que as vidas ficam dilaceradas. Esse aspecto da escravidão se define pela submissão do trabalhador ao processo de acumulação do capital por meio dos seus novos mecanismos.

No Tocantins, a relação da peonagem com as forças produtivas se define pelo processo degradante da condição, da submissão de um ao outro. Isso se dá devido à falta de emprego, de educação formal e de uma reforma agrária que inclua o trabalhador na sociedade por meio de políticas públicas destinadas à melhoria das condições de vida das famílias assentadas, de forma que estas não se tornem migrantes sem destino e sem direção, criando a condição do trabalho escravo por dívida.

É nas regiões do extremo norte e centro-norte do estado do Tocantins onde se evidenciam trabalhadores envolvidos em situação análoga à de trabalho escravo. Trata-se de regiões de fronteira com o estado do Pará, um dos estados da Federação com índices mais elevados de concentração de terra, responsável por inúmeros casos de violência por conflitos agrários.

Quanto mais se expande a grande propriedade em direção à nova fronteira do sul para o norte, os números de casos de trabalhadores vítimas do trabalho escravo vão sendo mais expressivos. Conforme Martins (1997, p. 13), a própria condição de fronteira parece ser determinante na intensificação dos conflitos:

> Nesse sentido, a fronteira tem um caráter litúrgico e sacrificial, porque nela o outro é degradado para desse modo viabilizar a existência de quem o domina, subjuga e explora. [...] É na fronteira que encontramos o humano no seu limite histórico.

A ideia de fronteira do país ecoa paradoxalmente a modernidade presente na reprodução ampliada do capital e as formas arcaicas de dominação e de produção do capital, em cujas formas está o trabalho escravo, acompanhado da violência e da impunidade que o caracterizam (MARTINS, 1997). Se a ocupação da chamada fronteira representa, de um lado, a modernização pelos chamados pioneiros, desbravadores, de outro, o conflito e a violência se estabelecem em função das forças de acumulação capitalista dominarem e excluírem toda uma população existente, como índios, posseiros, trabalhadores rurais, ribeirinhos etc. Tais forças sempre tiveram o apoio do Estado com incentivos fiscais, principalmente na época dos militares, quando se traçou como meta a colonização da Amazônia, o que veio favorecer a elite capitalista nacional e internacional (MARTINS, 1997; OLIVEIRA, 1988).

A modalidade do trabalho escravo está incluída no processo em que "a peonagem é encontrada em diferentes atividades econômicas, organizadas segundo extremos e opostos de modernização econômica e técnica" (MARTINS, 1997, p. 81). O trabalho por coação é um reflexo da modernidade, com a apropriação da terra por interesses acumulativos, o que faz renascer essa forma de degradação humana no campo. O

Tocantins, como o mais novo estado da federação, tem um dos maiores índices no contexto do trabalho escravo contemporâneo. Assim, a fiscalização do Ministério Público e da Polícia Federal tem autuado várias fazendas, libertando os trabalhadores rurais.

É na diversidade dos sujeitos que vivem e sobrevivem na fronteira, como o camponês, os fazendeiros, os posseiros e os grileiros, que encontramos o trabalhador temporário vindo de várias regiões do país. Tal trabalhador acaba tornando-se vítima do trabalho escravo por dívida imposto pelos donos dos meios de produção, sobretudo os proprietários de terras.

As relações de poder que se instalam nessa região ultrapassam as fronteiras do latifúndio. Muitas vezes, o Estado dá apoio ao grande proprietário quando existem ameaças à sua propriedade, beneficiando-o por meio da desapropriação de sua propriedade, indenizando-o com valores superiores aos do mercado. É diante da proteção feita pelo Estado aos latifundiários, grileiros, grandes empresas agropecuárias, que a terra, nessa região, se torna cada vez mais privada e concentrada nas mãos de poucos, ocasionando os conflitos fundiários, a segregação e a exclusão. Explica Martins (1997) que a classe desprovida de capital vai servir, no entanto, aos interesses da acumulação capitalista, por meio de relações não capitalistas de produção, diante do trabalho não remunerado a que estão submetidos os trabalhadores nas propriedades onde trabalham.

Portanto, pensar o trabalho escravo por dívida, no norte do estado do Tocantins, é entender o processo da barbárie no contexto do tráfico de pessoas que, por meio da esperança de um trabalho, são aliciados por estranhos – os aliciadores. Estes não cumprem as promessas e cerceiam a liberdade dos trabalhadores. A categoria trabalho escravo tem algumas denominações, conforme atesta Figueira (2004, p. 35):

> A categoria trabalho escravo por dívida também tem sido utilizada para formas parecidas de trabalho sob coerção em outras regiões urbanas e rurais em diversas atividades produtivas. [...] em geral o termo escravidão veio acrescido de alguma complementação: 'semi', 'branca', 'contemporânea', 'por dívida', ou, no meio jurídico e governamental, com certa regularidade se utilizou o termo 'análoga', que é a forma como o artigo 149 do Código Penal Brasileiro (CPB) designa a relação. Também têm sido utilizadas outras categorias para designar o mesmo fenômeno, como 'trabalho for-

çado', que é uma categoria mais ampla e envolve diversas modalidades de trabalhos involuntários, inclusive o escravo.

Trabalhar essa categoria nos remete à compreensão dos aspectos relativos às forças produtivas constituídas pela lógica do desenvolvimento e da riqueza, construídos nos discursos do Estado. Trata-se de um período em que se instalou a grande propriedade (a partir da década de 1960) na região amazônica, como projeto de sua integração às demais regiões brasileiras. O fato é que os recursos utilizados por meio dos incentivos fiscais apostos pelo Estado vieram favorecer o grande capital, que se apossou das riquezas e das terras, seja por meio da legalidade ou da ilegalidade, seja por meio da força em relação ao nativo ou ao caboclo que ali já se instalara.

O trabalho forçado, ou trabalho escravo, não é distante do que aconteceu na Amazônia brasileira. Pelo contrário, ele é resultado das políticas que foram instauradas para favorecer o grande latifúndio, que, com o processo de integração da Amazônia, passou a predominar por sua força econômica e política na sociedade. O trabalho escravo contemporâneo por dívida está relacionado principalmente à forma expansiva da propriedade. Essa modalidade de trabalho, escreve Figueira (2004, p. 34), "em geral se manifesta quando as fazendas estão derrubando as árvores para plantar capim e erguendo, recuperando ou protegendo cercas e pastos ou executando diversas dessas atividades simultaneamente".

Consequentemente, o trabalho escravo se utiliza da vulnerabilidade dos trabalhadores que são obrigados a aceitar as facetas dos recrutadores com promessas de trabalho, salário e boas condições de estadia. Isso demonstra que o trabalho escravo contemporâneo está incorporado no interior da expansão do latifúndio brasileiro, no agronegócio, explorando a mão de obra não especializada para a formação, sobretudo, das fazendas, para criação de gado, plantação de soja, cana-de-açúcar, ou para aumentar a produção destinada aos mercados interno e externo.

Tais considerações demonstram que estamos diante da economia da escravidão, no seu processo de exploração do trabalhador que busca sua sobrevivência em lugares desconhecidos com pessoas desconhecidas. O trabalho escravo por dívida é um dos resultados da concentração de terra, gerando o avanço da pobreza e da destruição social. Assim sendo, o país está mergulhado em uma distribuição de renda que segrega a maioria de sua população, o que faz crescer os números da pobreza e da miséria. Consequentemente, o trabalho escravo contemporâneo está imbricado com o processo degenerativo do homem, aguçado pela falta de uma política agrária eficaz que incorpore uma reforma agrária capaz de garantir seguridade social e econômica para esse trabalhador que, na sua trajetória de vida, sempre viveu do trabalho na terra.

É importante ter em vista que as categorias aliciados, aliciadores, trabalhadores escravizados e camponeses estão inseridas no mesmo contexto do problema da questão agrária brasileira. Resultam de um processo histórico que continua presente na contínua violação dos direitos dos trabalhadores pelos latifundiários. Os grandes proprietários de terras recrutam trabalhadores de outras regiões do país para trabalharem em suas propriedades, explorando a mão de obra alheia, por meio do trabalho não pago. Diante da falta de trabalho em áreas onde residem os trabalhadores, estes se sujeitam a enfrentar o desconhecido. Trata-se de um dos fatores impulsionando a migração em direção a outras localidades, o que se alia à falta de mão de obra nas áreas onde estes irão trabalhar. Como afirma Martins (1997, p. 106):

> A escassez de mão-de-obra nas áreas em que tem sido empregado o regime de peonagem é certamente um de seus fatores. Mas não é o único nem necessariamente o que predomina do ponto de vista dos próprios trabalhadores. Basicamente, o que os traficantes fazem é transferir trabalhadores de áreas em que há excesso deles e há desemprego ou subemprego para as áreas que deles necessitam.

Essas questões vêm explicar a condição do trabalhador que é obrigado a aceitar a exploração de sua mão de obra devido às condições estruturais de sua vida, indo buscar novas formas de sobrevivência diante da sujeição que tem em relação às forças produtivas que acumulam, ampliam e monopolizam o território onde se estabelecem. Essa é a razão pela qual os trabalhadores estão inseridos nas formas de acumulação capitalista, embora sua condição, como integrantes desse processo, perpasse as relações contraditórias do capital.

O que podemos perceber em tais relações entre trabalhadores e fazendeiros é que os donos de fazendas acumulam suas riquezas com base em relações de produção não capitalistas. O trabalho escravo por dívida encontra-se na sociedade brasileira no contexto das relações de produção não capitalistas. Mas de que forma? Por meio do trabalho forçado, sem salário e sem direitos trabalhistas. Não é o caso de transferência da renda da terra por meio do salário ou do produto para o trabalhador. Pelo contrário, o que este recebe pela venda de sua força de trabalho fica na própria propriedade, nas cantinas que são colocadas como estratégia para que o trabalhador não saia para a cidade e como forma de obrigá-lo a se sujeitar aos preços estabelecidos. Estamos diante, portanto, das relações de produção não capitalistas, em que o trabalhador é submetido à exploração do seu trabalho (MARTINS, 1997).

Assim, pensaremos o problema da escravidão por dívida como resultado da expansão capitalista para a nova fronteira do país, com mão de obra barata aliada à superexploração do trabalhador no contexto da acumulação primitiva do capital. A hipótese da pesquisa é a de que a expansão capitalista em direção à fronteira busca acumulação do capital por meio de uma mão de obra desqualificada, de acordo com os objetivos dos fazendeiros. Isso compromete a vida do trabalhador, obrigado a exceder as horas de trabalho e extorquido pela máscara do salário e do contrato entre patrão e empregado. Associa-se a esse problema a falta de políticas sociais no campo e a ineficiência na implantação da reforma agrária. Demanda-se uma reforma agrária não apenas distributiva, mas com políticas sociais para o trabalhador permanecer na terra, sem a necessidade de sair do lugar de origem para trabalhar em terras alheias, em condições degradantes.

Além da expansão da grande propriedade, a expropriação também é resultado da condescendência do Estado com os expropriadores, no que diz respeito aos incentivos fiscais benéficos à classe dominante. Os trabalhadores, em contrapartida, são obrigados a aceitar determinadas condições, no caso o trabalho escravo por dívida, como requisito para a sua sobrevivência. As formas de confinamento inserem-se dentro de uma condição em que o trabalhador, ao sair do seu lugar, endivida-se com o aliciador, a partir do adiantamento de dinheiro para sua família e pagamento de passagem e de estadia nos hotéis. Outra condição é a dívida que é construída no decorrer dos dias trabalhados na fazenda com a compra de mantimentos na cantina. Essa é uma das maneiras pelas quais os donos do capital se apropriam da força do trabalho para garantir a acumulação do capital sem gastos, utilizando-se da própria ingenuidade que determina a submissão dos trabalhadores.

O confinamento geográfico condiz com a facilidade pela qual a fronteira do país possibilita o trabalho escravo, porque nela encontram-se as dificuldades de entradas e saídas, ocasionadas pelas distâncias ou pelas formas de repressão que confrontam de modo desigual trabalhadores e capangas armados. Além disso, observem-se as ameaças que se realizam no decorrer do processo produtivo. Na fronteira, os chamados civilizados (sobretudo os fazendeiros) deparam com esses trabalhadores e os aliciam, tornando-os vítimas do trabalho escravo, no limite da sua própria sobrevivência (MARTINS, 1996).

É com base nas categorias de trabalho escravo por dívida, aliciador, aliciado, fazendeiro, camponês, trabalhador rural e peonagem, que compreenderemos o trabalho escravo contemporâneo no Brasil, sobretudo no norte do Estado do Tocantins. Tais categorias de análise serão relacionadas às discussões de Marx (2004), particularmente ao debate da renda da terra no modo de produção capitalista, além de Martins (1996), ao discutir, em seu trabalho, as formas de relações de produção não capitalista inseridas no modo de produção capitalista.

A presente investigação partiu da necessidade de entender o objeto de estudo com base em dados e relatos de entidades sobre a natureza do trabalho escravo por dívida no norte do estado do Tocantins. Apesar de se tratar de uma discussão deveras complexa, a literatura específica (dados relatados, livros e pesquisas acadêmicas) é bastante exígua. Não obstante, fui em busca de trabalhos que contemplassem essa temática a partir da compreensão das práticas de trabalho escravo nos dias atuais. Fazia-se necessário entender a transição do regime feudal em alguns países da Europa para o capitalismo em sua acumulação do capital primitivo, em que a dominação dos senhores feudais sobre os servos vem acompanhada de violência, de massacre, conflitos e expropriação, como Marx apresenta em seu trabalho sobre a origem do capital. Não se trata de afirmar que o regime feudal chegara ao Brasil, mas é preciso compreender a acumulação primitiva do capital a partir dessa transição do regime feudal para o capitalismo, para se pensar a forma de exploração de trabalhadores pelos proprietários de terras no Brasil contemporâneo.

Foi por meio dessa primeira investigação que partimos com nossa pesquisa. No caso do Brasil, as nossas inquietações foram buscadas por meio do entendimento de uma passagem mais recente do regime escravocrata, sobretudo na época colonial. Foi partindo desse pressuposto que o trabalho de pesquisa foi pensado, sem esquecer as categorias geográficas como lugar, fronteira, espaço e território. A nossa preocupação é que o trabalho tivesse uma abordagem geográfica, mesmo com dimensões históricas, já que seria impossível desvincular as duas.

Fiz levantamento de trabalhos relacionados com o trabalho escravo contemporâneo, como o livro de Figueira (2004), resultado de sua tese de Doutorado; os trabalhos de Martins (1997, 1999) que já mencionava em seus estudos essa temática, sobretudo o livro *Fronteira*; os trabalhos realizados pela Organização Internacional do Trabalho – 2005/ 2007 (OIT), da Comissão Pastoral da Terra (CPT) em nível nacional e regional, além dos *sites* relacionados a essa temática, por exemplo, os do Ministério Público do Trabalho e da ONG Repórter Brasil. Além da base teórica e histórica, tive a oportunidade de participar de seminários organizados pelo Centro de Direitos Humanos de Araguaína e da CPT, em que esse tema foi abordado. Neles, construímos uma cartilha informativa sobre a problemática das práticas de trabalho escravo por dívida (LOPES; MONTELO, 2007).

Em relação ao trabalho mais em nível regional, sobretudo na microrregião de Araguaína e do Bico do Papagaio, tive a oportunidade de receber alguns documentos da Promotoria Pública Federal e do Ministério do Trabalho e do Emprego que foram de grande relevância para o amadurecimento do trabalho, de forma que pudesse ver nas entrelinhas as formas de coerção feitas pelos grandes proprietários de terra em relação aos trabalhadores que se tornam vítimas de atrocidades. No que tange à pesquisa, construí o roteiro de entrevista, tanto para as entidades que atuam com o trabalho escravo, coordenação do Ministério Público e Emprego, quanto para os trabalhadores que foram vítimas do trabalho escravo. Em maio e junho de 2007, já havia feito um trabalho na periferia da cidade de Araguaína a respeito das vítimas que foram escravizadas. Trata-se de um trabalho de PIBIC (Programa Institucional de Bolsas de Iniciação Científica), que realizamos junto com uma orientanda do Campus Universitário de Araguaína da Universidade Federal do Tocantins.

Nesse trabalho, tivemos a oportunidade de conhecer a experiência dos sujeitos por meio de seus relatos de vida, além de perceber a vivência estrutural desses trabalhadores. Esse foi o primeiro contato, já pensando no projeto maior que seria a construção do projeto de pesquisa para o doutoramento. O segundo contato foi o relato de um trabalhador que foi vítima de práticas de trabalho escravo, em um seminário realizado pela CPT em Araguaína, o qual foi de grande relevância para compreendermos como se davam as relações entre trabalhador/aliciador/fazendeiro, na construção da cadeia escravista contemporânea.

Com o trabalho que fazíamos junto ao Centro de Direitos Humanos de Araguaína, tivemos a oportunidade de conhecer o projeto de erradicação do trabalho escravo realizado por essa entidade em Ananás, município com o maior número de vítimas do estado do Tocantins, segundo os seus agentes e a CPT. Nessa ida a Ananás em 2007, fizemos entrevistas com 10 trabalhadores, os quais falaram sobre suas vidas, a relação com a terra, as relações com os aliciadores e fazendeiros, o medo, a incerteza, a violência, enfim, o conflito que se dá nessa relação de dominação e submissão.

Foram entrevistados 16 trabalhadores com os quais mais uma vez foi abordado o trabalho escravo por dívida, suas relações com a terra, com as entidades, com os proprietários, com os aliciadores, gerentes etc. Também foram feitas entrevistas com um dos representantes da CPT, com a coordenadora do Ministério do Trabalho de Araguaína, com a representante do Centro de Direitos Humanos de Araguaína, e com um dos donos de pensão que hospedavam os trabalhadores aliciados, o que totaliza 20 entrevistas. Em janeiro de 2009, mais uma vez fui a campo. O objetivo era entrevistar as mulheres vitimadas pelo aliciamento dos maridos, mas também entrevistei um representante da CPT e do Sindicato dos trabalhadores. Foram seis mulheres, quatro trabalhadores, um membro da CPT (frei Xavier, coordenador do Tocantins) e uma representante do sindicato, totalizando 12 entrevistas. Além disso, tivemos acesso a trabalho de vídeo disponibilizado pela CPT/TO, relatórios de fiscalização e reclamações trabalhistas, cedidas pelo Ministério do Trabalho e Emprego. Foi por meio do trabalho de campo, de relatos de denúncias dos trabalhadores junto ao Ministério Público do Emprego, dados da CPT e dados da ONG Repórter Brasil, que construímos mapas, tabelas, gráficos e quadros, para o enriquecimento da análise.

A obra está organizada em três capítulos. No primeiro capítulo, discutiremos a origem do trabalho escravo moderno de modo a compreender o trabalho escravo contemporâneo, além da fronteira como condição de organização do espaço. Trata-se de entender como as sociedades se reproduzem, tanto os que vêm da frente de expansão como das frentes pioneiras, que consistem em diferentes temporalidades em termos de ocupação.

No segundo capítulo, discutiremos o escravismo contemporâneo no norte do Tocantins, tendo como foco os municípios de Ananás e Araguaína, os dois maiores índices de trabalho no estado. Nesse capítulo, o município de Araguaína tem uma ênfase especial por ser o principal local de recrutamento. Apresentam-se, também, categorias como aliciados, aliciadores e fazendeiros, além da dívida que é consignada ao trabalhador, a distância do lugar de origem e as relações a que são submetidos os trabalhadores para sobreviverem.

No último capítulo, abordam-se o lugar de recrutamento e as vidas descartadas, tendo como foco principal os trabalhadores que moram no município de Ananás, o conflito, as incertezas, a violência e as histórias de vidas relatadas pelos trabalhadores e trabalhadoras que estão inseridos na cadeia do trabalho escravo contemporâneo. Nesse capítulo, analiso o papel do Estado e suas ações no combate ao trabalho escravo, além de entidades e movimentos sociais na luta pela erradicação dessa forma de trabalho degradante.

Este livro envolve, portanto, uma complexidade de conceitos. Trata-se, em última instância, de entender a violência tão comum na última fronteira deste país, onde se criam leis favorecendo os proprietários de terra, de acordo com as suas necessidades. É a demonstração de poder diante da própria fragilidade da justiça brasileira.

1

A ORIGEM DO ESCRAVO MODERNO NA ACUMULAÇÃO PRIMITIVA: UM RESGATE HISTÓRICO PARA A COMPREENSÃO DO TRABALHO ESCRAVO CONTEMPORÂNEO

1.1 O trabalho escravo moderno e sua origem na acumulação primitiva do capital

No começo do século XV, com a decadência do sistema feudal, especialmente na Alemanha, observa-se a presença das formas de renda da terra, que eram constituídas por meio da renda em trabalho, como também da renda em produto. Tais formas obrigatórias da renda eram repassadas aos camponeses pelo seu senhor em forma de tributo pela utilização das terras em que produziam. Pela utilização do trabalho dos camponeses para satisfazer as suas necessidades, percebe-se a exploração feita pelo senhor feudal. Como afirma Kautsky (1980), o sistema feudal era uma sociedade fechada, porque tudo que era produzido era consumido nas aldeias. Restava aos camponeses, além de suas parcelas lavradias, a utilização de terrenos baldios, da floresta e das pastagens.

As características peculiares do sistema feudal correspondem a um regime em que o camponês estava submetido às obrigações dos seus senhores, que os protegiam de forças externas. Mas, a partir do momento em que começa o desenvolvimento da indústria urbana, quando se rompia o equilíbrio do território, o camponês é obrigado a produzir gêneros para consumir e vender nas cidades nascentes. Com o aumento da população, os territórios partilhados e não partilhados foram sendo utilizados, provocando a partilha da terra. Diminuía, assim, a cultura de três afolhamentos. Surge a necessidade de o camponês produzir agora não apenas internamente, mas para um mercado externo, o que faz romper a estrutura do território em que tudo era produzido e consumido internamente (KAUTSKY, 1980).

As relações que se configuram no sistema feudal entre os camponeses e os senhores feudais são rompidas pelo fato de os produtos se tornaram mercadorias com valores comercias, e a terra constituir-se em monopólio que era considerado o meio de produção mais importante nesse sistema. O resultado desse rompimento foi a diminuição do acesso do camponês aos territórios partilhados e não partilhados, surgindo batalhas com seus senhores, os quais saíam vitoriosos em virtude de o Estado moderno nascente ser favorável à nobreza feudal e auxiliá-la na derrota dos camponeses. Eis as palavras de Kautsky (1980, p. 48-49) sobre esse momento de ruptura na transição do sistema feudal para o sistema capitalista:

> Para passagem a esse [capitalista] modo de exploração impunha--se a ruptura do compromisso entre o comunismo fundiário e a propriedade privada, representado pelo sistema de cultivo da Idade Média. Impunha-se o estabelecimento da propriedade privada completa, a partilha da pastagem comum, a supressão da comunidade territorial e da coerção da folha (ou campo), a eliminação do emaranhamento dos lotes disseminados, e sua reunião numa unidade. O proprietário fundiário se tornaria assim o proprietário completo de suas terras dispostas numa superfície contínua, superfície que poderia então explorar de modo exclusivo, segundo as regras de concorrência e do mercado.

Com o surgimento da comercialização dos produtos, o que antes o camponês tinha ao seu alcance torna-se restrito às suas atividades, consequentemente às suas terras lavradias, dando lugar para a expansão territorial dos senhores feudais, que obrigavam, de maneira violenta, os camponeses a saírem dos seus domínios. Essa condição imposta pelos nobres em relação ao camponês cria outra condição de exploração do território, seja ele compartilhado ou não. Esse processo demonstra uma mudança de caráter social, político e econômico no sistema que estava sendo fragmentado para a entrada de uma nova forma de condição e produção de maneira mais abundante. Constituía-se uma mão de obra mais forçada do camponês para suprir as necessidades do mercado na cidade em grandes proporções, principalmente a produção da silvicultura, devido às construções que se realizavam na cidade.

Diante da ruptura do sistema feudal, uma nova forma de produção imposta pelos nobres vai também estabelecer novas formas de utilizar o trabalho camponês, os quais antes pagavam tributos por meio da corveia para realizarem a produção. Com essas mudanças no sistema feudal na transição para o capitalismo, o camponês torna-se um assalariado, o que, no entanto, era ainda pouco desenvolvido com a implantação do novo sistema. Não era mais a parte de sua produção que se prestaria ao seu senhor, era toda uma força de trabalho, baseada na ampliação da propriedade do nobre à custa da propriedade camponesa, que era o território não partilhado. Os senhores feudais, com a ampliação de sua propriedade, baseada, sobretudo, no excedente de gêneros alimentícios, necessitavam de força de trabalho e, então, aumentaram as corveias em relação ao camponês, o que resultou em sua expulsão. Agora a nobreza apropriava-se não apenas do território que o camponês trabalhava para retirar sua renda, mas da sua própria força de trabalho para extorquir a mais-valia (KAUTSKY, 1980).

A mudança no modo de produção feudal obrigou que o camponês, para sobreviver, vendesse seus produtos na cidade, já que agora vigorava a moeda, indispensável para conseguir os produtos que produziam antes das mudanças no uso do território feudal. O período entre o final do século XV e início do século XVI, na Alemanha, Espanha e Inglaterra, foi um momento de supressão da terra ao camponês, a qual havia se tornando monopólio dos nobres, expandindo, assim, a propriedade privada da terra. Mesmo com tais mudanças ocorridas no sistema com o desenvolvimento do comércio e da indústria, o camponês não se torna exatamente parte de um proletariado, mas um camponês que é explorado pelos seus senhores. Dito de outro modo, a passagem de um sistema para outro não extinguiu a figura do camponês nem o transformou em um trabalhador da indústria nascente na cidade. De fato, este processo de mudança no interior do território fez surgir a figura do trabalhador assalariado, que, no momento da colheita, era chamado para trabalhar na terra de outrem; assim, alguns proprietários de terras, por não conseguirem seu sustento, submetiam-se aos grandes detentores de terras.

Nesse processo de transição do modo de produção feudal para o capitalista, constitui-se a acumulação primitiva, em que as relações de produção se dão pela exploração do trabalho por meio de relações não capitalistas de produção como fundamento do processo de reprodução ampliada do capital. Para Marx (2008, p. 827), a "acumulação primitiva, anterior à acumulação capitalista, [é] uma acumulação que não decorre do modo capitalista de produção, mas é seu ponto de partida". A dissociação do trabalhador dos meios de produção constitui o processo histórico na transição do sistema feudal para o capitalista, em que o trabalho está subordinado às forças produtivas para produção do capital, convertendo meios e situações de produção não capitalista em produção da mais-valia.

Sobre a situação que transforma servos em assalariados, Marx (2004, p. 13) afirma:

> A relação oficial entre o capitalista e o assalariado é de caráter puramente mercantil. Se o primeiro desempenha o papel do senhor e este o de servidor, é graças a um contrato pelo qual este não somente se pôs a serviço daquele, e portanto sob sua dependência, mas por cujo contrato ele renunciou, sob qualquer título, a propriedade sobre seu próprio produto.

Ou seja, Marx postula que, na mudança do trabalhador ao seu novo estado de assalariado, este nada possui a não ser sua força de trabalho, o que constitui a dissociação entre trabalhadores e propriedade dos meios pelos quais realizam o trabalho. Agora, o trabalhador no sistema capitalista pode vender sua força de trabalho, vender sua mercadoria, livrar-se do domínio da corporação, libertando-se da servidão e da coerção. Acompanhemos Marx em sua argumentação a respeito da mudança forçada do servo em assalariado:

> [...] ele nada mais possui senão a sua força física, o trabalho em estado potencial, ao passo que todas as condições exteriores necessárias a dar corpo a esta força, tais como a matéria prima e os instrumentos indispensáveis ao exercício útil do trabalho, o poder de dispor das subsistências necessárias à manutenção da força operária e à sua conversão em movimento produtivo, tudo isto se encontra do outro lado, isto é, com o capitalista (MARX, 2004, p. 13).

A libertação da servidão é o inicio de um novo sistema que nasce a partir do momento em que são fragmentadas ou abolidas as formas feudais de produção. Para Marx, a fragmentação do sistema feudal acontece em meados do século XVI com a acumulação primitiva, momento em que as classes se organizam, ou melhor, vão se constituir como classes dominantes e empreendedoras que estavam em formação para o sistema capitalista. A transformação de um sistema para outro constitui um momento de ruptura diante do despejo da grande massa dos meios de produção para expandir o domínio da propriedade. Segundo Marx, toda a transformação que ocorreu no campo, a partir da expropriação dos cultivadores, é a base do novo sistema que se consolidava.

A transição de um modo de produção para outro mostra que as adversidades, constituídas na interação entre camponeses, nobres e Estado, são um processo linear em que a acumulação primitiva do capital era o objetivo imposto pelos capitalistas. Pensando nesse processo de mudança de um sistema para outro, Vergopoulos (1997, p. 46) argumenta o seguinte sobre a questão primitiva do capital:

> A acumulação primitiva é, em outras palavras, a "referência às exterioridades" de toda espécie. Não é uma lógica interna à reprodução que se encarrega disso, mas sim uma lógica externa às "leis" econômicas, isto é, a lógica que assegura condições prévias externas da reprodução. [...] O modo de produção só se apresenta como tal porque pressupõe, embora dissimuladamente, toda uma série de atividades extra-econômicas (ideologia, Estado, tribunais, exército, polícia, instituições, sindicatos, etc.). A acumulação primitiva não pertence apenas à pré-história, ou à história do capitalismo, mas é também um pressuposto indispensável à recondução cotidiana atual do sistema. Isto é ainda mais válido para o que diz respeito à reprodução ampliada do sistema, até mesmo seu crescimento.

Todo esse processo que se configurava de uma forma externa coloca a produção a serviço do abastecimento da cidade e do mercado emergentes, que nasciam com suas formas de dominação da massa camponesa que estava desprovida de qualquer segurança do seu processo produtivo. Agora, a relação está pautada no trabalho e na propriedade privada capitalista, relegando o trabalhador às condições exteriores sobre a exploração do seu trabalho para a reprodução ampliada do capital.

A condição do trabalhador camponês se transformou com a acumulação primitiva, as relações de produção foram destruídas, dando lugar à propriedade privada capitalista que se baseia no trabalho alheio e na expropriação dos trabalhadores. O camponês foi marginalizado, a propriedade individual em que se estabelecia a sua própria condição foi negada diante da ascensão da propriedade privada capitalista, que nasceu do modo capitalista de produção. Marx (1976, p. 20) retrata essa ruptura da propriedade privada, seja individual, seja coletiva, para a propriedade capitalista, no momento da mudança do trabalhador individual para o assalariado:

> A propriedade privada, fruto do esforço próprio e baseada, por assim dizer, na interpenetração do trabalhador individual e independente com as suas condições de trabalho, é substituída pela propriedade privada capitalista, que se baseia na exploração da força de trabalho alheia, livre apenas na aparência.

O modo de produção capitalista nascente, por meio da acumulação primitiva do capital, é a condição da apropriação da força de trabalho do trabalhador pelo capitalista que, ao mesmo tempo, o expropria de todo o processo dos meios de produção, elevando a mais-valia ou o produto excedente, fator constitutivo da acumulação, conforme Marx (2008). Isso só acontece no momento em que o processo de produção concentra riqueza, enquanto a classe trabalhadora é marginalizada desse processo. Para que haja essa acumulação e ampliação da mais-valia, o capitalista ganha em cima da força de trabalho do outro e do tempo necessário do trabalho, como também o exclui dos meios de produção. Segundo Marx (1976, p.20),

> Esse modo de produção pressupõe o fracionamento da terra e dos demais meios de produção. Exclui a concentração destes, assim como exclui a cooperação, a divisão do trabalho dentro dos mesmos processos de produção, o domínio e a regulação social da natureza, o livre desenvolvimento das forças produtivas da sociedade. Só tem cabimento quando estreitos e primitivos os limites da produção e da sociedade. [...]. A partir desse momento, agitam-se no seio da sociedade forças e impulsos que se sentem coibidas por ele. Torna-se necessário destruí-lo, e é destruído. Sua destruição, a transformação dos meios de produção individuais e dispersos em meios de produção sociais e concentrados e, portanto, da propriedade gigantesca de poucos; a expropriação da grande massa do povo, privando-o da terra e dos meios de subsistência e instrumentos de trabalho, essa horrível e penosa expropriação da massa do povo constitui a pré-história do capital.

A acumulação primitiva do capital nasce da própria condição exteriorizada do processo produtivo. Esse processo cria a figura do proletariado, vítima da expropriação dos senhores feudais e da violência. Tal proletariado nasce de uma classe camponesa expropriada do sistema constituído por um território fechado para satisfazer as necessidades de uma classe nascente, mas que não se adapta de imediato às novas normas do sistema social vigente, que requer mais trabalho e mais riqueza para os proprietários da terra. Trata-se de uma metamorfose da sujeição, na transformação da exploração feudal em exploração capitalista.

Nesse contexto, o proletariado é resultado da própria transformação do homem camponês em sua forma simples de produção de subsistência, para a absorção da manufatura que se iniciara. Diante da transição do sistema que estava fragmentado, renascendo as novas formas de acumulação, vêm surgir figuras como mendigos, ladrões e pessoas desocupadas, diante das condições que estavam sendo impostas e muitas vezes não aceitas pelos camponeses. Sobre esse processo de transformação, comenta Moraes (2000, p. 37):

> Em meio à diversidade de processos, uma qualidade comum emerge nos vários quadros: a tônica concentracionista, manifesta no campo e na cidade, no comércio, na indústria e na agricultura. Nesse sentido, a acumulação primitiva representou um amplo movimento de circulação, de redistribuição dos meios de produção que se centralizam, quer nas mãos da velha classe dominante, quer nas da burguesia emergente. Concentração que efetiva a separação entre o trabalhador e os meios de produção, condição prévia do desenvolvimento do modo *especificamente* capitalista de produção. Assim, uma face fundamental desse movimento é a profunda expropriação que ele implicou.

O processo de mudança de um sistema feudal para o capitalista vem criar novas condições de trabalho, mas, ao mesmo tempo, vê permanecer formas não capitalistas de produção resultantes de contradições na expansão do capital, como a subordinação do trabalhador às formas degradantes de trabalho. Nesse sentido, o trabalho escravo moderno está implícito no interior do sistema capitalista, gestado por meio de uma apropriação do trabalhador equivalente às formas de apropriação que os capitalistas impõem aos camponeses, vítimas de atrocidades. O novo Estado cria leis para assegurar o seu domínio e a necessidade de acumulação, subordinando o camponês a medidas cruéis como açoite e castigo, como ocorreu na Inglaterra e na França no século XVI (MARX, 2004).

Essas atrocidades em relação ao camponês são uma forma de assegurar o domínio do Estado em estabelecer o poder por meio da força, tanto para manter a ordem como para se beneficiar do trabalho do camponês. As atitudes contrárias dos camponeses às novas formas de trabalho que o novo sistema exigia culminaram em seu tratamento como escravos, conforme as leis que regiam o século XVI. Essas atrocidades são observadas a partir de Marx (2004, p. 49): "O dono deve manter o escravo a pão e água e dar-lhe de vez em quando uma bebida fraca e os restos de carne que julgar conveniente. Tem o direito de obrigá-lo aos serviços mais repugnantes por meio do chicote e da corrente".

Nesse sentido, observa-se o início da criação do trabalhador sem lar e sem pão, despedido, expropriado pelos senhores feudais, tratado como escravo no momento de um novo regime que prega uma relação de igualdade entre o burguês e o proletariado. No entanto, há uma relação de desigualdade que não aparece nessas relações diante da ocultação da exploração quando o trabalhador é submetido ao trabalho. Se o trabalho escravo moderno, no momento da acumulação primitiva do capital, não aparece como categoria objetivada e explícita, está implícito, porém, no interior das formas atrozes do capital em fazer valer as novas relações que são estabelecidas pelos proprietários e donos de capital.

O proletariado é aquele que está submetido às formas degradantes do próprio trabalho. Rompe-se um para a ascensão de outro. Essas mudanças estruturais no interior do regime ainda vigente, mas em decadência, transformam o servo em proletariado; aqueles que não aderiram ao sistema nascente foram transformados em mendigos, os quais eram julgados como escravos. Marx (2004, p. 50) descreve esta situação no reinado de Eduardo VI na Inglaterra:

> Os donos podem pôr em seus escravos um anel de ferro em torno do pescoço, do braço ou nas pernas, com o fim de melhor reconhecê-los e tê-los mais seguros. A última parte desse estatuto prevê o caso de certos pobres sejam ocupados por pessoas ou localidades que lhes queiram dar de beber e comer e fazê-los trabalhar. Este gênero de escravo de paróquia manteve-se na Inglaterra até meados do século XIX com o nome roundsmen (homens que fazem a ronda).

Nas datas posteriores à fragmentação do sistema feudal, isto é, na transição para o sistema capitalista, os reinados que ocorreram nesses países fizeram cessar a intensificação do trabalho e da corveia e, ao mesmo tempo, criaram leis estabelecidas para conter as revoltas dos camponeses excludentes do seu trabalho e de sua estrutura campesina. Marx (2004, p. 52) afirma que:

> Foi assim que a população dos campos, violentamente expropriada e reduzida à vagabundagem, ficou submetida à disciplina que exige sistema assalariado, por leis de um terrorismo grotesco: pelo açoite, a marca com ferro em brasa, a tortura e a escravidão.

O que estava em ascensão era o processo de acumulação por meio da subordinação do trabalho. Instalava-se o novo modo de produção que se realiza diante de suas necessidades de existência. Essa nova realidade corresponde à essência da concorrência, do lucro individual obtido pela realização da mais-valia, obtida por meio dos diversos setores produtivos diante da própria desigualdade que é imposta. Trata-se de um processo social do capital, ou seja, o capital, para existir, necessita das formas desiguais, de modo a obter seu processo acumulativo e desenvolver as forças produtivas.

Giannotti (1985, p. 51) observa que "o capital em geral, que não é mais do que o lado reificado do modo de produção capitalista, instalando-se como uma realidade que põe e repõe suas próprias condições de existência". E continua:

> O mais interessante é que, no decorrer dessa circularidade, o capital incorpora modos anteriores de produção. A produção simples de mercadoria, que pode sobreviver como um sistema produtivo entre produtores marginais, passa a constituir um dos momentos do ciclo da acumulação capitalista (GIANNOTTI, 1985, p. 51)

Esta observação feita por Giannotti salienta a contradição que é o desenvolvimento do sistema capitalista, que também se constitui por meio de relações de produção não capitalistas para o seu processo acumulativo e expansivo do capital, o que o autor vem chamar de circularidade. É evidente que as formas marginais de produção estão integradas ao processo de acumulação do capital, em sua forma de reprodução ampliada, enquanto o trabalhador é o sujeito subordinado a essas contradições e desigualdades para garantir sua própria sobrevivência.

Partindo desse pressuposto de contradição capitalista, em relação às formas não capitalistas de produção, Martins (1998, p. 21) argumenta:

> O capitalismo engendra relações de produção não-capitalistas como recurso para garantir a sua própria expansão, como forma de garantir a produção não-capitalista do capital, naqueles lugares e naqueles setores da economia que se vinculam ao modo capitalista de produção através das relações comerciais.

Portanto, o processo de acumulação do capital primitivo é o momento de ruptura diante das transformações que ocorreram no século XVI na Europa. Essas transformações são constituídas nas relações anteriores ao modo de produção nascente. Daí as expressões "relações pré-capitalistas" e "transição do modo de relação feudal para o capitalismo". Com essas mudanças de transição do sistema feudal para o capitalista ocorridas na Europa no século XVI, Moraes (2000, p. 31) ressalta:

> A mudança, a convivência de distintos padrões e estruturas, a opacidade dos processos, a indefinição das dominâncias, são a essência mesma da época. Daí a precisão do termo – *transição*. Uma era de contornos pouco nítidos, de diversidade de formas. Passagem de um mundo medieval para a modernidade.

É a partir desse processo de modernização[1] que a Europa expande seus domínios espaciais, criando os fluxos de mercantilização, e ao mesmo tempo o controle dos mercados mundiais, para o seu processo de acumulação primitiva latente. O sistema expansionista da Europa constituiu uma espacialidade diferencial do modo de produção capitalista, em seu momento constitutivo. Moraes (2000, p. 52) acrescenta que:

> A expansão européia, no longo século XVI, gera uma circulação planetária, base da mundialização das relações humanas. Por meio dela, perenizam-se fluxos que acabam por afirmar um mercado mundial comandado pela Europa, o qual expressa verdadeira revolução das escalas em todos os setores de atividade no centro. A circulação operada não é apenas de mercadorias, sobretudo se difundem novas relações e uma sociabilidade mercantil que acabam por destruir ou transformar os sistemas locais tradicionais na periferia e no centro.

Diante dessa mudança histórica ocorrida a partir do século XIV, todas as transformações mundializadas vão efetivar de fato o capita-

---

[1] Esta temática não é objeto do trabalho, porém é importante discutir diante da periodização que marca as mudanças estruturais de um sistema para o outro.

lismo em suas formas de desigualdades e ao mesmo tempo de contradições, conforme discutimos anteriormente. É a partir dessas desigualdades que o processo histórico tem nos mostrado que a história do capitalismo constitui a expropriação de uma classe para favorecer outra. É a acumulação do capital no processo produtivo pela subordinação do trabalho. A colonização foi uma espécie de corrida pela expansão territorial no contexto da acumulação capitalista.

O Brasil é um exemplo da corrida comercial e, diríamos, política que a Europa buscava conquistando novos territórios, em busca de novos produtos a serem explorados, desde as especiarias, a madeira e, por último, os metais preciosos. É diante desse processo ocupacional de expansão e dominação de novos territórios que as forças antagônicas na Europa disputavam essas terras americanas, como a dos portugueses, espanhóis, franceses, holandeses e ingleses, criando suas colônias de povoamento nas novas terras. É diante desse processo de disputa que o Brasil será ocupado pelos portugueses no século XVI.

1.2 A ocupação do Brasil e o trabalho escravo moderno

A ocupação do Brasil pelos portugueses, no século XVI, acontece como extensão do domínio no qual estavam instigados pela corrida do circuito comercial atlântico. O Brasil, com grande quantidade de terras e de braços de que os colonizadores poderiam se utilizar para a exploração dos recursos existentes, estimulados pelo controle das riquezas da Índia e da África, como as especiarias, teria sua vasta terra como uma reserva de exploração posterior quando esses produtos se tornassem escassos nos continentes originais (ANDRADE, 2004).

Os colonizadores, ao aportar nas terras brasileiras, encontram um território já ocupado pelos índios. Utilizam-se, então, dos nativos para o seu domínio, explorando o que lhes convêm de maior necessidade para o comércio. A princípio, tinham que alcançar a confiança dos indígenas para poderem se apropriar de sua força de trabalho, trocando produtos naturais por objetos de pouco valor. O escambo foi o primeiro momento de relação comercial. Inicialmente, não se utilizou da força para escravizar o indígena; era necessário primeiro obter uma relação mais próxima com o nativo. Como discute Moraes (2000, p. 191):

> No balanço entre atrativos e capacidade, Portugal, envolvido com dificuldades demográficas e financeiras para gerenciar seu amplo império, entabulou inicialmente em sua possessão sul-americana uma forma de ocupação bastante lenta. Nas primeiras décadas do século XVI, algumas expedições exploradoras e visitas ocasionais para realização do escambo com os indígenas basicamente para a obtenção do pau-brasil.

A exploração do território brasileiro sistematizado vem acontecer com a constituição das capitanias hereditárias em meados do século XVI, criando assim as zonas de povoamento, que muitas vezes não tiveram sucesso. Primeiro diante dos recursos escassos dos donatários e segundo diante da extensão territorial e revolta dos indígenas. O processo de ocupação vem se efetivar na faixa litorânea, com a introdução da cana-de-açúcar, voltada para o mercado europeu, a partir de meados do século XVI; no interior, exploravam a pastagem para o rebanho bovino, o ouro e as pedras preciosas (ANDRADE, 2004).

Diante da comercialização dos produtos para Europa, verifica-se o processo de acumulação primitiva do capital, com a maximização dos lucros por meio da exploração do trabalho escravo indígena no primeiro momento, e no segundo com o tráfico de africanos escravizados para trabalhar na lavoura que se consolidava. Furtado (2007, p. 77) observa:

> O fato de que desde o começo da colonização algumas comunidades se hajam especializado na captura de escravos indígenas põe em evidência a importância da mão-de-obra nativa na etapa inicial de instalação da colônia. No processo de acumulação de riqueza quase sempre o esforço inicial é relativamente o maior. A mão-de-obra africana chegou para a expansão da empresa, que já estava instalada. É quando a rentabilidade do negócio está assegurada que entram em cena, na escala necessária, os escravos africanos: base de um sistema de produção mais eficiente e mais densamente capitalizado.

O trabalho escravo moderno no Brasil colônia constitui um elemento de suma importância para a acumulação de capital pela classe de poder colonial. Sua força de trabalho está voltada para o mercado externo. No entanto, esta não é paga monetariamente; é gratuita, o que lhes convêm para a sua sobrevivência é a sua manutenção pelos escravistas. De um lado, a escravidão era uma forma de sujeição mediante coação, que implicava uma cessão da força de trabalho. De outro, o escravo constituía um elemento importante nas relações de produção, porque representava uma renda capitalizada. Ou seja, o escravo era o investimento do fazendeiro: além de servir de mão de obra para acumulação do capital, era considerado elemento importante nas negociações de empréstimos bancários. O investimento do proprietário em relação ao escravo "trata-se efetivamente de renda capitalizada, de forma capitalista de renda, renda que se reveste na forma de lucro" (MARTINS, 1998, p. 16). O escravo colonial no Brasil tinha um significado para além da sujeição ao trabalho, a saber, a pessoa do trabalhador tinha um preço no regime escravista.

A acumulação primitiva do capital no século XVI no Brasil se desenvolveu por meio de forças de trabalho homogêneo dentro de um espaço geográfico amplo, com características ambientais variadas, e serviu para enriquecer tanto a metrópole portuguesa como os fazendeiros, diante das suas necessidades pautadas na renda da terra.

Essa renda da terra constituía o produto que era explorado para ser exportado como mercadoria constituída na subordinação do trabalho escravo, que também configurava a renda capitalizada. O trabalho escravo colonial é um elemento essencial na formação econômica do Brasil, na circulação do produto produzido pela sua força de trabalho que atende aos propósitos de acumulação capitalista de seu senhor. Era na pessoa do escravo que o fazendeiro investia para criar riquezas. Como afirma Martins (1998, p. 26), mesmo que a terra não produzisse, o escravo era um bem importante:

> O escravo tinha dupla função na economia da fazenda. De um lado, sendo fonte de trabalho, era o fator privilegiado da produção. Por esse motivo era também, de outro lado, a condição para que o fazendeiro obtivesse dos capitalistas (emprestadores de dinheiro), dos comissários (intermediários na comercialização do café) ou dos bancos o capital necessário seja ao custeio seja à expansão de suas fazendas. O escravo era o penhor de pagamento dos empréstimos.

A figura do escravo como força de trabalho e como renda capitalizada é para o fazendeiro, até o século XVIII, a essência da riqueza, já que a terra se limitava à produção valorativa do produto e não como propriedade privada, pois a terra não era absolutizada.

De fato, todo esse processo de trabalho compulsório, feito com o indígena e posteriormente com o escravo africano, retrata um momento obscuro na formação do Brasil; isso porque o colonizador expropriou, excluiu os povos que resistiram ao cativeiro. Tais resistências constituíram um momento de exaustão de todos aqueles que eram dominados pelos seus senhores.

O processo de construção de um espaço geográfico de resistência é um momento de revolta diante do processo cativo e compulsório do trabalho. Foram os quilombos os espaços destinados à resistência contra o sistema escravocrata. Essas revoltas remontam ao século XVI, com o enfrentamento dos colonizadores com os indígenas e posteriormente com os negros que fugiam das fazendas e fundavam o seu quilombo. Um dos primeiros quilombos foi em Palmares – PE, em 1597. Esses espaços criados pelos negros que fugiam dos seus senhores diante da barbárie que acontecia nas senzalas, marginalizados pela sociedade colonial, eram o lugar de realização de seus rituais, de sua cultura, de suas crenças, da luta pela liberdade (FERNANDES, 2000).

A construção dos quilombos, com seus líderes, entre eles Zumbi dos Palmares, representou a resistência de um regime que estava fundado na condição da exploração e na obrigação do trabalho, como também nos maus tratos. Esses lugares criados pelos quilombolas foram atacados diversas vezes pelos fazendeiros e pelo próprio Estado, constituído pelo seu exército. A aniquilação dos quilombos representava uma vitória dos escravocratas. Além disso, era uma forma de mostrar àqueles negros rebeldes a força e o poder para que não se organizassem, permanecendo, ao contrário, nos parâmetros da lei, da dominação e da humilhação. Diante dessa condição, o escravo era subordinado ao seu senhor, era fonte de produção e fonte de riqueza.

No entanto, os conflitos gerados pelos negros, seus senhores e o Estado vêm demonstrar a fragilidade do sistema que começa a se delinear, trazendo prejuízos para os escravocratas. Como o escravo é um meio de produção, este por sua vez sofre flutuações no mercado, elevando o seu preço graças ao crescimento extensivo da produção, seja do café, seja da cana-de-açúcar. Com a elevação do seu preço, os fazendeiros recorrem aos seus rendimentos monetários para pagar o traficante. Esse tributo pago aos traficantes de negros crescia mais do que a produtividade do trabalho, como afirma Martins (1998, p. 28):

> Com a demanda crescente de trabalho escravo e conseqüente elevação do preço do cativo, os fazendeiros teriam que imobilizar parcelas crescentes de seus rendimentos monetários sob a forma de renda capitalizada, pagando aos traficantes de negros um tributo que crescia desproporcionalmente mais do que a produtividade do trabalho.

Outra questão a ser retratada nessa coação do escravo são os riscos a que estão sujeitos, como a doença, a fuga, a idade avançada vinculada à incapacidade de trabalho e a própria morte. As flutuações não são apenas relacionadas ao preço propriamente do escravo como sujeito que é vendido pelo traficante. O escravo poderá ser, como elemento produtivo, uma riqueza que poderá chegar a trazer riscos para os seus investidores, no caso os donos de escravos.

Sob outro ângulo, a flutuação do escravo, como renda capitalizada, caiu mediante o crescimento da indústria artesanal principalmente a partir do século XIX, como também os serviços começam a se destacar nas cidades, o que demonstra a crise do trabalho escravo como referente de riqueza.

Nesse contexto, a insustentabilidade do escravo diante da desproporcionalidade do lucro pelos fazendeiros, além da forma pela qual o mundo moderno começa a despontar com uma concorrência maior, obrigam o Brasil a buscar novas formas de rendas e de produtividade, como afirma Ianni (2004, p. 47):

> Em um plano mais particular, na situação em que a sociedade brasileira se encontrou a partir de meados do século XIX, o escravo se torna, cada vez mais, um fator sujeito a riscos imprevisíveis. À medida que se diversificava internamente o sistema econômico, quando o capital encontrava novas aplicações lucrativas, o escravo se tornava um elemento de eficácia relativa reduzida ou discutível. À medida que a economia de mercado se desenvolve internamente, com a gênese de um setor artesanal e fabril, além da expansão e diferenciação do setor de serviços, instauram-se mais ampla e profundamente os valores fundamentais da cultura capitalista [...].

O movimento de transformação do cativeiro para a liberdade do escravo torna-se cada vez mais presente em todas as camadas sociais da sociedade colonial. Isso não se deveu à boa vontade de tornar os negros livres. Ao contrário, articulou-se a um processo que estava cada vez mais insustentável mediante as novas formas de acumulação do capital por meio do crescimento da economia de mercado baseada na propriedade privada, no lucro e na mão de obra paga por meio de salário. Outra questão que favoreceu o enfraquecimento do escravismo no Brasil foram os valores cristãos que condenavam as práticas feitas pelos senhores coloniais; tais valores estavam fundamentados nos princípios da família e da solidariedade (IANNI, 2004).

Esses valores cristãos surgem a partir de uma cultura urbana no Brasil, estabelecendo uma discussão sobre os rumos do país no que diz respeito à democratização do homem como ser que tem livre arbítrio e direito de ir e vir, questões que não aconteciam na sociedade escravocrata, na qual o açoite, o chicote, a morte, o desrespeito, a humilhação são os fatores primordiais para a sustentação da monarquia. Contrariamente a isso, a cidade surge como um componente necessário na luta pela abolição da escravatura.

A partir de 1850, o governo brasileiro proíbe a vinda de negros da África para o Brasil. Nesse mesmo ano, o governo cria uma política de incentivo de imigração europeia para trabalhar nas lavouras de café (MARTINS, 1998). O trabalho agora possuía certo valor de troca do negro pelo colono. O país agora se torna livre para os imigrantes que vêm para expandir a produção nas fazendas de café, estabelecendo outras relações sociais, mas intrinsecamente voltadas à realização do lucro, que é o fator fundamental entre os fazendeiros e os empresários. A pessoa do negro antes da abolição era uma renda capitalizada; a pessoa do colono era livre, apenas seu trabalho tornava-se necessário para a produção nas fazendas.

Diante da vinda dos colonos imigrantes e do processo da abolição da escravatura, outra questão preocupava o Estado: as terras devolutas que poderiam constituir um entrave para essas resoluções políticas e sociais no país. É nesse mesmo ano de 1850 que o Estado cria a chamada Lei de Terras, segundo a qual só poderia ocupar tais terras quem comprasse o título de propriedade. Seria mais um entrave na luta pela terra no Brasil daqueles que seriam expropriados das fazendas, os negros libertos da senzala, mas presos a uma forma constituída de preconceito e de desilusão de sua própria vida. Se nas fazendas existia a intensificação da jornada de trabalho, além dos maus tratos, com a abolição, em 1888, torna-se evidente a miséria dos negros sem destino, diante da falta de uma política do Estado que favorecesse ao escravo liberto uma vida digna por meio do seu próprio trabalho. Essa liberdade constituída na abolição é uma liberdade que se torna cruel, diante das formas em que o escravo foi deixado pelos seus senhores, diríamos, abandonado à sua própria sorte.

A Lei de Terras significou um empecilho para os camponeses e escravos, já que quem poderia comprar a terra eram os fazendeiros. A grilagem foi um meio de os fazendeiros expandirem sua propriedade, os cartórios eram subornados conforme seus interesses, o que desrespeitava a lei. Quanto ao escravo, o imigrante, o camponês sem terra, estes não tinham como grilar ou ocupar a terra de forma indevida diante das próprias condições a que estavam submetidos.

A Lei de Terras, que veio favorecer o fazendeiro no contexto da expansão de suas propriedades, tornava-se um entrave para a classe desprovida de capital. No entanto, a lei de 1850, que proibia a ocupação de terras devolutas a não ser por compra, foi supostamente desrespeitada pelos fazendeiros. A esse respeito, Martins (1998, p, 29) constata que:

> Há abundantes indicações de que tais preceitos não foram respeitados. Os ocupantes de terras e os possuidores de títulos de sesmarias ficaram sujeitos à legitimação de seus direitos, o que foi feito em 1854 através do que ficou conhecido como "registro paroquial". Tal registro validava ou revalidava a ocupação da terra até esta data. Isso não impediu o surgimento de uma verdadeira indústria de falsificação de títulos de propriedades, sempre datadas de épocas anteriores ao registro paroquial, registrados em cartórios oficiais, geralmente mediante subornos aos escrivães e notários. [...] Tais procedimentos, porém, eram geralmente inacessíveis ao antigo escravo e ao imigrante, seja por ignorância das praxes escusas seja por falta de recursos financeiros para cobrir despesas judiciais e subornar autoridades (essas despesas eram provavelmente ínfimas em relação à extensão e ao valor potencial das terras griladas, mas eram também desproporcionais aos ganhos do trabalhador sem recursos).

Foi a partir do processo de escravatura moderno no Brasil que as forças propulsoras impuseram seus domínios sobre o outro, para gerar a riqueza e acumular rendas. Argumenta Martins que agora o escravo não significava mais renda capitalizada, a qual se transfigurou na propriedade da terra, não mais na pessoa do escravo. Nessa perspectiva, as relações de trabalho se modificam, entrando em cena o trabalhador livre que tinha direitos iguais ao seu patrão. Sua força de trabalho tem um preço, e é esse preço que sustentará as suas necessidades de vida. O trabalho escravo tinha duas condições: a primeira era o trabalho necessário e a segunda era o trabalho excedente. Ambas tinham o objetivo de que o senhor extraísse o rendimento econômico superior ao investimento.

Com as mudanças ocorridas com a abolição da escravatura, haverá uma substituição nas relações de produção do cativo para o trabalhador livre. Tal condição fez com que ao escravo fosse negado o direito ao trabalho. Tratava-se de uma liberdade baseada na negação de sua sobrevivência, que os tornava indigentes sem direção. Os trabalhadores escravos, que agora apenas têm a sua força de trabalho para ser vendida aos capitalistas, continuam na dependência, com os agravantes da pobreza e da miséria com as quais foram ressarcidos pelos seus proprietários. Dessa liberdade, a única coisa que lhes resta é a sua força de trabalho. No dizer de Martins (1998, p. 18):

> As novas relações de produção, baseadas no trabalho livre, dependiam de novos mecanismos de coerção, de modo que a exploração da força de trabalho fosse considerada legítima, não mais apenas pelo fazendeiro, mas também pelo trabalhador que a ela se submetia. Nessas relações não havia lugar para o trabalhador que considerasse a liberdade como negação do trabalho; mas apenas para o trabalhador que considerasse o trabalho como uma virtude de liberdade.

É por meio desse processo de mudança que os fazendeiros buscarão os trabalhadores migrantes, ou seja, os chamados colonos, que vieram trabalhar tanto na lavoura de café como na cana-de-açúcar. As relações que se estabeleciam eram da remuneração da força de trabalho, que se constituía em pagamento fixo pelo trato da lavoura pelo processo produzido. Além disso, o trabalhador livre poderia plantar para sua própria sobrevivência e com o excedente comercializar o seu produto. O trabalhador colono, ao chegar ao Brasil, também foi submetido às ordens dos proprietários de terras. Esse trabalhador se tornou propriedade dos proprietários de terras como substituição do escravo. O relato de Davatz, a seguir, mostra essa relação que fora constituída, sobretudo na Província Brasileira de São Paulo. Os colonos já chegavam endividados, tornando-se dependentes em relação ao proprietário de terra:

> Os colonos que emigram, recebendo dinheiro adiantado tornam-se, pois, desde o começo, uma simples propriedade [...]. E em virtude do espírito de ganância, para não dizer mais, que anima numerosos senhores de escravos, e também da ausência de direitos em que costumam viver esses colonos na Província de São Paulo, só lhes resta conformarem-se com a idéia de que são tratados como simples mercadorias, ou como escravos (DAVATZ, 1972, p. 37).

De acordo com o relato acima, verifica-se o problema da sujeição do migrante em relação à dívida. O imigrante tornou-se dependente de um senhor, como se a escravatura não tivesse sido abolida. Na verdade, os vícios do mando, das relações de poder estabelecidas pelos proprietários de terras permaneceram, porque, de certa forma, o Estado os apoiava. Houve uma troca em relação à mão de obra, de escravo para colono, em uma condição para o imigrante de incerteza e submissão aos fazendeiros.

Com a abolição da escravatura como processo jurídico, a propriedade privada se estabeleceu e as relações de poder no campo perduraram e perduram até nossos dias. O trabalho escravo moderno, no tempo colonial, vai se extinguir no contexto da relação produtiva. As relações de acumulação de riqueza, no entanto, permaneceram com novos mecanismos, diante da metamorfose do próprio sistema capitalista. Tais relações, nesse novo processo de capitalismo, dão-se sob o monopólio da propriedade privada, mas as relações não capitalistas de produção estão presentes, articuladas à reprodução ampliada do capital. Nesse movimento, em pleno século XXI, vamos vivenciar um passado não muito longínquo, mas agora com outras dimensões e determinações, próprias do trabalho escravo contemporâneo.

1.3 Da produção do capital ao aparecimento da escravidão contemporânea

A acumulação do capital é o resultado da riqueza ganha pelos capitalistas em relação aos camponeses por meio do trabalho materializado, que constitui as mais variadas formas de trabalho. A partir desse pressuposto, a fronteira é o local de expansão do capital para a acumulação da riqueza e da degradação do outro, como afirma Martins (1997). É nesse sentido que a fronteira, como categoria geográfica, contribui para a expansão da circularidade espacial no contexto da reprodução dos que são dominados pelos capitalistas, a fim de definir a modalidade do desenvolvimento capitalista.

A produção do capital não vai se constituir no contexto das relações capitalistas de produção, mas dentro de relações não capitalistas de produção, o que demonstra a contradição do capitalismo. A superexploração do trabalhador por meio da força de trabalho extraída pelo capital é determinante para a recriação da acumulação primitiva do capital. Em seu interior estão constituídas diversas modalidades, sendo uma delas o trabalho escravo contemporâneo. Essa modalidade de trabalho é possível diante da própria situação em que se encontra o trabalhador, expropriado da terra. O que lhe resta é a sujeição da sua força de trabalho para as formas degradantes a que é submetido, desde o amansamento[2] da terra para ser utilizada para pecuária extensiva, ou para agricultura. Como aponta Martins (1997, p.30):

> A diversificação das modalidades de reprodução ampliada e territorial do capital está diretamente relacionada com a mediação da renda da terra. De um lado, porque há distâncias do empreendimento agrícola, pecuário ou extrativo, em relação aos mercados de seus produtos, que permitem extrair do processo econômico a renda territorial absoluta e diferentes formas de renda diferencial. De outro, porque há distâncias que só permitem a extração de uma das modalidades de renda diferencial. De outro, ainda, porque em certas circunstancias o lucro e a renda, ainda que mediados pelo capital, somente são possíveis se o trabalhador expropriado da terra e engajado na produção agropecuária for submetido a formas de superexploração de sua força de trabalho. São estes últimos os casos de escravidão por dívida e outras variantes do trabalho cativo.

A discussão sobre a diversificação da reprodução ampliada do capital por Martins nos permite afirmar com maior firmeza que o trabalho escravo contemporâneo é resultado de um estado de deploração

---

[2] Amansamento, nessa região de fronteira, é aquele terreno que foi desmatado para ser utilizado nas mais variadas formas, desde a criação de gado bovino até a agricultura.

do trabalhador nos termos de sua sobrevivência, e constitui para o capitalista fundamento para a reprodução ampliada do capital por meio do uso da força de trabalho. O trabalho escravo contemporâneo renasce no interior das localidades distantes, com características que são peculiares à sua forma de existência. A violação dos direitos humanos é um aspecto saliente no tratamento de seres humanos como animais domésticos diante das suas condições de trabalho e da forma de tratamento pautadas na submissão e no medo. O medo da própria liberdade que se encontra ameaçada pelas forças propulsoras da dominação, que submetem o trabalhador à forma de trabalho mais degradante diante da inexistência de condições dignas de trabalho. A liberdade, que é uma forma digna do ser humano, é para o cativo atemorizada diante das condições que lhe são impostas.

O trabalho escravo contemporâneo é a forma determinante que os capitalistas de fronteira encontraram para o processo de acumulação do capital por meio da renda da terra, diante da superexploração do trabalhador em sua forma degradante do trabalho. Nesse sentido, o trabalho degradante está alicerçado no tráfico de pessoas, no confinamento pela coação do seu trabalho. Assim, a atuação dos capitalistas diante das atrocidades que impõem aos camponeses, trabalhadores, posseiros e ribeirinhos na fronteira representa, de certa forma, as relações de poder que foram constituídas com o apoio do Estado, pelos mecanismos mais sórdidos, mediante incentivos fiscais.

É por este caminho que os chamados civilizados de fronteira têm atuado como desbravadores de uma região que ainda se encontra com difícil acesso (no caso, a Amazônia brasileira) em relação a outras regiões de ocupação mais antiga. Tais empreendedores, os capitalistas, submetem os camponeses e trabalhadores a condições de trabalho degradantes, em nome de um desenvolvimento que teria como fundamento político e econômico a integração da região amazônica às demais regiões brasileiras. O Estado teve um papel fundamental em todo o processo de integração da região amazônica, principalmente na abertura de rodovias e ferrovias, mas, ao mesmo tempo, foi o causador das desigualdades que são estabelecidas entre os capitalistas e os trabalhadores. A política de integração beneficiou os empresários, que investiram na região por meio de subsídios, ao passo que os trabalhadores foram submetidos à exploração e à expropriação pelos investidores capitalistas. O governo não criou nenhuma política que os favorecesse. Os trabalhadores submeteram sua força de trabalho de acordo com as promessas que foram postas por aqueles que atuam na exterioridade do processo, os chamados gatos.

Esse processo é complexo diante das categorias teóricas que buscam compreender o trabalho escravo por dívida no interior do sistema capitalista, como descreve Martins (1997, p. 84):

> A complexidade histórica das relações sociais na sociedade contemporânea é diluída (e desfigurada) em estruturas particulares de temporalidade única, artificialmente ligadas entre si pela concepção de articulação de modos de produção. Os 'desvios', nessa orientação híbrida, aparecem como tipos dotados de vida e historicidades próprias. É o que se vê na esdrúxula distinção dualista entre 'capitalismo burguês' e ' capitalismo autoritário', como se o capitalismo autoritário não fosse ele próprio o capitalismo burguês.

Diante da afirmação de Martins, observamos as temporalidades diante dos fatores que irão ocasionar a exterioridade, que é o momento da busca do outro em locais em que o processo produtivo está em ascensão, como no caso da abertura das fazendas. O trabalhador, em vista da falta de oportunidade que o exclui nas cidades ou em pequenos núcleos urbanos, é submetido ao trabalho degradante nas fazendas, como o trabalho escravo por dívida. As relações estabelecidas entre o trabalhador e proprietários são basicamente de natureza dominadora, expressa pelo proprietário da terra, que passa esse domínio aos que lhe representam em uma cadeia determinada e determinante.

É necessário acrescentar que o trabalho escravo por dívida constitui uma forma de trabalho aprisionada no interior das propriedades privadas, mas não é um modo de produção escravista porque está instalado no âmbito do capitalismo. Trata-se, na verdade, de um trabalho temporário em que a quebra de acordo entre o trabalhador e quem o contrata torna-se um elemento fundamental no contexto da indignação e da discórdia, o que vem gerar as diversas formas de violência. A cadeia em que se forma o trabalho escravo por dívida – no momento de grandes descobertas em todas as áreas da ciência e no desenvolvimento de novas tecnologias para o crescimento do país – representa um processo de ruptura das formas democráticas, é o desrespeito da vida humana, é a desmoralização daquele que busca a sua sobrevivência por meio da sua própria força de trabalho.

Quando abordamos a questão da cadeia do trabalho escravo por dívida, estamos diante das formas coercitivas de extrema exploração do trabalhador pelo proprietário de terra para a acumulação do capital. A cadeia do trabalho escravo é construída por etapas, que se integram. A primeira etapa é o caso da titulação da terra, a qual é adquirida, muitas vezes, por meio de grilagem ou documentação falsa. A segunda está nas atribuições pelos capitalistas ou proprietários que são feitas da seguinte forma: o proprietário passa a ordem de trabalho para o gerente; este passa a ordem aos chamados gatos; estes, por sua vez, fazem os contratos com o trabalhador que já deixou o campo e foi morar nas cidades ou pequenas localidades. Trata-se de um contrato para amansar a terra, trabalhar na pecuária ou na agricultura, dependendo do serviço disponível na fazenda. Outra característica do trabalho por dívida forçado contemporâneo pode ser identificada no momento de procura daquele trabalhador que saiu em busca da sua própria sobrevivência, o chamado imigrante temporário.

A migração temporária acontece no momento de crise da própria situação financeira dos trabalhadores, quando estes não têm o mínimo para sua sobrevivência. É nesse momento que se submetem às formas mais degradantes do trabalho, mesmo que seja apenas para manter o seu corpo, para saciar a fome, às vezes comendo alimentos que não têm uma higienização adequada para a vida humana. A forma de migrar de um trabalhador de uma região para outra, ou de um local para outro em uma mesma região, está condicionada à situação em que se encontram suas condições de vida. A falta de trabalho torna esses trabalhadores presas fáceis para os aliciadores. Nesse sentido, o processo de emigração não é uma forma em que o trabalhador migra por sua espontânea vontade, mas diante de uma obrigação a que está condicionada sua própria existência.

Para Figueira (2004, p. 101):

> Em todo o caso, não se viaja ou se emigra apenas porque se quer, mas também porque se é obrigado. A migração é temporária ou não, individual, familiar ou coletiva, é conseqüência de uma ação política governamental deliberada e de longa duração ou por ser ocasionada por fatos imprevistos e fulminantes.

Todos esses fatores contribuem para o processo de busca do trabalhador por melhorias em sua qualidade de vida, ou melhor, em sua forma de buscar a sobrevivência, porque a melhoria em sua qualidade de vida é um contexto não presente em seu cotidiano. Nos termos da própria condição que lhe é imposta, pode-se afirmar que se trata apenas de sua subsistência. É a subjugação atrelada à superexploração do trabalho; é o que resta ao trabalhador devido à falta de oportunidades nos aspectos econômicos, sociais ou políticos. Uma efetiva integração do homem a uma sociedade mais democrática e mais justa na distribuição de renda evitaria as práticas de trabalho escravo que temos presenciado nas diversas regiões do país. Tais práticas já deveriam ter sido extintas desde o século XIX, com a abolição da escravatura.

1.4 As formas práticas do trabalho escravo contemporâneo

As formas degradantes do trabalho escravo por dívida constituem um modelo temporário de trabalho em que o trabalhador é submetido a condições análogas às da escravidão, sem uma forma de pagamento pelo trabalho prestado aos proprietários de terras. Esse aspecto deriva da própria condição em que o trabalhador se encontra. Primeiro, a distância de suas localidades é um dos fatores determinantes da coação. Isso porque a falta de comunicação com o meio urbano torna esse homem cativo de seus direitos, os quais são aniquilados diante da própria condição em que se encontram como sujeitos desprovidos pela falta de alfabetização, trabalho, moradia, emprego. Dificulta-se, assim, que o trabalhador encontre uma saída de tal situação, pelas discrepâncias que lhes são impostas pelos proprietários de terras que estão envolvidos nesse processo da escravidão contemporânea.

A segunda questão que se estabelece no contexto do trabalho escravo contemporâneo se dá pelas condições a que estão submetidos os trabalhadores, dentre elas: os maus tratos, a má alimentação, a falta de água potável e os alojamentos inadequados, constituindo as formas mais degradantes do trabalho escravo por dívida, no contexto da condição existencial do homem como sujeito que destina sua força de trabalho para favorecer o grande proprietário.

As temporalidades que se sucedem às práticas de trabalho escravo por dívida são ocasionadas pelos processos de mudança no cenário da modernização em que há uma relação entre riqueza e poder, e o progresso ocorre por meio da ordem e do domínio. Esse cenário é próprio dos países cujas transformações políticas e sociais são inexpressivas, em que os setores modernos são responsáveis pelas formas arcaicas de produção para os mecanismos de acumulação da riqueza. É nesse cenário, então, que os países não desenvolvidos, por meio da atuação do Estado, sempre favoreceram a burguesia, a qual tem causado, de certa forma, um atraso para as camadas menos favorecidas. Isso porque há, no entanto, uma troca de favores entre o Estado, conservador de formas que o construíram como instituição, e a burguesia, que nunca assumiu sua responsabilidade política como classe que determina e que domina o território que ocupa.

Martins (1999b, p. 30), sobre o processo de modernização brasileira, analisa:

> O novo surge sempre como um desdobramento do velho: foi o próprio rei de Portugal, em nome da nobreza, que suspendeu o medieval regime de sesmarias na distribuição de terras; foi o príncipe herdeiro da Coroa portuguesa que proclamou a Independência do Brasil; foram os senhores de escravos que aboliram a escravidão; foram os fazendeiros que em grande parte se tornaram comerciantes e industriais ou forneceram os capitais para esse desdobramento histórico da riqueza do país.

O trabalho escravo por dívida é o resultado de uma classe dominante que, na história, muda apenas o nome com que se reconhece – como do coronelismo para os grandes proprietários de terras do agronegócio. Tais atores, por sua vez, são comerciantes, industriais e empresários, em sua grande maioria responsáveis pelo trabalho escravo dos trabalhadores ou por outras modalidades, no caso mais amplo do trabalho forçado que reduz o homem às formas mais mortificantes. Diante desse contexto, Martins (1999b, p. 30) vem elucidar o resultado do trabalho contemporâneo na atualidade:

> Nessa dinâmica, é que pode ser encontrada a explicação para o fato de que são os setores modernos e de ponta, na economia e na sociedade, que recriam ou, mesmo, criam, relações sociais arcai-

cas ou atrasadas, como a peonagem, a escravidão por dívida, nos anos recentes. Trata-se, portanto, de uma sociedade estruturalmente peculiar, cuja dinâmica não se explica por processos políticos e históricos dos modelos clássicos.

O trabalho escravo por dívida nasce no conjunto de fatores que definem a realidade desse processo; tais fatores são constituídos pela dominação de um sobre o outro, configurando também atitudes de paternalismo do dominador para adquirir a confiança do dominado. Trata-se de situações degradantes e predatórias a que as pessoas vítimas do trabalho escravo são submetidas.

A história do trabalho escravo no Brasil não é algo novo. Na verdade, a abolição da escravidão representou um novo momento econômico-social, em que o mercado internacional exigia novas formas de produção, baseadas na organização dos empreendimentos, nos produtos acabados e, neste sentido, o regime escravocrata representava um entrave para o desenvolvimento da economia no país. Como analisa Ianni (2004, p. 29):

> O regime representava um obstáculo à expansão da racionalidade indispensável à aceleração da produção de lucro. Como a economia nacional estava organizada para produzir mercadorias, isto é, lucro, a empresa exigia renovação contínua, tanto em sua organização geral como no planejamento da utilização dos fatores. Por isso, impõe-se a transformação do escravo em trabalhador livre, daquele que é meio de produção em assalariado.

A abolição da escravatura não representou de fato a igualdade entre os homens, já que estes permaneceram excluídos de trabalho, da terra para trabalhar, de um lugar para morar. O escravo torna-se livre perante a lei, mas torna-se excluído de seus direitos como cidadão. Nos dias atuais, muda-se apenas a forma de escravizar o excluído do sistema, mas as práticas se diferenciam muito pouco daquelas do sistema colonial. Se, em se tratando de trabalho escravo moderno, as formas de tratamento estão no açoite, nas amarras das correntes, no trabalho escravo contemporâneo as formas de tratamento não se diferenciam, sendo este ainda mais cruel porque pode levar o trabalhador à morte, à dívida e à exploração.

Apenas alterou-se a forma de escravizar, do escravo negro no regime colonial legitimado pelas leis regentes no país, para o escravo sem distinção de cor, raça, religião. É a subalternidade do trabalhador que está em jogo para ampliação do processo produtivo e ampliação do capital nas mãos de poucos. O homem livre como sujeito tem agora a valorização da sua força de trabalho baseada em salário. No entanto, não é ele quem determina o preço de sua força de trabalho; tal preço é subordinado à imposição dos donos de propriedade. O Quadro 1 mostra as diferenças entre o trabalho escravo moderno e o contemporâneo em suas formas de atuação para gerar a riqueza dos donos das propriedades.

Brasil	Escravidão moderna	Escravidão contemporânea
Propriedade legal	Permitida	Proibida
Custo de aquisição de mão de obra	Alto: a riqueza de uma pessoa podia ser medida pela quantidade de escravos	Muito baixo: não há compra e, muitas vezes, gasta-se apenas com transporte
Lucros	Baixos: Havia custos com a manutenção dos escravos	Altos: Se alguém fica doente pode ser mandado embora
Mão de obra	Escassa: Dependia de tráfico negreiro, prisão de índios.	Descartável: Um grande contingente de trabalhadores desempregados.
Relacionamento	Longo período: A vida inteira do escravo e até de seus descendentes.	Curto período: Terminado o serviço, não é mais necessário prover o sustento.
Diferenças étnicas	Relevantes para a escravidão.	Pouco relevantes: Qualquer pessoa pobre ou miserável pode ser escravizada, independente da cor da pele.
Manutenção da ordem	Ameaças, violência psicológica, coerção física, punições exemplares e até assassinatos.	Ameaças, violência psicológica, coerção física, punições exemplares e até assassinatos.

QUADRO 1 – A ESCRAVIDÃO MODERNA *VERSUS* A ESCRAVIDÃO CONTEMPORÂNEA: UM ESTUDO COMPARATIVO
FONTE: Organização Internacional do Trabalho (OIT). **Trabalho escravo no Brasil**. 2007. Org. Alberto Pereira Lopes, mar. 2008.

O comparativo apresentado pelo Quadro 1 demonstra que há certa semelhança entre trabalho escravo moderno e trabalho escravo contemporâneo. Tal semelhança apresenta-se principalmente no contexto da superexploração, quando os trabalhadores são obrigados a trabalhar sob a manutenção da ordem, que está relacionada à violência psicológica e física. Percebe-se que na nova escravidão o sujeito se torna descartável, isto é, se apresenta diante da mão de obra que é abundante e na qual o trabalhador se encontra em situações degradantes, tornando-se uma presa fácil para os grandes proprietários. Ainda no Quadro 1, quanto ao relacionamento entre patrão e empregado na escravidão moderna e na escravidão contemporânea, há, de certa forma, diferenças, porque o indivíduo, na época colonial, era cativo e tinha moradia fixa na senzala das fazendas, enquanto o indivíduo vítima do trabalho escravo contemporâneo pode permanecer nas fazendas por um curto período, apenas enquanto os serviços estiverem em andamento; ao terminar, não há necessidade do trabalho. O trabalhador é descartado sem nenhum direito trabalhista.

É nesse sentido que abordamos a temporalidade do trabalho escravo contemporâneo. Este vem surgir logo após a abolição da escravatura, com outras características, mas com o mesmo grau de desumanização, de exploração, de tal modo que o trabalhador, por necessidade de sobrevivência, se submete às formas degradantes de trabalho. Nessa perspectiva, o surgimento do trabalho escravo contemporâneo nasce da ruptura do trabalho escravo colonial para novas formas de produção inseridas no capitalismo. É a sujeição do outro ao processo produtivo em face da própria desigualdade a que está submetido.

A discussão do trabalho escravo contemporâneo surge no início do século XX, sob iniciativa das Nações Unidas. Dessa forma, a Anti-Slavery International – ASI (1999, p. 49) afirma que:

> O primeiro tratado internacional proibindo a escravidão – a Convenção sobre a Escravidão – foi estabelecido em 1926 pela Liga das Nações (predecessora das Nações Unidas). Seguiu-se a Convenção Suplementar sobre a Abolição da Escravatura, do Tráfico de Escravos e das Instituições e Práticas Análogas à Escravatura, adotada pelas Nações Unidas em 1956. As quatro 'instituições e práticas análogas à escravidão' reprimidas pela convenção Suplementar foram: escravidão por dívidas; servidão; viúva transmitida por sucessão e várias formas de casamento servil; e criança entregue para trabalhar para adultos.

Esse tratado define as situações às quais os trabalhadores têm se submetido. Diante de tal condição, a Convenção de 1956 serviu para pressionar as instituições, governos, grupos de direitos humanos e entidades de outras categorias a se organizarem de forma a tomarem medidas necessárias para a erradicação destas práticas similares à escravidão. Foi a partir dessa convenção que o mundo conheceu a distribuição geográfica das práticas análogas à escravidão, tais como: escravidão por dívida, servidão, trabalho forçado e trabalho infantil. Essas práticas têm sido construídas entre os grupos mais subalternos da sociedade, é a reafirmação da pobreza constituída de suas mazelas, condicionando o trabalhador à submissão.

O trabalho escravo contemporâneo não é um problema locacional ou regional de um país, a distribuição geográfica do trabalho escravo se faz presente em várias partes do mundo. Elencarei algumas. No sul da Ásia, onde existe uma segregação socialmente imposta por uma camada hierárquica que define todas as relações sociais e econômicas, a classe mais baixa da sociedade é submetida à escravidão por dívida. No Paquistão, a constituição aboliu em 1972 a escravidão por dívida, mas esta aparece em alguns setores da economia, em manufaturados, construção, artigos esportivos e tapetes. No Nepal, existe um termo, "*haliya*", que é utilizado para a obrigação dos trabalhadores trabalharem para os proprietários de terras, diante do grau de pobreza e do endividamento a que são submetidos, isso devido ao sistema de castas. Nesse país, a maioria dos trabalhadores escravizados pertence ao grupo indígena Tharu (ASI, 1999). Fazendo uma abordagem mais ampla, podemos citar que o trabalho escravo contemporâneo apresenta-se em vários pontos do mundo, além desses já citados; acontece ainda na África, Oriente Médio, Haiti e República Dominicana.

Como podemos observar, a escravidão é um fenômeno que não acabou. Há muitos casos de submissão, de servidão e de outras práticas a que os trabalhadores são sujeitos que não são reconhecidos como tal, o que vem dificultar ações e soluções para erradicação desse mal que tem corroído os deserdados do sistema. Como afirmam Guimarães e Bellato (1999, p. 75):

> A construção de uma cultura que não admite o trabalho escravo (nem tampouco compactua com ele) parece depender de uma ação enérgica das autoridades responsáveis pelo cumprimento da lei. Ouve-se freqüentemente falar da observância ao direito de propriedade e, no entanto, se esquece que o descumprimento da

sua função social é requisito determinante para a perda da propriedade. A erradicação da pobreza, da miséria e das diferenças regionais parece não ser objeto de contumaz defesa como o é o "direito à propriedade", independentemente da observância legal das relações de trabalho.

Assim, não podemos pensar o trabalho escravo como algo que venha alimentar uma ideologia, mas como processo que procura compreender as causas e os efeitos dos vitimados pela coerção e violência, elementos indispensáveis na exploração da força de trabalho dos que são submetidos. É necessário ter cautela para não cairmos no vazio ideológico; tem-se de discutir a escravidão no Brasil contemporâneo em uma direção teórica na qual está intrínseca a diversidade histórica e a contradição, as quais o sistema capitalista determina.

O modelo econômico vigente que o capitalismo atravessa, pautado na globalização da economia, torna-se cada vez mais evidente. Intensifica-se a força de trabalho para a produção em grande escala, de modo a atender os mercados internos e externos. É nesse sentido que as práticas de exploração do trabalho são mais fundadas diante da concorrência das empresas, dos donos de capitais que reduzem os custos, e ao mesmo tempo é reduzida a compra da força de trabalho. Esse processo não é típico apenas no meio urbano, mas também no meio rural. A produtividade do trabalho é o elemento essencial para obtenção da mais-valia retirada da força do trabalho dos trabalhadores. É diante dessa questão que aparecerá o trabalho forçado, no qual está inclusa a escravidão por dívida.

A globalização veio beneficiar, de certa forma, a classe já consolidada (os donos de capitais), afetando o processo de trabalho que exige certo grau de conhecimento. Expulsam-se milhões de trabalhadores dos seus empregos desprovidos das exigências que lhes são impostas. Diante dessa consideração, o resultado de todo este processo é catastrófico: desemprego, subemprego, terceirização das relações de trabalho, em que se intensifica a exploração do trabalho, além de perdas de conquistas trabalhistas. Como afirma Martins (1999, p. 131):

> O novo modelo econômico que resulta da chamada globalização tem levado, em muitos países, à intensificação da exploração do trabalho e à anulação de conquistas trabalhistas da maior importância. [...] é nessa nova realidade econômica que a superexplo-

ração tende, em circunstâncias específicas, a se tornar trabalho escravo. É seguramente esse um dos poderosos fatores que levaram a Organização Internacional do Trabalho, em 1993, a constatar a existência, no mundo, de mais de seis milhões de trabalhadores escravizados.

A interpretação de quem observa o trabalho escravo por dívida é diferente de quem ouve pelos noticiários rotineiros, sobretudo o senso comum, porque o pesquisador se depara com a realidade em que cada vítima está submetida. Quem ouve não sabe da realidade concreta dos fatos, eis a complexidade de compreender o que seja concretamente a escravidão por dívida. Não se trata de uma escravidão do tipo colonial em que as amarras, as correntes, as chicotadas estão à vista de cada um que observa. A escravidão contemporânea é camuflada, encontra-se no interior do sistema capitalista, porque nele estão suas formas de contradição e desigualdade. A camuflagem se dá no momento da contratação, das promessas falsas de quem a realiza. É nessa perspectiva que o trabalhador é autuado pelo grupo móvel do Ministério Público Federal, sem compreender a exploração de sua mão de obra, o que se torna cada vez mais dependente de sua própria sujeição.

1.5 A escravidão contemporânea no Brasil: um fenômeno complexo

O Brasil conviveu com diferentes dilemas de sujeição da classe trabalhadora em todo seu período de colonização. Os trabalhadores foram explorados para a acumulação da riqueza por meio dos que dominavam todo o patrimônio, em nome do seu próprio interesse, determinando as relações de produção baseadas em grandes extensões de terras. Nesse contexto, a fundamentação teórica para a formação do escravo contemporâneo por dívida no Brasil nasce a partir das oligarquias coloniais que tinham por objetivo a extensão e a acumulação do capital. Se o escravo moderno foi abolido em 1888, este período marca o início de novas formas de exploração. Inicia-se a exploração generalizada do negro, do índio, do branco, do mestiço, ou seja, dos que não participaram das benesses do Estado, o qual sempre foi o responsável pela organização do território e por garantir a acumulação dos fazendeiros.

A produção espacial deste país foi construída por meio da exploração e da expropriação de uma classe marginalizada que sempre esteve ao comando dos guardiões do Estado, com o desígnio de garantir a reprodução personificada do capital. Essa reprodução construída por meio das classes marginalizadas representou o avanço e desenvolvimento da grande propriedade, com seus dominadores, os quais se constituíram como classe bem definida para manter seus próprios interesses. Essa classe dominadora que expande seu domínio em direção às novas fronteiras é responsável pelo renascimento do trabalho escravo por dívida, ou trabalho forçado como categoria mais ampla nas diversas modalidades de trabalho.

A complexidade dessa categoria faz emergir um cenário de violência contra os direitos humanos. Em determinado momento, não está bem definido na consciência de quem é vítima, diante das formas que são colocadas as relações trabalhistas, que subordinam não só a mão de obra dos que se submetem à degradação, mas a sua forma de pensar, de agir e de lutar pelo direito. A forma de neutralização da consciência do trabalhador pelas relações de poder da classe dominadora impede que o homem subordinado enxergue a exploração da sua mão de obra. Essa incapacidade de pensar faz surgir a responsabilidade de que, para esse homem simples, deve-se pagar o que lhe convém, a dívida que construiu com o patrão, e para ele, o correto é não sujar suas mãos com o alheio.

Esse é um dos fatores complexos do trabalho escravo contemporâneo por dívida, porque nele está implícita a culpa daquele que não é culpado, de responsabilizar o que não poderá ser responsável, de não reconhecer o que é servil. É esse o trajeto que as elites no campo têm trilhado, mantendo as mesmas táticas de momentos históricos anteriores. Desse modo, no momento atual, são repassadas as responsabilidades de trabalho pelos proprietários para os seus subordinados. O traficante recruta o trabalhador em localidades em que há uma escassez da terra para trabalhar, como também de trabalho para dar sustentação à família. Nesse caso, o traficante se manifesta como aquele que veio dar abertura de frentes de trabalho para aqueles necessitados, realizando propostas afirmativas de boas condições de salários, como também de infraestrutura. O primeiro passo é a forma de pagamento antecipado para a família, como aponta Martins (1997, p. 107):

O pagamento de abono à família, por parte do traficante, isto é, um adiantamento em dinheiro pelo trabalho que seu membro deverá realizar, além de ser o primeiro passo do endividamento, é também um meio que faz da família cúmplice do recrutamento e da escravidão.

As vítimas do trabalho escravo, confrontadas com as propostas do traficante, são submetidas ao trabalho que, geralmente, estão localizadas em determinadas regiões distantes de suas localidades. Assim, esses homens deixam a sua família em busca do ganho de algum dinheiro, já que é muito difícil no seu lugar de origem ter o excedente dos produtos agrícolas para adquirir o que para eles é luxo, é moderno, como o rádio e a televisão, no primeiro momento, e, no segundo momento, para os jovens, o celular como produto de primeira necessidade nos dias atuais.

Para termos a clareza dos números de vítimas do trabalho escravo contemporâneo por regiões no Brasil, a CPT tem se preocupado em tabular dados, já que esta entidade tem contribuído com as denúncias junto ao Ministério do Trabalho, Ministério Público, Polícia Federal, como se apresenta no Quadro 2.

Trabalho Escravo	2009	2010	2011	2012	2013	2014	2015	2016	2017
Número de denúncias	240	215	249	194	208	170	120	108	29
Os estados com maior número de vítimas	PA MA MT TO	PA MT MA GO	PA GO MG MA	PA TO GO/ MA AM	PA MA SP/ MG TO	TO PA MG MA	MG RJ/ MA/TO PA	MG PA BA MA	MA PA TO MS
Número de trabalhadores envolvidos	6.231	4.379	4.355	3.847	3.657	3.197	2.338	1.075	337
Os estados com maior número de vítimas	PA RJ TO MA	PA MG GO MA	MS GO PA MG	PA TO MG SP	SP MG MA PA/ TO	MG PA TO SP	MG BA TO MA	MG PA TO MA	MT MG PA TO
Número de escravos libertados	4284	3059	2511	2609	2229	1792	916	831	268

Trabalho Escravo	2009	2010	2011	2012	2013	2014	2015	2016	2017
Os estados com maior número de vítimas	RJ PE ES MG	PA MG GO SC	MG MS GO PA	PA MG TO PR	SP MG BA PA	TO PI MG GO	MG MA RJ CE	MG PI PA MS	MT MG PA PI
Número de proprietários na lista suja	179 [dez]	220 [dez]	296 [dez]	408 [dez]	579 [dez]	609 [jul]	SUSPENSA	SUSPENSA	84 [mar]
nº de proprietários na Lista da Transparência							421 [set]	348 [jun]	250 [MAR]
Os estados campeões	PA MA MS TO	PA MA TO MT	PA MT MA GO	PA MT GO MA	PA MT GO MG	PA MG MT GO	*PA MG TO MA*	PA MG TO MA	MG PA SC MT *PA MG SP TO*

QUADRO 2 – ESTADOS DO BRASIL COM MAIOR NÚMERO DE TRABALHADORES E PROPRIETÁRIOS ENVOLVIDOS NO TRABALHO ESCRAVO
FONTE: CPT. Disponível em: <http://www.cptnacional.com.br>. Org. Alberto Pereira Lopes, ago. 2017

Com base no Quadro 2, os números de denúncias de 2009 a 2017 contra o trabalho escravo no Brasil têm crescido a cada ano, mesmo com o trabalho de ONGs e entidades que lutam pelos direitos humanos, cujo papel é fundamental para a erradicação do trabalho escravo, como a CPT, ONG Repórter Brasil e Centro de Direitos Humanos. Os resultados não têm sido essenciais, devido à falta de uma política mais precisa do governo federal em tentar acabar com essa forma atroz. No que tange à participação dos estados com maior número de vítimas, estes aparecem principalmente na região Norte do país e Centro-Oeste, na chamada nova fronteira, como Pará, Mato Grosso, Maranhão, Tocantins, Mato Grosso do Sul e Goiás. Fora da nova fronteira, encontraremos os estados de Minas Gerais, Paraná, São Paulo e Pernambuco. A cada ano, esses estados da fronteira, no que diz respeito ao número de vítimas, assumem os primeiros lugares. Uma surpresa é a participação do estado de Pernambuco, ficando entre os primeiros colocados, em 2009, no que diz respeito aos números de trabalhadores libertados e com um maior número de vítimas. Com o aumento das denúncias, as vítimas do trabalho escravo têm diminuído de uma forma lenta conforme se apresentam os números. Da mesma forma, a participação dos estados em relação ao número de vítimas permanece sem muita alteração, oscilando apenas o segundo, o terceiro e o quarto lugares. No entanto, verifica-se que, nos estados campeões de vítimas da escravidão contemporanea, o Pará está sempre em evidencia nas primeiras colocações.

Se compararmos o número de escravos libertados a cada ano em relação aos trabalhadores envolvidos, observa-se que o número é bem menor, ou seja, os agentes do Ministério Público e Polícia Federal não conseguem libertá-los devido às localidades geográficas serem distantes da sede da fazenda. Esse seria um dos fatores. Outro problema seria o crescimento das vítimas do trabalho escravo que se multiplica diante da própria condição que vive o trabalhador no campo, que muitas vezes encontra-se nas periferias da cidade, e na oportunidade que aparece é condicionado a trabalhar sob as ordens e o silêncio.

A chamada lista suja foi uma forma que o Ministério do Trabalhado encontrou para erradicar o trabalho escravo. Ao confirmar o trabalho escravo em fazendas, o seu proprietário entrará na lista suja por pelo menos dois anos, e não poderá receber qualquer tipo de crédito em agências públicas ou privadas, nacionais ou internacionais. A retirada do nome do proprietário da lista suja depende da situação da fazenda: se esta não tiver reincidência de crimes e pendências trabalhistas, seu nome é retirado do registro. Caso contrário, permanecerá nessas condições impostas pelo Ministério do Trabalho e Emprego. A cada ano, os números de denúncias vão aumentando conforme se apresenta no Quadro 2. Em 2017, as denúncias chegam a 29; isso significa que a população, as entidades e as instituições têm se preocupado com a forma de trabalho que tem acontecido nas propriedades em todo o Brasil.

Conforme o Quadro 2, a chamada lista suja tem aumentado de 2009 a 2014, quando em 2015 foi proibida pelo Supremo Tribunal Federal devido uma ação implementada pela Confederação Nacional de Agricultura e Pecuária – CNA, alegando inconstitucionalidade, retornando em 2016; considerando todas as formas para erradicação do trabalho escravo, isso demonstra a dificuldade dos agentes do Ministério do Trabalho em atuar. Muitas vezes, a pena para esse tipo de crime contra os direitos humanos é ainda insuficiente. É importante apontar que o número de proprietários envolvidos na lista suja em 2001 e 2002 é inexistente, isso porque ainda não havia uma regulamentação na criação de um cadastro de empregadores envolvidos na lista suja, só ocorrendo a partir de 2004. Não obstante, alguns órgãos já cadastravam esses proprietários diante de autuações pelo Ministério Público do Trabalho, o que já se percebe em 2003, com um número significativo de proprietários envolvidos na lista suja por terem sido autuados de forma irregular nas relações trabalhistas em suas propriedades.

No entanto, observa-se que os estados do norte e centro-oeste permanecem em primeiro em todo o contexto da irregularidade das relações trabalhistas, conforme os dados demonstrativos apresentados no Quadro 2. Esta é uma realidade que tem ocorrido no campo brasileiro, em que a mão de obra encontra-se escassa em determinadas regiões, recriando formas diversas de escravidão, condicionando o trabalhador à negação do seu direito. No Mapa 2, demonstram-se os números relativos e absolutos por região no Brasil no que diz respeito às pessoas envolvidas e denúncias fiscalizadas.

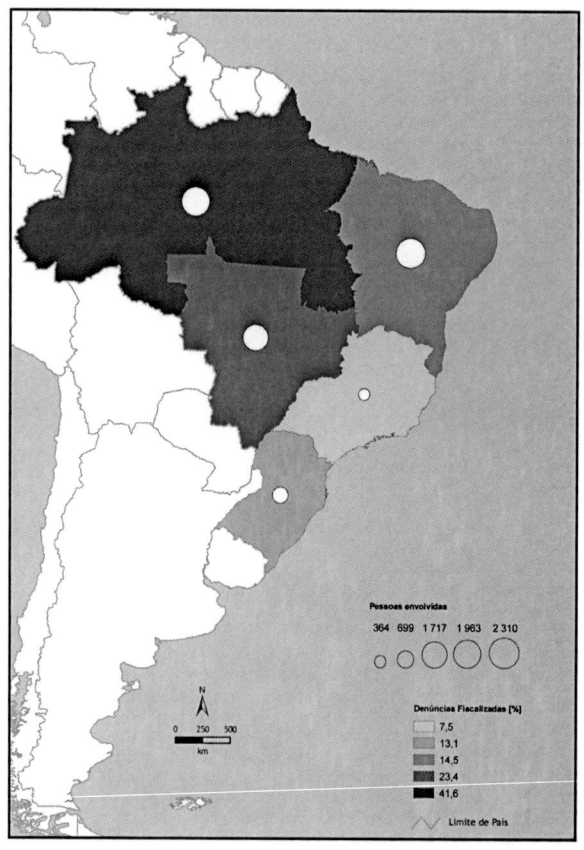

MAPA 2 – REGIÕES ATINGIDAS PELA PRÁTICA DE TRABALHO ESCRAVO EM 2008
FONTE: CPT. Org. Alberto Pereira Lopes, nov. 2008.

No Mapa 2, demonstram-se as diferenças em termos de números, sejam absolutos, sejam relativos, no que diz respeito às grandes regiões brasileiras, tanto no caso das denúncias, como no caso das pessoas envolvidas em relação à prática de trabalho escravo, no ano de 2008. É importante frisar que nem todos os estados da federação encontram práticas de trabalho escravo por dívida.

Daí a necessidade de uma interpretação mais analítica no sentido de mostrar como nas regiões da chamada fronteira agrícola os índices têm sido maiores do que em outras regiões do país, em termos relativos e absolutos, como as regiões sul, sudeste e nordeste. Em termos absolutos, perceberemos que a região nordeste do país é a campeã, com um total de 2.310 pessoas envolvidas com o trabalho escravo, em um período de 12 meses, em 2008. É um número extremamente alto, que demonstra como o trabalho escravo por dívida em locais onde a mão de obra é escassa tem se propagado, sobretudo nas atividades de maior importância econômica na região, como a pecuária, seguida da agricultura patronal, como a soja, a cana-de-açúcar etc.

De certa maneira, há uma mudança de pessoas envolvidas em termos regionais. Em 2007, segundo dados da CPT, a região norte aparecia com 3.899 trabalhadores envolvidos, enquanto a região nordeste aparecia com 1.193. Nesse caso, houve uma inversão dos números da região norte para região nordeste. Esse aumento da região nordeste de trabalhadores envolvidos se dá, sobretudo, pela participação dos estados do Maranhão, Alagoas, Ceará e Pernambuco, nas atividades de cana-de-açúcar, soja e carvão. De certa maneira, os órgãos públicos focaram-se mais na nova fronteira do país. No que tange à diminuição das pessoas envolvidas na região norte, isso se deve ao fato de o trabalho da fiscalização da Polícia Federal e Ministério Público ter sido mais efetivo na região, principalmente no Pará, onde o número de trabalhadores envolvidos ultrapassava 3.000 pessoas em 2007; em 2008, esse número cai para 1.612, segundo os dados da CPT (2009).

A terceira região com maior índice de trabalho escravo por dívida, segundo a CPT, tem sido a região centro-oeste, tanto em números relativos relacionados às fiscalizações, como em termos absolutos no que diz respeito aos trabalhadores envolvidos. As mesmas atividades propulsoras das formas de trabalho forçado na região norte têm sido as da região centro-oeste, como a pecuária, seguida da agricultura, conforme a CPT. No entanto, os números apresentam essa aproximação com a região norte em termos de pessoas envolvidas: teremos cerca de 1.717 pessoas. No entanto, no que diz respeito à participação da região no cenário brasileiro nas denúncias fiscalizadas, teremos aí um número de cerca de 23,4%, conforme o mapa apresentado.

A região sul é a quarta em termos de envolvimento de trabalho escravo em números absolutos e relativos em sua totalidade. As pessoas envolvidas na cadeia do trabalho escravo totalizam 699, enquanto a participação das denúncias fiscalizadas chega a 13,1%. É uma participação significativa na região em termos de trabalho escravo contemporâneo, mas percebe-se, comparando com as regiões da nova fronteira agrícola, que a região fica bem abaixo.

No que diz respeito às regiões sudeste, os números totalizantes da participação dessa região em termos de trabalho escravo são bem pequenos se comparados às outras regiões aqui tratadas. Vejamos que a região sudeste fica com apenas 7,5% de denúncias e fiscalizações. No que diz respeito às pessoas envolvidas, também não será diferente: o sudeste apresenta 364 pessoas envolvidas no trabalho escravo, um número bem pequeno em relação às regiões onde o trabalho escravo é mais significativo, como nordeste, norte e centro-oeste.

Em uma abordagem mais detalhada, em termos regionais, conforme apresentam os dados da CPT, a chamada Amazônia Legal permanece com maior índice de trabalhadores envolvidos (3.453), em uma totalidade de todas as regiões do país que é de 7.053, ou seja, mais de 50% da totalidade de trabalhadores envolvidos na escravidão permanecem na Amazônia. Também em termos de fiscalização, a chamada Amazônia Legal emplaca com 49% das fiscalizações (CPT, 2009). Esse é um fator primordial para pensar como atuam os fazendeiros nas regiões inóspitas e nos estados da federação em que estão envolvidos com esse mal, que é a escravidão por dívida.

Demonstrando os dados disponibilizados pela CPT por estado da federação, ou seja, a participação de cada estado no Brasil que utiliza a mão de obra escrava, conforme Mapa 3, temos:

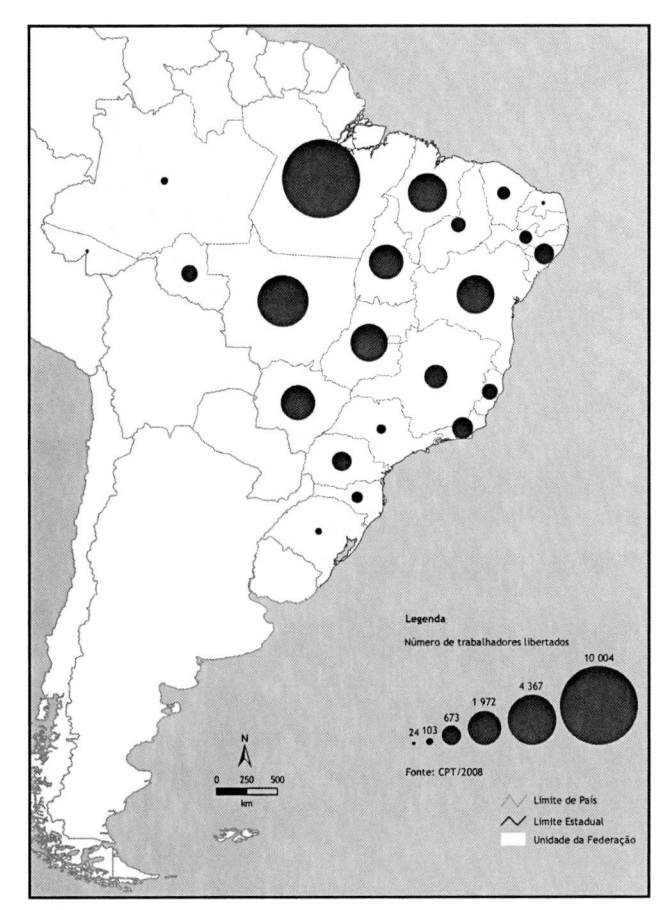

MAPA 3 – TRABALHADORES LIBERTADOS VÍTIMAS DE TRABALHO ESCRAVO CONTEMPORÂNEO POR ESTADO DA FEDERAÇÃO DE 2001 A 2008
FONTE: CPT. Org. Alberto Pereira Lopes, jun. 2009

No Mapa 3, mostram-se os estados brasileiros em que se encontram vítimas de trabalho escravo por dívida, em uma escala temporal do ano de 2001 a 2008, identificando-se o número de pessoas envolvidas e que foram libertadas pelo Ministério Público Federal. O objetivo desse mapa é demonstrar que nem todos os estados dessas regiões estão no cenário de trabalho escravo, ao passo que, em outros, existiam trabalhadores envolvidos na denúncia em determinado período, como no caso do Amapá, que, no período de 1996 a 1998, tinha 199 trabalhadores denunciados, mas hoje não aparece nas estatísticas de acordo com os dados da CPT. No mapa, percebam-se os estados que se apresentam como os principais participantes de trabalhadores escravizados, como o Pará, Mato Grosso, Mato Grosso do Sul, Goiás, Maranhão, Bahia e Tocantins.

Nessa cadeia de vítimas, o estado do Pará apresenta mais de 10.000, seguido do Mato Grosso, com quase 5.000 pessoas que foram libertadas vítimas do trabalho escravo. Os números demonstram ainda que na fronteira onde se encontram os estados de Mato Grosso, Tocantins, Pará, seguidos de estados que fazem fronteira, como Maranhão e Bahia no nordeste, com quase 4.000 trabalhadores libertados, são os que estão sempre na disputa da cadeia de trabalho escravo contemporâneo. Nos demais estados, os números são inferiores, mas observa-se que os estados de Minas Gerais, Rio de Janeiro e Alagoas têm se destacado, todos com cerca de 700 pessoas libertadas. Esses dados demonstram que todas as regiões brasileiras apresentam problemas relacionados às práticas de trabalho escravo por dívida, no entanto, nem todos os estados participam dessa estatística, segundo os dados apresentados pela CPT.

É importante ressaltar que nem todas as denúncias de trabalhadores estão inseridas no contexto do trabalho escravo, para isso é necessário caracterizá-lo como a dívida, a falta da carteira de trabalho assinada, o confinamento, a ordenação de um sobre o outro, a violência para forçar o trabalho e amedrontar o trabalhador, o açoite, as ameaças. Enfim, tudo que se refere a essas características relaciona-se como trabalho escravo.

A CPT organizou dados sobre as denúncias em relação ao trabalho escravo, o qual se caracteriza pela exploração dos trabalhadores, como também casos prováveis de formas de escravidão, conforme apresenta a Tabela 1.

TABELA 1 – DEMONSTRATIVO ANUAL DE TRABALHADORES ENVOLVIDOS EM TRABALHO ESCRAVO CONFORME O GRAU DE SERVIDÃO

DADOS ANUAIS	2002	2003	2004	2005	2006	2007	2008
Números de denúncias							
Denúncias tipo 1 e 2	151	237	230	278	265	264	284
Denúncias tipo 3	Não ident.	38	63	104	95	110	68
Total 1, 2, 3	151	295	293	382	360	374	352

DADOS ANUAIS	2002	2003	2004	2005	2006	2007	2008
Números de denúncias							
Trabalhadores envolvidos							
Denúncias tipo 1 e 2	5.637	8.315	5.812	7.628	6.899	8.651	7053
Denúncias tipo 3	Não ident.	1.166	1.448	2.007	6.601	2.413	1.533
Total 1, 2, 3	5.637	9.481	7.260	9.635	13.500	11.064	8.586
Fiscalizações realizadas							
Número de denúncias fiscalizadas	67	146	126	164	136	152	214
Taxa de atendimento	44%	62%	55%	59%	51%	58%	75%
Número de trabalhadores resgatados	2.260	4.999	3.212	4.586	3.666	5.968	5.244
Denúncias: Tipo 1: Trabalho escravo provável; Tipo 2: Trabalho escravo caracterizado; Tipo 3: Superexploração grave.							

FONTE: CPT. Disponível em: <http://www.cptnacional.com.br>. Org. Alberto Pereira Lopes, jun. 2009

De acordo com a Tabela 1, os números de denúncias sobre a presença de trabalho escravo em determinadas propriedades variam conforme o grau de trabalho a que o trabalhador está submetido. A CPT criou uma tipologia da forma como o trabalhador está sendo explorado, ou tratado. Assim, o grau de denúncias no sentido da exploração do trabalhador é apresentado conforme os três tipos a seguir. Tipo 1: Trabalho escravo provável – é quando existem algumas características de trabalho escravo, porém, esta tipologia muitas vezes não se encontra exatamente igual ao que, segundo o Código Penal Brasileiro, consiste em condições análogas à escravidão. Tipo 2: Trabalho escravo caracterizado – aquele em que o trabalhador encontra-se na forma de servidão com dívidas a pagar ao proprietário e ainda sem registro de trabalho, além das formas precárias no trabalho. Tipo 3: Superexploração grave – quando o trabalhador encontra-se em um estado de servidão grave, no qual a sua força de trabalho está servindo ao proprietário, sem direitos, apenas deveres a cumprir.

Observando os dados da Tabela 1 em relação às denúncias, há uma oscilação nos dados dos tipos 1 e 2 de 2002 a 2008 com quedas e crescimentos. Vejamos que em 2002 os números de denúncias ainda são menores do que os anos posteriores, o que indica que o combate do trabalho escravo encontrava-se em fase embrionária. A população brasileira veio ter um maior esclarecimento a partir do trabalho de entidades que se pronunciavam nos meios de comunicação, como a OIT e CPT. Isso ajudou que a população tomasse consciência dos maus tratos sofridos pelos trabalhadores nas fazendas nos rincões desse país. Igualmente, os trabalhadores saíram do seu estado de alienação em benefício de si mesmos, denunciando aos órgãos destinados à fiscalização a forma de trabalho em que se encontravam. As denúncias do tipo 3 em 2002 não indicam identificação da superexploração grave; há um crescimento de 2003 a 2005; no ano posterior diminui um pouco, aumentando com intensidade em 2007; em 2008, há um decréscimo considerável. Isto mostra o trabalho dos órgãos destinados à erradicação desse problema. Mesmo de maneira lenta, os dados começam a se modificar. A tabela demonstra a gravidade em que se encontra o trabalho escravo no Brasil, conforme a oscilação com pouca intensidade a cada ano.

Conforme ainda os resultados apresentados, há também oscilações a cada ano nas fiscalizações realizadas pelos agentes responsáveis, seja a Polícia Federal, seja o Ministério Público Federal. Por mais que tenham crescido essas formas análogas à escravidão, conforme o Código Penal Brasileiro, as fiscalizações estão presentes, haja vista os resultados dos números. Esses resultados demonstram que, de 2002 a 2008, foram resgatados 29.935 trabalhadores escravizados, mesmo que a atuação não seja de uma forma total, mas demonstra que os caminhos estão sendo percorridos, para erradicação desse mal que se expande em uma sociedade hierarquizada, que determina suas relações de poder diante de uma desigualdade existente.

Esse cenário do trabalho degradante em um país de dimensões continentais indica uma diversidade histórica nas mensurações do processo do capital em fases distintas. Ao mesmo tempo, constituem-se diferenças culturais em cada região que se caracterizam pelas temporalidades de ocupação com processos de desenvolvimento desigual. Não que esse processo de desenvolvimento desigual esteja pautado em uma dimensão linear, mas este se encontra em fatores sociais e históricos, em que a divisão de classes sociais é um aspecto presente e importante para que o capitalismo possa existir. Diante dessas condições, a escravidão no Brasil contemporâneo faz parte das diversidades sociais e históricas contraditórias e desiguais desse sistema.

Nessa perspectiva, Martins (1997, p. 31) afirma:

> Esse quadro já nos indica uma certa diversidade histórica nas determinações do processo do capital, uma certa combinação de ritmos históricos desencontrados na definição da realidade social desse processo. Isso quer dizer que ele se caracteriza, também, por uma grande diversidade de relações sociais por uma certa variedade de culturas dos grupos locais e regionais. A expansão do capital e da sociabilidade de que ele é agente não implica necessariamente a supressão súbita das diferenças que tornam peculiares os diferentes grupos envolvidos na situação de fronteira.

É nesse cenário que o trabalho escravo por dívida tem surgido, para designar formas tradicionais de acumulação do capital, envolvendo uma cadeia que se forma para perpetuar o domínio sobre o outro, sobre aquele que não tem outra forma a não ser do aspecto da sujeição devido à dependência que se constitui, pela falta de emprego para sua subsistência. O surgimento do trabalho escravo por dívida no Brasil corresponde a essa complexidade que se encontra no interior do sistema e que tem permanecido como algo cultural, no dizer das elites regionais responsáveis pelas atrocidades. É como se a submissão, a humilhação, a violência fizessem parte da cultura do lugar, como se esses homens e mulheres fossem animais domésticos que apenas obedeçam ao domínio do senhor. Este, por sua vez, poderá ser quem contrata (os gatos) ou os donos da propriedade.

Dessa forma, a existência do trabalho escravo contemporâneo tem se expandido no sertão da chamada última fronteira deste país, com suas formas diversas de sujeição do trabalhador do campo, que tem aceitado as falsas propostas de quem o contrata. Essa dependência do trabalhador é resultado da inexistência de trabalho para sua própria subsistência, é a aceitação da submissão, o que se caracteriza como trabalho degradante. Segundo os dados oficiais, a região com maior incidência é a região Amazônica, haja vista que outras regiões também se encontram dentro desse cenário, mas com menor magnitude.

O trabalho por dívida, a partir do processo migratório, tem prosseguido, diante da dinâmica do trabalho da figura do aliciador, que utiliza estradas vicinais para fugir da fiscalização da Polícia Rodoviária Federal. Esta vem agindo nas rotas principais, utilizadas para o transporte ilegal de trabalhadores em direção às fazendas. Assim, podemos observar no Mapa 4 os principais trajetos de trabalhadores envolvidos em práticas de trabalho escravo, a partir de cada estado de origem, onde também esses trabalhadores foram libertados.

Conforme se apresenta no Mapa 4, perceberemos que os estados que irão aparecer são os mais atingidos pela prática de trabalho escravo no Brasil. Por isso, o mapa foi construído com dados fornecidos pela ONG Repórter Brasil, que se encontra no relatório da OIT de 2007. O objetivo do Mapa 4, com vários deslocamentos a partir dos estados de origem, é mostrar a origem da migração desses trabalhadores em busca de trabalho. Ao serem recrutados pelos aliciadores, tais trabalhadores são transformados nas vítimas do trabalho escravo.

No entanto, acreditamos que a mesma situação de migração de trabalhadores vítimas de trabalho escravo ocorre em todas as regiões brasileiras que apresentam também esse problema. Ou seja, tem a mesma característica de deslocamentos de ligações entre os estados de origem dos libertados com os locais de libertação do trabalhador escravizado. Seguindo uma metodologia da análise do mapa, partindo do primeiro para o segundo e da esquerda para a direita, teremos o estado em que o trabalhador se deslocou, sendo que as setas representarão as rotas de ligações.

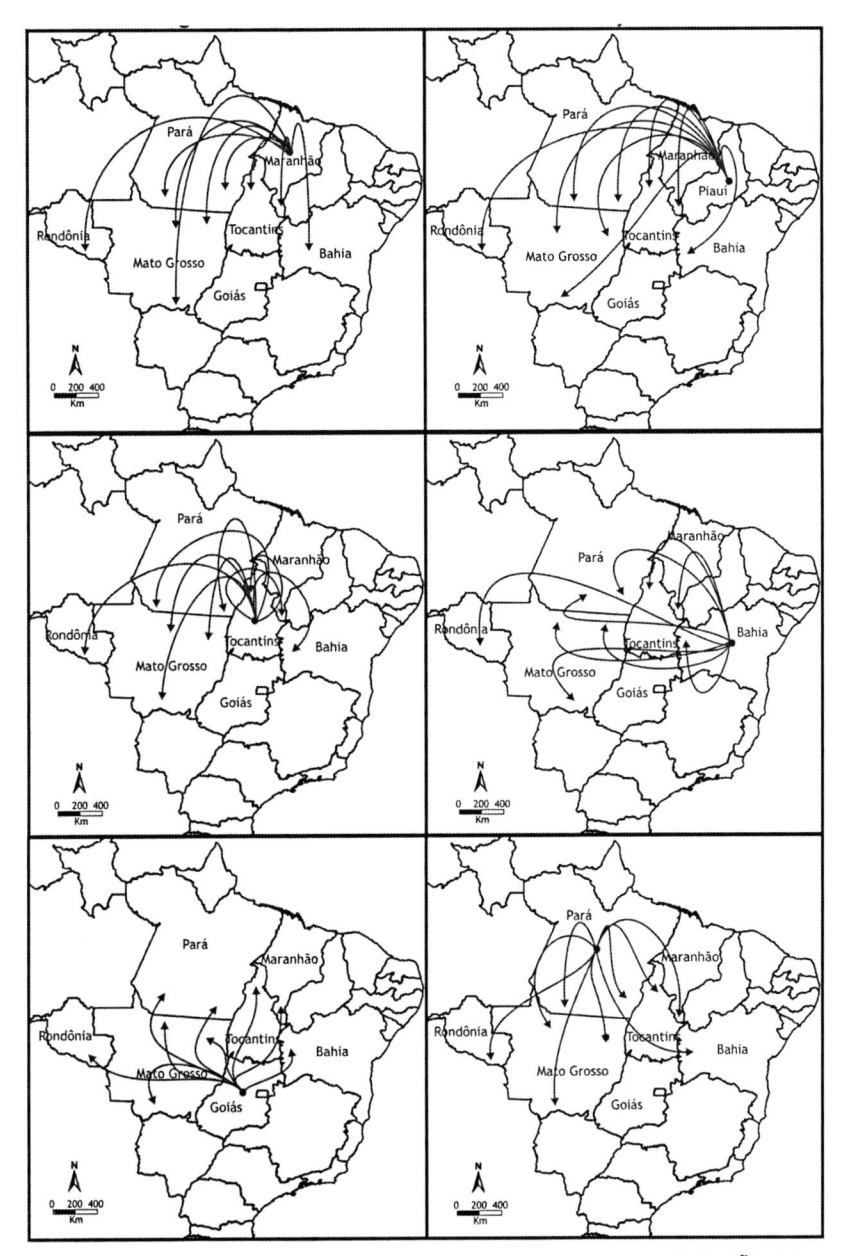

MAPA 4 – ESTADOS DE ORIGEM DOS LIBERTADOS E OS LOCAIS DE LIBERTAÇÃO DE ESCRAVOS

FONTE: CPT. Org. Alberto Pereira Lopes, nov. 2008

No primeiro mapa, apresenta-se o estado de origem dos trabalhadores vindos do Maranhão, que se deslocam para o sul e sudeste do

Pará, Bico do Papagaio no Tocantins, sul do próprio estado do Maranhão, norte e sul do Mato Grosso, sul de Rondônia e oeste da Bahia. As vias de acesso se dão pelas rodovias federais e as vicinais de cada estado. O segundo estado de origem apresentado no Mapa 4 é o Piauí, de onde os trabalhadores se deslocam em direção ao sul/sudeste do Pará, Bico do Papagaio, sul do Maranhão, norte/sul do Mato Grosso, sul de Rondônia e oeste da Bahia. A diferença é que não encontraremos trabalhadores migrando para o próprio estado do Piauí.

O terceiro deslocamento, conforme o Mapa 4, acontece a partir do Tocantins, que é um dos estados com maiores índices de trabalho escravo contemporâneo. Os locais onde esses trabalhadores são libertados como vítimas de trabalho escravo são quase as mesmas rotas dos outros estados, como sul/sudeste do Pará, o próprio estado do Tocantins na região do Bico do Papagaio, sul do Maranhão, norte/ sul do Mato Grosso, sul de Rondônia e oeste da Bahia. No quarto deslocamento, teremos o estado da Bahia, onde os trabalhadores saem em busca de trabalho e são autuados como vítimas de trabalho escravo por dívida em outros estados e no próprio estado de origem. Os locais de libertação são os mesmos apresentados anteriormente, na análise de cada estado apresentado.

Embora o estado de Goiás apresente vítimas de trabalho escravo por dívida, nesse mapa aparece apenas como estado de origem. Partindo desse pressuposto, observaremos que os trabalhadores com práticas de trabalho escravo por dívida, do seu estado de origem para os locais onde foram libertados, estão no sul/sudeste do Pará, Bico do Papagaio/TO, sul do Maranhão, norte/sul do Mato Grosso, sul de Rondônia e oeste da Bahia, ou seja, as rotas são as mesmas dos outros estados de origem apresentados. Por fim, o estado com maior índice de trabalho escravo é o Pará, onde as rotas de ligação apresentam as mesmas direções de outros estados de origem, como podemos observar no Mapa 4. No caso do Pará, os maiores índices apresentados estão ao sul/sudeste, onde os trabalhadores de outros estados da federação estão presentes, além dos do próprio estado.

O intercâmbio migratório dos trabalhadores de uma região a outra na busca de frente de trabalho nos permitirá o entendimento dos sujeitos envolvidos, que são obrigados pela sua própria necessidade de sobrevivência e se deparam com as formas atuais de trabalho forçado, uma categoria abordada pela OIT que designa o trabalho escravo por dívida.

Os sujeitos que fazem parte das estatísticas do trabalho escravo por dívida são fabricados pelas relações de dominação das quais se tornam submissos, e silenciam-se diante das atrocidades sofridas.

Essas relações de dominação estão denominadas pelas práticas dos fazendeiros em negar o direito do trabalho prestado pelo trabalhador. Assim sendo, a negação do direito ao trabalho em suas regiões de origem reporta-se à desigualdade de classe, que, por sua vez, estabelece de uma forma direta e muitas vezes indireta a dominação da classe superior sobre a inferior, tornando-se os trabalhadores sujeitos dominados, explorados pela sua força de trabalho que não é paga por quem a contrata.

A dominação indireta é camuflada no momento da própria exploração, como se o fazendeiro, ao fazer algo pelo trabalhador, por exemplo, levá-lo a um posto de saúde, estivesse sendo bem intencionado. Pelo contrário, a intenção está na recuperação do trabalhador para finalizar o trabalho, além de pagar a dívida que foi adquirida por meio dos dias parados e a assistência médico-hospitalar. Essa é uma realidade presente no trabalho forçado dos que buscam a sobrevivência de uma forma em que a miséria se associa à falta de outra opção de vida.

A pobreza na qual vivem os trabalhadores escravizados é uma categoria inserida no contexto da exclusão social e no aprofundamento da desigualdade e da pobreza. Partindo dessa afirmação é necessário pensar nesses elementos que estão inter-relacionados, mas são distintos, como aponta Singer (2000, p. 60-61):

> Desigualdade refere-se principalmente à renda, consumo ou acesso a serviços e oportunidades. [...] A pobreza é vista também como uma situação relativa, que deve, contudo, ser relacionada com a medida absoluta de um mínimo. [...] a exclusão social pode ser vista como uma soma de várias exclusões, habitualmente muito inter-relacionadas.

A afirmação de Singer não se refere aos sujeitos excluídos apenas no campo. Suas concepções a respeito dessas categorias são mais amplas, estão incluídas em todo o processo às quais estão inter-relacionadas, seja no campo, seja na cidade. No entanto, o resultado das práticas de trabalho escravo contemporâneo como categoria de análise se insere nesses elementos discutidos por Singer. A migração interna apresentada no Mapa 4 mostra a necessidade de cada sujeito em buscar trabalho em outras localidades, isto é, a forma mais autêntica de exclusão, de pobreza e desigualdade social em suas regiões de origem, sobretudo quando migram em direção à fronteira do país.

Essa prática da exploração é reforçada nas observações de Lopes (2001, p. 61):

> A prática da violência contra os direitos humanos prossegue com a peonagem ou trabalho escravo na Amazônia e outras regiões, onde o camponês é submetido a exercer forçosamente atividades pesadas. Esse processo de trabalho configura-se nos adiantamentos às famílias dos trabalhadores que são enganados pelos empreiteiros. Geralmente, os trabalhadores são levados para longe das cidades, dos povoados e ficam dentro da grande fazenda em condições subumanas e são obrigados a receber ordens.

É diante do trabalho degradante que se concretiza no interior da grande propriedade que a categoria trabalho escravo ou peonagem tem se constituído. Vale ressaltar, essa categoria escravidão por dívida tem sido encontrada em diversas atividades econômicas, e não apenas em determinada atividade. Podemos mencionar algumas modalidades, como: o comércio ambulante de trabalhadores que vendem peças de tecidos – principalmente redes vindas do Nordeste – para seus patrões, e se alojam nas grandes cidades em ambientes inadequados; os carvoeiros que trabalham nas carvoarias sem nenhuma condição de trabalho; os trabalhadores que desmatam as áreas a serem utilizadas para a grande fazenda agropecuária, instaladas principalmente na Amazônia, a partir da década de 1960, dentre outras atividades.

A complexidade da categoria trabalho escravo é um fenômeno que se constitui no momento do aliciamento do trabalhador, ou seja, no recrutamento. Como afirma Corrêia (1999, p. 77):

> O trabalho escravo é um fenômeno complexo, também sob o enfoque trabalhista. Está longe da verdade dizer que se costuma apenas no ato da prestação dos serviços sem remuneração, sob vigilância ou coação física. O processo que deságua no trabalho escravo se origina muito antes, no aliciamento da força de trabalho, habitualmente recrutada em localidades distantes várias centenas de quilômetros do local de prestação dos serviços, passando pela hospedagem na cidade de origem e pelo transporte dos trabalhadores até seu destino final.

Esse fenômeno complexo que tem se expandido no interior das grandes propriedades agropecuárias, hoje mais precisamente na última fronteira agrícola, origina-se a partir da estrutura agrária brasileira que se concentra nas mãos de poucos. Estes dominam e criam seus poderes mediante suas relações políticas, econômicas e sociais. A vítima se reduz a uma presa fácil para quem o recruta, porque nela estão todas as formas de sujeição dos subalternizados com os seus limites diante das cercas que são impostas pelos donos de capital. No Brasil, por mais que se tenha uma luta organizada dos movimentos sociais, a questão agrária continua concentrada nas mãos dos latifundiários, que permanecem com suas antigas e novas formas de exploração do trabalhador desprovido de outro meio para a sua sobrevivência.

1.6 A estrutura agrária no Brasil: uma condição que contribui para o trabalho escravo contemporâneo

A estrutura agrária brasileira, em toda a sua história, tem buscado a centralização da terra nas mãos de poucos, latifundiários. Estes que têm expandido seus domínios em todo território nacional, na perspectiva de aumentar as suas rendas por meio de uma mão de obra baseada na alienação do trabalhador, razão pela qual vivem sem muitas perspectivas de trabalho devido a um processo histórico que os colocou em situação muitas vezes com características servis.

O que podemos observar na estrutura agrária brasileira é a vasta disponibilidade de terras que serviu para apropriação de uma classe sem concorrência que se tornaria a classe dominante do país, dotada de poderes políticos e econômicos. Esse aspecto demonstra que o Estado não contribuiu em uma perspectiva renovadora no que diz respeito à distribuição da terra. Pelo contrário, o Estado se configura como instrumento decisivo de coordenação e ação de todas as formas econômicas, contribuindo apenas para solidificação da classe dominante que, desde o século XVI, sempre esteve no ápice do poder.

É diante dessas condições que todo projeto de desenvolvimento do país foi construído para servir a uma classe que crescia e se consolidava como burguesia nacional. Do século XVI ao século XVIII, eis o momento de organização da classe dominante, pautada no trabalho de incorporação do indígena, do escravo, do afluxo migratório. O sistema escravista colonial é um exemplo de estruturação das sociedades coloniais, em que a riqueza era produzida por uma mão de obra sem custos, e ao mesmo tempo o escravo representava um valor monetário. Essa disponibilidade da força de trabalho fez com que a concentração da terra fosse cada vez mais um elemento essencial para acumulação da riqueza de uma ínfima classe, mas que tinha uma representação significante no contexto da economia, já que a maioria da população, especialmente rural, constituía a força motriz da burguesia.

A condição de exploração da força da mão de obra do pequeno trabalhador resultou em uma condição alienadora, no interior da qual este não tem condições de resistência contra a classe dominante, haja vista a sujeição que lhe é imposta. O trabalhador não se vê na produção da riqueza. É nesse sentido que, com a abolição da escravatura, o imigrante europeu que veio trabalhar principalmente nas lavouras de café não se constituiu como classe que viesse resistir e lutar contra a expansão do latifúndio. Como afirma Prado Júnior (1981, p. 25):

> A massa escrava, mais tarde, apenas recém-egressa da escravidão, bem como os imigrantes que a partir do século passado vieram reforçar os contingentes de trabalhadores do campo brasileiro, nunca estiveram em condições de seriamente disputar para si o patrimônio fundiário da nação. Desde o início da ocupação e colonização do território brasileiro, e até hoje ainda, os títulos de propriedade e o domínio da terra galopam muito adiante da frente pioneira de penetração e ocupação.

A constituição de uma classe camponesa organizada vem se constituir já no século XX com as ligas camponesas. Antes disso, teremos lutas populares, ou seja, conflitualidades no campo brasileiro, por exemplo: a luta dos indígenas, do negro, as lutas messiânicas, o cangaço nordestino etc. São lutas importantes para a formação camponesa no Brasil, as quais objetivam a reforma agrária como prioridade, abrindo o caminho para a transformação da sociedade. A transformação acontece a partir da modernização da agricultura, pautada na dominação e exploração da mão de obra, imobilizando o trabalhador de seus direitos. Se a agricultura modernizadora e conservadora teve um ápice importante em relação à produção e à produtividade, também foi responsável pelo aliciamento das pessoas a condições análogas a de escravos. Como afirma Esterci (1994, p. 85):

> [...] a prática da imobilização da força de trabalho permitia aos empregadores: usurpar aos trabalhadores seus direitos, a força de suas organizações e a sua identidade de assalariados; baixar o custo da mão-de-obra; obter lucros fáceis e imediatos apropriando-se de recursos públicos em terras, obras, créditos e incentivos.

A partir da década de 1960 é que o Estado brasileiro criou leis jurídicas, regulamentado os direitos dos trabalhadores, fornecendo novos instrumentos legais diante das reivindicações. Assim, foi criado, em 1963, o Estatuto do Trabalhador, definindo os direitos trabalhistas no campo. Em 1964, o governo militar sancionou o Estatuto da Terra, traçando as linhas da política agrícola brasileira. Ainda em 1964 foi criada a Confederação Nacional dos Trabalhadores na Agricultura (CONTAG).

Nesse cenário em que o Brasil formulava suas leis, as lutas, os conflitos, as mortes são características de um processo constante de contradições e desigualdades que é peculiar ao sistema capitalista. A partir dessas adversidades é que parte dos objetivos é alcançada pelos Sem-Terra.

A concentração de terras nas mãos de uma pequena população vem refletir a expansão da pobreza e da miséria, como também a expropriação dos camponeses graças ao desenvolvimento tecnológico no campo. Esse processo demonstra que a estrutura agrária brasileira, por mais que tenha desenvolvido sua produção e sua produtividade com a criação do agronegócio, tem gerado a expansão da pobreza e da miséria. Nessa perspectiva, tenhamos em mente o passado, desde quando as amarras da violência, da intolerância contra os direitos humanos continuam presentes na sociedade brasileira, e em sociedades semelhantes. Todo esse aspecto da estrutura agrária no Brasil revela os velhos quadros da colônia, como se o tempo em determinado momento não se modificasse e se delineasse no espaço geográfico, como a forma de utilização da terra e a organização agrária que daí resulta. Como afirma Fernandes (2005, p. 35) em relação à questão agrária:

> Todavia, a questão estrutural permanece. Do trabalho escravo à colheitadeira controlada por satélite, o processo de exploração e dominação está presente, a concentração da propriedade da terra se intensifica e a destruição do campesinato aumenta. [...] A agri-

cultura capitalista ou agricultura patronal ou agricultura empresarial ou agronegócio, qualquer que seja o eufemismo utilizado, não pode esconder o que está na sua raiz, na sua lógica: a concentração e a exploração.

Estes fatores históricos da estrutura agrária brasileira que permanecem nos dias atuais contribuíram para que houvesse o ressurgimento do trabalho escravo por dívida, em que o trabalhador é submetido devido à falta de serviços em suas localidades. Assim, esse trabalhador torna-se uma presa fácil para os aliciadores.

Nesse contexto, as formas análogas da escravidão, definidas pelo Código Penal Brasileiro, mostram a dependência do indivíduo a uma situação semelhante ao escravo moderno em suas condições desumanas e degradantes, como o açoite com chicotes ou cordas e ferimentos causados por armas de fogo. Esse resultado é decorrente de uma história agrária baseada na concentração de terras e, ao mesmo tempo, em que o trabalhador foi e é uma mão de obra barata. Além disso, em um quadro em que o desenvolvimento agrícola está diretamente ligado à força de trabalho do trabalhador, porém, as suas condições de vida não se encontram relacionadas com a riqueza por ele produzida.

O trabalho escravo contemporâneo só existe porque a estrutura agrária permite, porque nela está contida a forma bárbara da violência contra os direitos humanos. A violência no campo brasileiro entre os sujeitos da luta pela terra, ou os personagens que trabalham na terra, contra os dominadores, torna-se cada vez mais evidente, no sentido da luta contra a expropriação. É por meio da busca de liberdade, da busca de sobrevivência que o trabalhador tem migrado para lugares distantes para vender sua força de trabalho. A migração que atravessa temporalidades históricas tem levado esse trabalhador à situação cativa, e nela o trabalho escravo. Esse problema que tem afetado a sociedade brasileira é resultado de fatores políticos e econômicos, mediante a concentração da riqueza que resulta na expansão da pobreza e da miséria.

Toda a história da questão agrária brasileira está baseada nos conflitos, na expropriação do camponês, do trabalhador, indígena, e na sua sujeição para servir ao latifundiário que determina os limites de atuação da mão de obra, demonstrando a dominação como forma de força, que explora e que escraviza. A concentração da terra é um dos fatores relevantes no uso repressivo da força de trabalho contemporâneo, diante do caráter da dívida que o trabalhador adquire quando vai prestar serviço ao dono da terra. Esse caráter da dívida e da repressão representa o grau de desigualdade que obriga as pessoas a se submeterem a situações que muitas vezes fogem do seu controle, devido à sua própria necessidade da luta pela sobrevivência. Como afirma Esterci (1994, p. 43):

> [...] o caráter da dívida que escraviza, porque a desigualdade obriga as pessoas a se endividarem com outras, seja por não disporem de terras para trabalhar ou de recursos financeiros para adquirir a vista bens e serviços de quem necessitam.

A falta de distribuição de renda equitativa, de reforma agrária, é fator que contribui para o estado de exclusão do trabalhador que busca, por meio da sua força de trabalho, a sua existência como categoria que em determinado espaço se organiza e resiste à exploração, quando outros são submetidos à dominação do latifundiário. Como categoria de trabalhadores organizados, por um lado, encontraremos os que fazem parte de entidades, sindicatos, movimentos de resistências. Por outro lado, encontraremos os desprovidos de organização, como os boias-frias, os posseiros, os aliciados ao trabalho escravo. Essas categorias são dominadas pelos donos de capital que compram a sua força de trabalho como uma mercadoria especial que gerará valores, para expandir os seus meios de produção.

Todo o processo de expansão da grande propriedade no Brasil tem sido constituído de muitos conflitos, por disputas entre o que tem o capital e o que sobrevive da subsistência da sua força do trabalho. É uma luta de desiguais, em que existe o dominador e o dominado. O dominador expropria e exclui, e o outro ocupa a terra e se ressocializa, e constrói novas formas de lutas para permanecer como camponês. Esse retrato da questão agrária no Brasil, por mais que tenha um campo desenvolvido e mecanizado, é gerador da conflitualidade que gera a luta de classes, quando estas são organizadas. O conflito é resultado do desenvolvimento da agricultura mecanizada, de cujo processo o camponês é excluído, o que gera desemprego e incertezas de um futuro promissor (FERNANDES, 2005).

Quando falamos da agricultura mecanizada, é porque esta tem tido um papel importante no contexto da exclusão do camponês. É a agricultura patronal que representa a grande propriedade, porque seu produto é produzido principalmente para o mercado externo. Da mesma maneira, a pecuária tem um papel de extrema importância na economia brasileira, mas é a principal responsável pela servidão e pelos diferentes níveis de subordinação do trabalhador. Para compreendermos esse quadro de subordinação, é necessário apresentar alguns dados que irão representar cada nível de atividade econômica no Brasil em que está inserido o trabalho escravo contemporâneo, conforme o Gráfico 1.

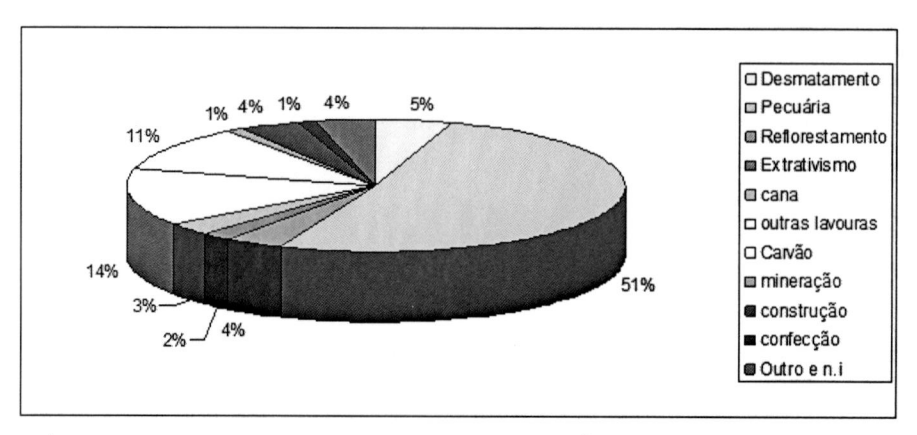

GRÁFICO 1 – BRASIL: TRABALHO ESCRAVO CONTEMPORÂNEO POR ATIVIDADE ECONÔMICA EM CASOS REGISTRADOS 2003-2015
FONTE: CPT. Disponível em: <http://www.cptnacional.com.br>. Org. Alberto Pereira Lopes, dez. 2016.

Conforme o Gráfico 1, as atividades na cadeia produtiva que mais estão envolvidas no ápice do trabalho escravo são essas apresentadas, como desmatamento, reflorestamento, cana-de-açúcar, extrativismo, carvão e a que mais escraviza trabalhadores, a pecuária, que se destaca sobretudo nas regiões norte e centro-oeste. Quem escraviza não são pessoas desprovidas de conhecimentos; pelo contrário, são pessoas que têm um conhecimento relevante do que estão praticando, como forma de obter um maior índice de lucratividade. São essas pessoas que lidam com a economia, que investem em suas largas extensões de terras, com tecnologias de ponta, são justamente os empresários da agricultura capitalista. Esses dados nos revelam o quanto a questão agrária brasileira continua em determinados fatores ligada a um passado de contradições.

A representatividade dos números demonstra a exploração humana em várias atividades agropecuárias, o que representa mais pobreza e miséria no país. Conforme o Gráfico 1, a pecuária é o setor que mais escraviza trabalhadores, com 51% no total das atividades. Nessa atividade, os trabalhadores escravos são utilizados na limpeza da área, desmatando a mata nativa para a expansão da propriedade e posteriormente a plantação do pasto para a criação de gado. A cana-de-açúcar representa 3% na exploração dos trabalhadores. Essa exploração acontece no período da colheita, podendo ser feita no momento de plantio e da limpeza. O desmatamento representa 5% na cadeia para a formação das fazendas. O reflorestamento representa 4%, os escravos são utilizados no desmatamento para o plantio de árvores destinadas ao comércio, como pinho e eucalipto. Da mesma forma, o extrativismo representa 2%, não se diferenciando das formas utilizadas pelas outras atividades, como no momento da colheita. O carvão representa 14%, a sua forma de trabalho é bem degradante; além de retirar a madeira, os trabalhadores utilizam os fornos e recebem todo o calor da queima da madeira, e logo após o carvão é ensacado e as sacas são colocadas em caminhões sem nenhuma segurança. Outros, no gráfico, representam o trabalho escravo presente em outras cadeias produtivas, como: tomate, frutas, algodão, soja, café, pimenta-do-reino, representando assim cerca de 11% na exploração dos trabalhadores feita pelos grandes proprietários de terras. Aparecem 4% em atividades não identificadas, mas que estão na cadeia de trabalho escravo por dívida. Trata-se de denúncias sobre as quais se desconhece o tipo de trabalho realizado na propriedade. Isso pode acontecer diante de várias atividades realizadas sem uma atividade específica, como na limpa de pastos, construção de cercas, aplicação de venenos etc. Em um total de 6% representa as confecções, construção e mineração que também estão na cadeia da escravidão contemporânea.

Em outra representação das atividades econômicas, no Gráfico 2, apresentam-se os casos fiscalizados de acordo com as denúncias.

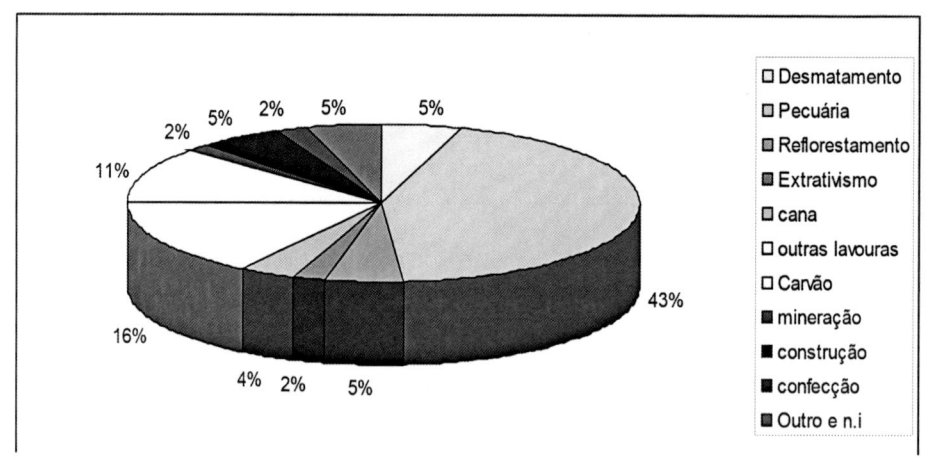

GRÁFICO 2 – BRASIL: TRABALHO ESCRAVO CONTEMPORÂNEO POR ATIVIDADE ECONÔMICA EM CASOS FISCALIZADOS 2003-2015
FONTE: CPT. Disponível em: <http://www.cptnacional.com.br>. Org. Alberto Pereira Lopes, dez. 2016

Os números mostram o quanto as fiscalizações têm sido incisivas nessas atividades. A ordem dos números quase não se altera, mas mostra que nem todos os casos denunciados podem ser fiscalizados. O desmatamento se apresenta em 5% dos casos fiscalizados, a pecuária, que é a atividade com maior número de denúncias, equivale a 43% de casos fiscalizados. Isso demonstra que os casos denunciados, apresentados no Gráfico 1, não foram totalmente considerados pelas fiscalizações. As fiscalizações nas demais atividades seguem quase a mesma dimensão em termos dos números apresentados na totalidade da participação de cada setor em termos de denúncias do trabalho escravo por dívida no país. São números menores porque são setores que escravizam menos, caso comparados com a pecuária. Em termos de trabalhadores envolvidos no trabalho escravo por atividades, os números são bem significativos, como apresenta o Gráfico 3.

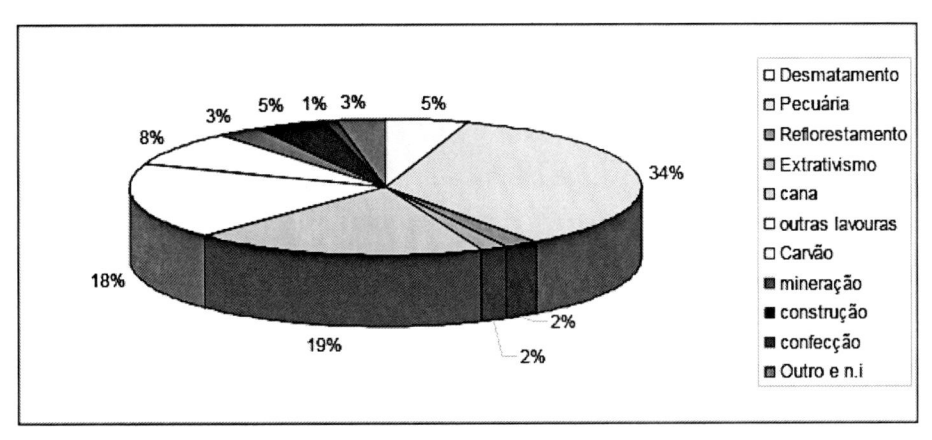

GRÁFICO 3 – BRASIL: TRABALHO ESCRAVO CONTEMPORÂNEO POR ATIVIDADE ECONÔMICA POR TRABALHADORES ENVOLVIDOS 2003-2015
FONTE: CPT. Disponível em: <http://www.cptnacional.com.br>. Org. Alberto Pereira Lopes, dez. 2016

No Gráfico 3, apresentam-se os trabalhadores envolvidos no trabalho escravo em cada atividade econômica. No que diz respeito ao desmatamento, o número de trabalhadores é de 3.810, com 5% dessa atividade correspondendo a práticas de trabalho escravo contemporâneo. Na pecuária, o número de trabalhadores envolvidos chega a 25.175, representados nessa atividade com 34%. No reflorestamento, o número de trabalhadores envolvidos é de 1.580, seguido do extrativismo, com 1.179; ambas as atividades representam o número de trabalhadores envolvidos na cadeia da escravidão de 2%. Na cana-de-açúcar, o número de trabalhadores envolvidos é bem significativo, com 13.445, representando este número de trabalhadores na cadeia da escravidão em porcentagem com 19%. Na cana-de-açúcar, tem crescido o número de trabalhadores envolvidos, porque esta requer uma grande mão de obra para a sua produção, sobretudo na época da colheita. Nas outras lavouras em que se encontram as relações de trabalho degradante, incluindo a escravidão por dívida, como a soja, o algodão, a pimenta-do-reino, entre outras, o número de trabalhadores na prática de trabalho escravo é de 13.153, o que representa 18% de casos de trabalhadores envolvidos. O carvão vem com 6.001, representando 8% de trabalhadores envolvidos. Da mesma forma, outras atividades não identificadas somam 2.221, representando 3% dos trabalhadores envolvidos em práticas da escravidão. As atividades mineração, construção e confecção somam 5.772, o que representa 9%. No Gráfico 4, apresenta-se o número de trabalhadores libertados pelos órgãos públicos federais por atividade econômica, conforme representado.

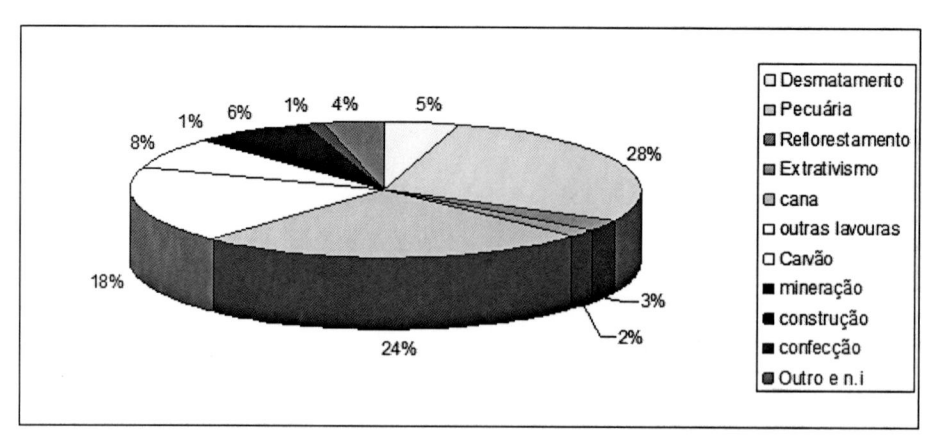

GRÁFICO 4 – BRASIL: TRABALHO ESCRAVO CONTEMPORÂNEO POR ATIVIDADE ECONÔMICA EM NÚMEROS DE TRABALHADORES LIBERTADOS 2003-2016
FONTE: CPT. Disponível em: <http://www.cptnacional.com.br>. Org. Alberto Pereira Lopes, dez. 2016

    Os números de trabalhadores libertados com práticas de escravidão têm sido importantes para a ação contra esse mal que atormenta milhares de trabalhadores, que dispõem de sua força de trabalho para aumentar a renda dos proprietários, e estes negam as leis e os renegam, aplicando o que lhes é mais viável em termos de ganho por meio de formas cruéis no que se refere às relações de trabalho, violentando os direitos humanos. Diante de tal intolerância com os direitos humanos, sobretudo nas atividades em que utilizam mão de obra escrava, o Gráfico 4 mostra em termos percentuais a ação dos órgãos que trabalham na erradicação da escravidão por atividade econômica. O desmatamento, em termos absolutos de trabalhadores libertados, é de 2.250, representando na atividade 5%. Na pecuária, o número de trabalhadores libertados é de 12.965, com 28% desses trabalhadores envolvidos nessa atividade. No reflorestamento, há um número de 1.224 trabalhadores, representando 3% em casos de envolvimento na atividade. No extrativismo o número de casos de trabalhadores libertos é de 936, o que representa 2% na atividade. Na cana-de-açúcar, o número de casos de trabalhadores envolvidos tem crescido significativamente mediante o tipo de trabalho executado, uma vez que requer muita mão de obra para a sua colheita, sobretudo em propriedades que ainda não utilizam tecnologia. Portanto, na cana, durante o período 2003-2016, houve 11.513, representando 24% da atividade em números de trabalhadores libertados. Em outras lavouras, os números de libertos são de 8.668, o que representa 18% de trabalhadores nessa atividade. No carvão, o número de trabalhadores libertos é de 3.665, com 8% de trabalhadores com práticas de escravo nessa atividade. As atividades extra-agrícolas relacionadas à mineração, construção e confecção representam 8%; em termos absolutos é de 3.465 trabalhadores libertados. E, por fim, as atividades não identificadas com 1.266, o que representa 4% de trabalhadores libertados. Nesse sentido, os números apresentados e processados em dezembro de 2015, e atualizados em abril de 2016 pela CPT, compostos nesses diagramas representam a degradação de milhares de trabalhadores nessas atividades.

    O que essa realidade dos números pode nos revelar é que há uma crescente desigualdade social e econômica no território brasileiro. Isso se faz refletir nas formas de distribuição de renda da população que é sujeita a trabalhar em condições degradantes. Que ligações existem entre o trabalho escravo contemporâneo e a estrutura agrária brasileira? É evidente que tem tudo a ver, diante da concentração de terras que, ao longo dos mais de 500 anos de história do Brasil, só tem aumentado. A incorporação de novos espaços tem sido constituída por meio da grilagem, da dominação do território indígena, aumentando ainda mais a concentração fundiária nas mãos de poucos proprietários. Como descrevem Sampaio e Resende (2004, p. 56):

> O latifúndio brasileiro está apoiado em cinco séculos de colonização, escravidão, coronelismo e, atualmente no agronegócio. Mistura-se com o trabalho escravo, com pistas de pouso para o narcotráfico, com áreas de plantio de plantas psicotrópicas, com o contrabando nas regiões fronteiriças, com assassinatos de trabalhadores rurais e, mais recentemente, de fiscais do Ministério do trabalho que investigavam casos de trabalho escravo.

    Conforme apresenta a citação acima, a história fundiária brasileira foi marcada desde o início da colonização pela desigual distribuição de terras, primeiro com as capitanias hereditárias, e logo após com as sesmarias que marcam a origem do latifúndio. O acesso à terra foi sempre um empecilho à camada social mais empobrecida, desde a colonização, passando pela abolição da escravatura e a criação da lei de terras em 1850, até a atualidade. Nada veio resolver a estrutura agrária que se concentra nas mãos de poucos proprietários.

Esse aspecto histórico da estrutura agrária brasileira representa a dinâmica do sistema capitalista que acumula capital em suas formas contraditórias e desiguais, reproduzindo-se as relações de produção para que o seu desenvolvimento permaneça. Daí as suas diversas formas de relações capitalistas e não capitalistas, principalmente no campo brasileiro, como: trabalho assalariado, os boias-frias, a parceria, o trabalho familiar camponês, o trabalho escravo etc. Todos estes aspectos são formas de relações que os capitalistas buscam nas atividades passadas de produção para manter a sua existência.

Portanto, o trabalho escravo é resultado da sujeição do trabalho ao capital, por meio das contradições e desigualdades. Esses trabalhadores são os despossuídos dos meios de produção, mas, como são juridicamente livres, produzem a riqueza para os capitalistas. Isso porque a sua força de trabalho se transforma em ganho para o capitalista, daí a importância da concentração de terras nas mãos de uma pequena parte de fazendeiros para que haja a acumulação do capital agrário. Como afirma Oliveira (1994, p. 46):

> Esse desenvolvimento contraditório ocorre através de formas articuladas pelos próprios capitalistas que se utilizam dessas relações de trabalho para não terem que investir na contratação de mão-de-obra uma parte de seu capital. Ao mesmo tempo que, utilizando-se dessa relação sem remunerá-la, recebem uma parte do fruto do trabalho desses trabalhadores parceiros ou camponeses, convertendo-a em mercadoria, vendendo-a, portanto, e ficando com o dinheiro, ou seja, transformando-a em capital.

Esse cenário da política agrária no Brasil mostra que o modelo de desenvolvimento no campo se caracteriza em sua acentuada concentração da terra, da renda, da exploração da força de trabalho que imobiliza o trabalhador a se endividar por não dispor de recursos financeiros para adquirir os seus bens e serviços de primeira necessidade.

Nesse aspecto, o Brasil, com suas dimensões continentais e com sua história caracterizada por conflitos no campo, não se desprendeu desse passado, continuou com uma política expansionista baseada na construção dos grandes projetos agropecuários, vinculados a órgãos e superintendências, sobretudo na Amazônia. Era a proposta dos militares para integrar a última fronteira ao contexto nacional, já que a região é vulnerável a interesses externos.

1.7 A nova fronteira, da degradação do outro à esperança de um novo tempo

A fronteira é uma das primeiras categorias da geografia e se constitui como localidade de um limite territorial, caracterizada como uma centralização do poder político de ordem externa e interna. É na fronteira que encontraremos a diversificação de novos sujeitos que buscam uma identidade para apropriar-se do território já apropriado diante de uma fragilidade econômica em que se encontram os pioneiros. Na fronteira, encontra-se o homem simples, com predominância de uma economia de subsistência, sem a preocupação de comercialização dos produtos por ele produzidos, mas se organiza em busca da liberdade. Seja uma liberdade individual, seja coletiva, contribuem para a formação das fronteiras, como: as fronteiras da civilização, fronteiras de culturas, fronteira de recursos, fronteiras agrícolas, fronteiras das etnias, fronteira do homem (MARTINS, 1997). A partir desse pressuposto, podemos identificar a fronteira como categoria que estabelece uma identidade, mas ao mesmo tempo tem limites físicos e os seus propósitos de dominação.

A palavra fronteira teve sua evolução ao longo da história. Nesse sentido, para Martin (1992, p. 21) esta palavra

> [...] é derivada do antigo latim "fronteria" ou "frontaria", que indicava a parte do território situada "in fronte", isto é, nas margens, isso significa dizer que a avaliação de toda história anterior a Roma e mesmo de outras sociedades torna-se um tanto especulativa. Aliás, as próprias fronteiras do império foram chamadas de "limes", o que originalmente significava "confim entre dois campos" e se referia à propriedade fundiária individual.

Portanto, não é nosso objetivo abordar conceitos e estabelecer critérios que venham constituir verdades absolutas, mas fazer um debate sobre o que representam as novas fronteiras brasileiras no que diz respeito às relações de trabalho, que são fatores determinantes no que diz respeito às formas de submissão do trabalhador em relação a quem domina e o explora.

Assim, compreender as relações de trabalho que se encontram nas novas fronteiras no Brasil é identificar o caminho percorrido pela chamada modernização centralizadora, que tem se expandido em direção aos novos espaços fronteiriços com sua característica de dominação e degradação do outro que se encontra como pioneiro, ou outros que são aliciados em outras localidades para fazerem frentes de trabalho nas atividades econômicas, a fim de reproduzir as riquezas de quem os dominam.

A fronteira tem uma importância no quadro geográfico-político no Brasil. Ou seja, implica a ideia de relações mais que espaciais, especialmente questões econômicas, políticas e sociais determinantes, que expressam uma nova (des)organização espacial geográfica, sobretudo os que se apropriam e ao mesmo tempo se desapropriam do território[3] já ocupado, porém fragilizado economicamente e politicamente. Partindo desse pressuposto, quando falamos nessa nova (des)organização espacial constituída de poder político e econômico, estamos nos baseando na análise de fronteira como sendo um local de movimentos autônomos que provocam a fragmentação de povos (caboclos, índios, posseiros) que aí estavam em suas formas adequadas de vida, provocando a formação de novos territórios de dominação por grupos que vieram em busca da ampliação do capital.

Esses grupos se apropriaram dessa região, desde a década de 1960, com a estratégia do Estado brasileiro em colonizar e integrar a Amazônia às demais regiões do país e ao mercado mundial. Como aponta Picoli (2006, p. 49):

> O projeto de colonização da última fronteira brasileira, elaborado pela ditadura militar, não teve como objetivo assistir o caboclo da região, os problemas da seca do Nordeste, os problemas sociais do sul do país, muito menos beneficiar a grande maioria da popu-

---

[3] A ideia de território discutida nesta questão baseia-se na análise de ANDRADE (1994). Em sua discussão, esta categoria consiste na idéia de poder, seja público ou estatal, seja o poder das grandes empresas que estendem os seus tentáculos por grandes áreas territoriais, ignorando as fronteiras políticas.

lação brasileira marginalizada e despossuída. Esse projeto foi elaborado para beneficiar principalmente as grandes empresas nacionais e internacionais. Nasceu com a finalidade de colocar os produtos da Amazônia no mercado mundial e, por intermédio dos militares, internacionalizar a região com a expansão de grandes conglomerados capitalistas.

A estratégia de colonização e de integração das áreas não povoadas e de pouca contribuição para a economia do país teve como critério do Estado a criação de planos que viabilizassem tais objetivos. O que preocupava o Estado nessa perspectiva integradora da região amazônica, a chamada fronteira de recursos, era que a Amazônia fosse ocupada pelos comunistas, e para isso os militares, a partir da década de 1960, época da ditadura, viabilizaram planejamentos, criando órgãos que implementassem a estratégia de desenvolvimento regional. A criação da Superintendência do Desenvolvimento da Amazônia (SUDAM) em 1966, a qual veio substituir a Superintendência do Plano de Valorização Econômica da Amazônia (SPVEA), tinha como objetivo proporcionar ações de incentivos de créditos e fiscais, entre outros, além de atrair investimentos nacionais e internacionais para o desenvolvimento da nova fronteira (OLIVEIRA, 1988).

Essa estratégia veio favorecer os grupos dominantes, acelerando seu processo de expansão da propriedade com incentivos e subsídios com o apoio do Estado, que enfatizou os aspectos econômicos sem levar em consideração as questões sociais, que estão submetidas à fragmentação de seu próprio espaço. Na verdade, o que estava em jogo eram os objetivos dos grupos dominantes com seus projetos agropecuários. É nessa tentativa de integração que o Estado brasileiro encontrará a privatização da terra, beneficiando o grande produtor e os investidores internacionais na perspectiva desenvolvimentista centralizadora em prol do grande capital. Ianni (1979) comenta essa política de iniciativas do estado em favorecer o povoamento, a expansão da rede rodoviária, a colonização privada e pública, o melhoramento das redes de telecomunicações, a presença das forças políticas e armadas, entre outras, mas o que irá se sobressair nessa integração da fronteira é o apoio econômico e político, a formação da grande propriedade agropecuária. Como afirma Ianni (1979, p. 212):

> É essa política que está na base do rearranjo da estrutura fundiária na área. À medida que se criam as fazendas, que se implantam os projetos agropecuários que se formam as empresas, torna-se cada vez mais básico e urgente transformar as terras devolutas ou ocupadas em terras privadas, em termos jurídicos, segundo os dispositivos legais que regem o princípio da propriedade privada no país. Torna-se necessário e urgente transformar a posse em domínio, ao mesmo tempo que se torna necessário concentrar a propriedade da terra, para efeito de implantação de grandes ou médios projetos agropecuários. Assim, todo apoio ou estímulo à formação e expansão da empresa privada, mas também na expropriação de produtores diretos, ou autônomos, como os posseiros. Uma das técnicas de expropriação das terras dos posseiros é a violência. A outra técnica de expropriação à manipulação dos processos burocráticos e preços que garantem a transformação da posse em domínio da terra.

Diante do exposto, percebe-se que a política implementada pelos governos militares para a nova fronteira baseava-se na concentração da terra, os quais, por sua vez, mantinham um discurso de integração da região ao restante do país, com uma estratégia de conter os conflitos no nordeste, estimulando o processo migratório para uma área vazia, sem que o governo criasse condições adequadas para o assentamento desse povo, com políticas sociais no sentido de favorecer a melhoria da qualidade de vida. Esse processo migratório vindo do nordeste aumentou o número de posseiros na fronteira, entrando em confronto com os grileiros, instaurando-se a violência dos que querem determinar o seu anseio, que é a apropriação da terra, por meio da força e do poder.

Dessa forma, a fronteira é o lugar que reflete a ambição dos que chegam para expropriá-la dos que já estão. É o lugar do conflito e da esperança de um novo tempo. É o lugar dos dominadores e dominados, mas o lugar que se reproduz por meio do tempo, o tempo da luta entre os contrários que se formam, que se (des)organizam e se reproduzem. Na abordagem de Martins (1997, p. 13), "a fronteira tem um caráter litúrgico e sacrifical, porque nela o outro é degradado para, desse modo, viabilizar a existência de quem o domina, subjuga e explora".

Nesta perspectiva, a figura do camponês na fronteira encontra-se ameaçada pela própria condição que é imposta pelos grandes agropecuaristas devido à expansão das terras agrícolas. Nessas terras está a acumulação do capital com suas formas arcaicas de dominação. Essa ameaça é demonstrada na violência a que são submetidos, na expulsão das terras que são seu único meio de sobrevivência, mesmo com relações de vida bastante simples, baseadas em concepções de mundo e de vida no contexto da família e da comunidade rural, que persistem em toda uma história, desde o período colonial. Nessa história de ocupação, podemos perceber o desencontro de culturas, de classes sociais na fronteira, uma baseada na subsistência e outra com formas modernizadoras, a qual subjuga e explora a parte mais fragilizada. Esse desencontro mostra a distância da realidade de cada grupo ou classes sociais, porque nelas estão as formas de interesses do espaço conquistado.

O sentido das frentes pioneiras na fronteira agrícola brasileira está pautado na acumulação da riqueza, mesmo de uma forma primitiva que caracteriza as formas de trabalho que são exigidas pelos donos do capital aos camponeses em sua forma mais trágica de reprodução para satisfazer as necessidades de quem o domina, ou seja, a reprodução primitiva do capital. A reprodução primitiva do capital baseia-se no trabalho do outro pelas formas das quais são submetidos, gerando violência, conflito, morte e genocídio, condições que estão no cenário da fronteira.

A fronteira, como categoria geográfica, é o lugar de esperança daqueles que não têm outra forma de vida nos parâmetros de uma sociedade justa, e buscam refúgio em outras localidades como alternativa para sua sobrevivência. É na fronteira que encontraremos a violência instaurada, baseada na condição de trabalho a que estão submetidos os camponeses, os trabalhadores em uma das formas mais cruéis e primitivas que é o trabalho escravo contemporâneo, categoria que se apresenta decorrente da expansão do capital em sua situação definidora, capaz de gerar essas atrocidades para retirar a renda absoluta e as diferentes formas de renda diferencial possibilitadas pela propriedade.

É diante dessa situação que os donos de capital têm reagido na fronteira, pois lhes proporcionam maior segurança devido às distâncias, às dificuldades de atuação dos órgãos competentes, além de tudo, à localização geográfica, que oferece terras devolutas e de fácil domínio por parte dos latifundiários. Em relação ao indígena, ao posseiro, ao pequeno camponês, tornam-se vulneráveis, nas mãos de seus intermediários. É por meio da renda da terra na fronteira que as formas de produção do capital estão intrínsecas, porque recria mecanismos de acumulação primitiva para obter maior ganho. Como afirma Martins (1997, p. 30):

> Diversamente ou, ao menos, com muito maior intensidade do que aconteceu em outras sociedades capitalistas, entre nós o capital depende acentuadamente da mediação da renda da terra para assegurar a sua reprodução ampliada. Por meio dela, recria mecanismos de acumulação primitiva, confisca terras e territórios, justamente por esse meio atingindo violentamente as populações indígenas e, também, as populações camponesas. É que em grande parte essa reprodução depende da mobilização de meios violentos e especulativos para crescer em escala. Portanto, para que o capital possa reproduzir-se acima da taxa média de rentabilidade, com vantagens em relação a outros investimentos cuja localização geográfica lhes permita reter parcelas maiores da mais-valia realizada.

Nesse sentido, a questão do ganho retirado da agropecuária é obtido por meio da superexploração do trabalhador por meio de sua força de trabalho, surgindo o trabalho escravo contemporâneo, que se constitui no interior das fazendas agrícolas, comprometendo a sua sobrevivência, mas assegurando a riqueza dos que utilizam do seu trabalho. É nessa perspectiva que a fronteira tem esse caráter de diversidade das relações sociais e de culturas variadas em seu aspecto aglutinador, mas também é o local de desigualdades extremas, porque estão presentes os que dominam e exploram para manter a rentabilidade maior dos lucros. A fronteira representa esse interfluxo de desejos e crenças na ambição dos que representam uma classe consolidada, e outra que se caracteriza em um lento movimento histórico de desenvolvimento e que se torna vulnerável ao domínio dos chamados civilizados, como afirma Martins (1997).

Nesse sentido, a localização geográfica onde se encontra a fronteira – especialmente o foco deste estudo – permite com maior frequência e facilidade as relações em que estão submetidos os trabalhadores às pressões psicológicas vindas dos desmandos dos fazendeiros e seus intermediários, para garantir a mão de obra por meio da força e do poder. Essas relações são comprometidas porque representam promessas dos que burlam a lei e não cumprem com os direitos adquiridos do cidadão, surpreendendo os camponeses que vêm de outras regiões e se deparam com as falsas promessas dos seus aliciadores.

Para Martins (1997), a fronteira é um componente de facilidades para o encontro dos chamados civilizados com os que buscam a esperança de um novo tempo. Nesse cenário, cruzam-se a ambição do capitalista com suas formas de exploração e o camponês desprovido de sua própria liberdade, porque em tais condições de submissão e medo não lhes pertence mais. Todavia, a ocupação recente da fronteira pela frente de expansão constitui a disseminação do camponês com o objetivo de tirar-lhe proveito como mão de obra barata, para expansão das fazendas agropecuárias. Nesse caso, concordamos com Martin (1992, p. 84) ao conceituar a fronteira como "as áreas que estão sendo incorporadas pelo processo de valorização econômica. Talvez para o Brasil esse seja aliás o sentido mais significativo, aquele que afeta inclusive o maior número de pessoas e carrega a maior tensão social".

Na verdade, estamos diante de um processo que se aglutina cada vez mais com as chamadas frentes pioneiras que começam a partir dos governos militares e nelas recriam mecanismos de acumulação primitiva, instaurando a violência contra os indígenas e os posseiros em nome do confisco das terras e dos territórios já apropriados, para que o capital possa reproduzir-se acima de sua taxa básica de renda, adquirindo maiores rendimentos, ou seja, a mais-valia.

É diante dessa relação de dominação que a frente pioneira nas áreas de fronteira do país tem agido na busca da formação do capital, disseminando a peonagem para fim de adquirir acumulação da riqueza, por meio da servidão, que é uma característica marcante do trabalho escravo por dívida nessa região de diversidades culturais e de povos que estão ameaçados na cadeia da expropriação. Na nova fronteira de recursos, encontra-se o homem que permanece em sua forma de viver em uma economia natural, retirando da floresta a sua subsistência e comercializando os excedentes. A frente pioneira capitalista foi uma forma de aceleração conduzida pelo governo brasileiro cujo lema era "integrar para não entregar", com objetivos econômicos e políticos, assegurando assim as oligarquias fundiárias brasileiras, conforme discutimos anteriormente.

Dessa forma, a frente significou o avanço da grande propriedade na Amazônia com recursos fartos concedidos pelo Estado para uma região que precisava desenvolver-se e contribuir para o crescimento do país. Esse era o discurso dos militares e dos grandes proprietários que de certa forma tinham o poder de decisão, investindo e expandido os seus negócios em uma terra vasta, com características naturais exuberantes e com recursos disponíveis. Em outra perspectiva, encontra-se a frente de expansão que se constitui no momento da ocupação da fronteira pelos que buscavam uma melhor situação econômica, fossem os posseiros, fossem as populações ricas em busca de desenvolver suas atividades nas novas terras.

Como afirma Martin (1992, p. 85), a frente de expansão

> [...] se refere às áreas onde já não predomina mais a economia natural sem trocas, mas onde o nível de intercâmbio com o comércio exterior a elas é muito baixo. Em outras palavras, o predominante é a subsistência, mas já começam a se comercializar os excedentes. Seu habitante característico seria o "posseiro", envolvido em inúmeros conflitos pela posse da terra. Já quando a propriedade privada se instaura plenamente e a estrutura produtiva é orientada para o mercado consumidor caracteriza-se a " frente pioneira", isto é, uma zona que não está apenas sendo ocupada, mas onde se reproduzem as relações de produção dominantes e que têm condições de influir na divisão do trabalho de todo o país.

É por meio das relações que se estabeleceram na Amazônia com a chegada dos pioneiros que o Estado optou pelo modelo concentracionista, e não pelas reivindicações dos chamados grupos de excluídos que lutavam em prol da reforma agrária antes do golpe militar de 1964. Essas reivindicações eram tidas como ameaça ao Estado, porque esses reivindicadores estavam organizados em partidos políticos comunistas que se encontravam na clandestinidade. Dessa forma, instaura-se a grande propriedade na Amazônia, com seus representantes que apoiaram os militares no momento da escuridão do país, e estes receberam em troca a gratidão socializada pelos custos da produção e por um modelo de concentração da terra. Assim, o projeto dos militares para a Amazônia baseou-se na grande propriedade em um contexto político para conter uma suposta revolução agrária, já que a partir da década de 1950 os camponeses estavam organizados em seus movimentos, como as Ligas Camponesas dentre outros movimentos que lutavam pela reforma agrária.

Nesse sentido, a fronteira serviu como um local de escape e contenção dos movimentos, principalmente no Nordeste, e ao mesmo tempo o local de dominação dos empresários e grandes proprietários acobertados pelo próprio Estado. Martins (1997, p. 88) discute a questão da expansão da frente pioneira na Amazônia:

> Em vez de se constituir numa abertura do território com base nos valores da democracia e da liberdade, constitui-se numa expansão apoiada num quadro fechado de ditadura militar, repressão e falta de liberdade política. Sobretudo, num contexto de anticomunismo em que, justamente, as classes trabalhadoras, na cidade e no campo, se tornavam automaticamente suspeitas de subversão da ordem política sempre que reagiam às más condições de vida que o regime lhes impusera. Esse clima repressivo, associado ao fato de que os proprietários de terras e os empresários eram os principais aliados e beneficiários do regime militar, criou para camponeses e trabalhadores rurais uma situação extremamente adversa. Num país em que o poder pessoal do grande proprietário rural é ainda hoje um poder emblemático, um poder de vida e de morte, criou-se, assim, uma situação em que a exploração do trabalho ficava acentuadamente na dependência do arbítrio do fazendeiro ou de seus representantes.

O regime instaurado pelo regime militar e a repressão aos camponeses são características que não se perderam com o tempo na chamada fronteira de recursos, elas persistem com uma nova roupagem porque não se tem a cor como predominância da escravatura do antigo regime colonial. O que predomina é a exploração do trabalho com a violência, porque nele está inserida a pobreza e esta faz com que trabalhador seja sujeito a aceitar determinadas situações, porque um indivíduo, em sua condição de cidadão que goza de seus direitos e deveres, jamais se deixaria levar pelas promessas levianas dos aliciadores ou daqueles que formam a cadeia da exploração. Mas, diante dos fatos, os acobertados de um tempo não muito longínquo, continuam com suas formas de repressão pautadas na exploração do trabalho e na peonagem para abertura de novas fazendas, gerando não apenas a violência física, mas também a violência moral e ética contra o cidadão.

Nessa perspectiva, a fronteira torna-se um local facilitador para as práticas do trabalho escravo contemporâneo, porque nela ainda encontra-se o primitivismo de relações trabalhistas, como também a floresta torna-se o refúgio das práticas degradantes do trabalho diante da localização geográfica que facilita tais atos.

Diante da oportunidade de trabalho que é direcionada ao trabalhador, este é envolvido de maneira insidiosa devido às promessas que são colocadas, porque nela está a esperança de uma vida mais digna, e o trabalhador se deixa levar pelas próprias adversidades que emanam de seu cotidiano. Dessa maneira, o trabalho escravo contemporâneo acontece principalmente longe de cada localidade em que se encontra o indivíduo, por isso a fronteira torna-se o local ideal para as práticas degradantes do trabalho impostas ao trabalhador.

Assim, a formação do trabalho escravo contemporâneo acontece a partir do aliciamento em suas localidades de origem, sendo constituídas as formas de relações de trabalho em que há uma preparação psicológica para que o trabalhador aceite a oferta de trabalho. Dessa forma, subdividimos o trabalhador em seu aspecto de localidade, como: o lugar de saída para entrar na porteira, e, ao entrar na porteira a exploração do trabalho e a degradação do outro, para compreender o trabalho degradante, nele contido o trabalho escravo por dívida nos dias atuais.

1.7.1 O lugar de saída para entrar na porteira

Nas atuais condições de globalização, em que o mundo se incorpora em sua fluidez e em sua vertigem de velocidade, os lugares são um ponto de ligação entre o indivíduo e o mundo, mas também nos deparamos com outras formas de ligação do lugar, não com o mundo propriamente globalizado, mas com um mundo onde o limite é a essência principal da intolerância que designa a ruptura do outro, diante da exploração que se aglutina com a desigualdade, formando o limite da desumanização. É nesse limite que a vítima da exploração se encontra diante da falta de oportunidades que a incorpore a uma sociedade mais justa. O lugar é apenas um ponto de referência, porque nele está contida toda uma forma de vida peculiar ao atraso social. Diríamos que há um processo de lentidão em relação ao desenvolvimento histórico determinado pelo próprio capitalismo em sua relação desigual e contraditória. Nas circunstâncias em que se encontra o trabalhador, o lugar não tem nenhuma representação, porque a sua referência é a própria vida que caminha sem rumo e sem destino. Esses trabalhadores são os chamados peões de trechos, que estão à margem da sociedade, sem uma identificação oficial, analfabetos em sua grande maioria, e para o Estado esse indivíduo é inexistente. Como indica o Relatório do Trabalho Escravo no Brasil, da OIT (2007, p. 35):

> Há "os peões de trecho" que deixaram sua terra um dia e, sem residência fixa, vão de trecho em trecho, de um canto a outro em busca de trabalho. Nos chamados "hotéis peoneiros", onde se hospedam à espera de serviço, são encontrados pelos gatos, que "compram" suas dívidas e os levam às fazendas. A partir daí, os peões tornaram-se seus devedores e devem trabalhar para abater o saldo. Alguns seguem contrariados, por estarem sendo negociados. Mas há os que vão felizes, pois acreditam ter conseguido um emprego que possibilitará honrar seus compromissos e ganhar dinheiro.

Esse quadro nos indica o que representa a saída de indivíduos que buscam outras localidades. Subentende-se que, devido ao desemprego e o subemprego em sua região, esses homens que dispõem apenas de sua força de trabalho arriscam a sorte em terras distantes. Alguns vão espontaneamente, outros são aliciados pelos contratadores a serviço dos fazendeiros, que oferecem vantagens de trabalho como uma forma de envolver o trabalhador para entrar na porteira. Como discorre Martins (1999, p. 160):

> [...] a maioria dos cativos procede de famílias camponesas, de pequenos agricultores pobres e, geralmente, de regiões muito distantes dos locais em que são escravizados. [...] Geralmente são os jovens, e, às vezes, também seus pais que se deslocam para as grandes cidades, para trabalhar quase sempre em serviços pesados, como da construção civil. Ou que se deslocam para as regiões carentes de mão-de-obra agrícola temporária – áreas de grande lavoura, como a cana-de-açúcar e o café, onde se tornam braçais temporários, os chamados bóias-frias ou clandestinos; ou a zona pioneira, como o Centro-Oeste e a Amazônia, que é onde com mais facilidade entram nas relações da peonagem e caem no trabalho escravo.

Atraídos pelas promessas do contratante, os trabalhadores são submetidos ao destino que lhes está reservado, o trabalho das fazendas agropecuárias, em sua maior parte localizadas na fronteira brasileira. O sistema de transporte que os leva para entrar na porteira da (des)ilusão tem uma certa variação, são geralmente paus-de-arara, ônibus ou caminhões; às vezes, os contratantes compram passagem em transporte de linha para burlar as fiscalizações.

Essas são as alternativas que restam para o trabalhador expropriado da terra, ou para aquele que nunca possuiu um pedaço de chão, mas passou toda a sua vida trabalhando para o outro, o dono de fazenda, que intensifica o trabalho e este aceita diante da sua própria necessidade de sobreviver. Como afirma Martins (1999, p. 160) em relação às chamadas oportunidades de trabalho para esses trabalhadores: "as alternativas que se abrem para essa população já situada à margem do desenvolvimento capitalista são alternativas igualmente no limite – empregos temporários, de mais baixos salários e onde ocorre a superexploração".

O universo desses trabalhadores demonstra a deficiência de integrar como cidadão a sociedade diante de uma cultura centralizadora dos direitos, que permeia múltiplas formas de obediência e sujeição, no caso conceitual o individuo que se torna aprisionado. Esse processo é resultado de toda uma política do Estado que favoreceu com suas ações a elite dominante, proporcionando a riqueza e a concentração de terra de um lado e, do outro, os sem-terra, sem-teto, sem-emprego, enfim, os subalternos. Esses subalternos são os que buscam as alternativas que são impostas pela classe dominante para se enriquecer cada vez mais com o trabalho alheio.

Diante dessa condição, a única alternativa é se sujeitar às promessas dos gatos (aliciadores) e partirem em busca da porteira que se abre para aprisionar, como se não estivessem no mesmo país, tornando-se estranhos devido às incertezas que lhes são expressas pelos aliciadores, e a cidadania fosse algo inexistente para esses homens da pátria, mas apátrida diante da própria condição de prisioneiro da sua força de trabalho. Como afirma Figueira (2004, p. 143) em relação aos trabalhadores que buscam as frentes de trabalho em outras regiões:

> Nasceram aqui, são brasileiros, juridicamente não perderam a nacionalidade; mas tiveram a cidadania violada em muitos sentidos. Antes de se deslocarem, alguns já tinham uma existência legal deficitária, pois nem sequer tinham documentos, faltava-lhes um comprovante de identidade, algo que demonstrasse que não eram uma miragem jurídica. Ao se deslocarem para outros lugares, tornam-se apátridas dentro da pátria. E, mesmo aqueles poucos que possuíam documentos, foram fraudados e enganados, habitando, numa transitoriedade

espacial e psicológica, os grotões profundos de uma existência desprovida de direitos e com muitos estranhamentos.

O trabalhador busca esses desafios por sua condição de desempregado, subempregado, e outras situações em que este se encontra já mencionadas anteriormente. Não é por uma forma de espontaneidade que sai do seu lugar, mas torna-se obrigado a enfrentar o desafio do desconhecido, de realidades diferentes, para tornar-se o novo escravo contemporâneo, deslocado de sua terra, submetido às promessas que são pregadas pelos aliciadores. A CPT tem feito estudos relacionados às saídas dos trabalhadores camponeses, confirmando que em sua grande maioria esses trabalhadores são oriundos de outras regiões, e vão à busca do trabalho. Figueira (2004, p. 107) descreve sobre o processo de migração:

> Ora, só se sai de um lugar onde se habita, onde foram construídos valores, relações afetivas, por alguma razão. Alguém pode sair empurrado por uma doença, guerra, desejo de estudar, razões sentimentais, gosto de aventura, casamento, necessidade econômica ou também outra razão. No caso dos que emigram – gente diversificada na cor, costume, idade e locais de origem – para as fazendas, onde serão submetidos ao trabalho escravo, a razão não é apenas a mentira de uma remuneração vantajosa que seduz e atrai. A mentira funciona porque há uma situação objetiva que predispõe pessoas a ouvirem e aceitarem as promessas.

Nesse sentido, os trabalhadores se ausentam de suas localidades de origem pela própria necessidade de trabalho, devido às situações concretas e objetivas que vivem, como a pobreza e uma mão de obra ociosa que se torna vulnerável ao aliciamento. Além disso, são pessoas desprovidas de qualquer bem que venha dar certa estabilidade econômica, ou melhor, que possam sobreviver com os recursos que têm, levando-os a aceitar as alternativas da sujeição de sua força de trabalho ao entrar na porteira em que as relações se constituem aos moldes da força e do poder que estabelecem a sujeição do trabalho servil.

1.7.2 Ao entrar na porteira: da exploração do trabalho à degradação do outro

Na passagem do sistema feudal para o capitalismo na Europa no século XVI, criou-se a figura do proletário, este expropriado das suas ocupações e subjugado para atender as necessidades dos capitalistas. Segundo Marx (2004), esses homens que não obedecessem às novas regras dos seus senhores eram açoitados e obrigados aos serviços mais repugnantes, tornando-se escravos.

Nesse sentido, fazendo uma relação do escravo moderno criado logo após a transição de um sistema para outro, para o escravo contemporâneo, existe diferença, nas formas de trabalho, como também o escravo moderno colonial no Brasil tinha sentido de mercadoria. Mas também existe semelhança nas formas de servidão e violência física. As formas de violências e assassinatos talvez fossem bem menores do que nos dias atuais, porque o escravo moderno tinha preço de mercado. Outra questão é que o escravo negro no Brasil colonial tinha sua permanência nas fazendas, diferente do escravo contemporâneo que é temporário, só permanece enquanto for necessário aos objetivos do patrão.

Quando adentramos no aspecto do trabalho servil contemporâneo, encontraremos a figura do trabalhador expropriado do seu local com as mesmas características de servidão, única forma de sobreviver, aceitando a quantia que os fazendeiros se dispõem a pagar. Na verdade, ao entrar na porteira, principalmente na Amazônia, o trabalhador fica em regime de confinamento, subjugado ao patrão, impossibilitado de exercer o seu direito de homem livre, de ir e vir, direito de um cidadão comum, como os seus próprios patrões gozam, porém não exerce para os outros que vendem, ou oferecem a sua força de trabalho.

Nessa perspectiva, a porteira é o limite da liberdade, porque nela estão as relações que se estabelecem entre quem alicia e quem é aliciado, como também estão as formas de coerção que permitem múltiplas formas de obediência e sujeição do dominado para o dominador, e assim vai se construindo a cadeia do trabalho escravo contemporâneo no Brasil. São esses homens trabalhadores que estão submetidos às condições inóspitas, formando a mão de obra barata e descartável em que se tornam um negócio lucrativo para os dominadores. Os trabalhadores, mediante tal situação, não têm controle de suas vidas porque vivem em arriscar a sorte como jogo de loteria, e deparam com as diversas formas de humilhação e de violência, seja física, seja mental.

O trabalho oferecido pelo aliciador é o momento da realidade concreta, o que era uma promessa de um serviço bem remunerado torna-

-se uma armadilha baseada na sujeição do trabalho, em que todo seu percurso gasto com passagens, ferramentas, foi transformado em dívida que aumenta no decorrer de sua estadia na fazenda. A cada mês, sua dívida aumenta, e o peão fica preso a um sistema em que a liberdade é algo inexistente. Como aponta o Relatório do Trabalho Escravo:

> Após meses de serviço, o trabalhador não vê nada de dinheiro. Sob a promessa de que vai receber tudo no final, ele continua a derrubar a mata, aplicar veneno, erguer cercas, catar raízes e outras atividades agropecuárias, sempre em situações degradantes e insalubres. Cobra-se pelo uso de alojamento sem condições de higiene (OIT, 2007, p. 36).

Essa é a realidade encontrada no outro lado da porteira, quando o peão torna-se cativo de um destino que não foi traçado pela sua vontade, mas pela vontade de quem o domina e determina as ordens e faz delas leis. O relatório também faz menção a esse problema:

> No dia do pagamento, a dívida do trabalhador é maior do que o total que ele teria a receber. O acordo verbal com o gato também costuma ser quebrado, e o peão ganha um valor bem menor que o combinado inicialmente. Ao final, quem trabalhou meses sem receber nada acaba devedor do gato e do dono da fazenda e tem de continuar a suar para quitar a dívida. Ameaças psicológicas, força física e armas também podem ser usadas para mantê-lo no serviço (OIT, 2007, p. 36).

Isso representa os sonhos e promessas desfeitas. A força de trabalho do trabalhador foi imobilizada diante do descumprimento das leis trabalhistas e daquilo que o aliciador haveria prometido antes de entrar na porteira, tendo o trabalhador confiado na palavra do contratante. Essa forma de imobilização da força de trabalho, que hoje é comum nas fazendas agropecuárias no Brasil, não é fato novo; é na verdade um ciclo vicioso de usurpação dos direitos do cidadão para obter lucros fáceis e imediatos. Algo semelhante ocorreu com a abolição da escravatura no século XIX, quando o imigrante europeu veio trabalhar no lugar do negro nas grandes fazendas de café e era onerada a sua despesa desde o transporte até a sua manutenção na fazenda; no entanto, as relações de trabalho eram diferenciadas, pois estavam baseadas na parceria. Para melhor compreensão desta questão, Martins (1998, p. 63) explica que

> o parceiro era onerado com várias despesas, a principal das quais era o pagamento do transporte e gastos de viagem dele e de toda a sua família, além da sua manutenção até os primeiros resultados do seu trabalho. Diversos procedimentos agravavam os débitos, como a manipulação de taxas cambiais, juros sobre adiantamentos, preços excessivos cobrados no armazém (em comparação com os preços das cidades próximas), além de vários abusos e restrições [...]. Esses recursos protelavam a remissão dos débitos dos colonos, protelando a servidão virtual em que se encontravam. Aos olhos de um dos colonos, tais fatos significavam que o "colono europeu só vale mais do que os negros africanos pelo fato de proporcionar lucros maiores e de custar menos dinheiro" (grifo no original).

Esta questão nos mostra que o imigrante era um trabalhador que teria um compromisso com o seu patrão, embora vivesse em um regime de servidão, porque desse modo, não era proprietário de sua força de trabalho, nem homem verdadeiramente livre, diante da dívida que fizera com o seu patrão. Isso nos remete ao trabalhador escravo contemporâneo, cuja liberdade depende da autorização de quem o contrata para servir com ou sem remuneração, além da violência que é imposta pela exploração da força de trabalho e a violência física pautada em chicotadas, que muitas vezes levam à morte, sem que ninguém saiba do paradeiro da vítima. Eis aí talvez a diferença do trabalhador imobilizado por dívida e dos colonos que também serviram aos seus patrões com sua força de trabalho, mas não vítimas da violência física como acontece com os novos escravos contemporâneos, ao menos como regra geral.

Nessa dimensão da diferença da força de trabalho, é importante ressaltar que nem todo o trabalho degradante é trabalho escravo, o que irá diferenciar é a forma que o caracteriza, como a sujeição física e psicológica e a dívida crescente que aumenta no decorrer da estadia dos trabalhadores nas fazendas, ou seja, é a negação da liberdade. Como afirma o relatório sobre o trabalho escravo no Brasil:

> No Brasil, o trabalho escravo resulta da soma do trabalho degradante com a privação de liberdade. O trabalhador fica preso a uma dívida, tem seus documentos retidos, é levado a um local isolado geograficamente que impede o seu retorno para casa ou não pode sair de lá, impedido por seguranças armados. No Brasil, o termo usado para este tipo de recrutamento coercitivo e prática traba-

> lhista em áreas remotas é trabalho escravo; todas as situações que abrangem este termo pertencem ao âmbito das convenções sobre trabalho forçado da OIT. O termo trabalho escravo se refere às condições degradantes de trabalho aliadas à impossibilidade de saída ou escape das fazendas em razão de dívidas fraudulentas ou guardas armados (OIT, 2007, p. 32).

O trabalho escravo contemporâneo nem sempre é visível, devido ao fato de o proprietário não utilizar os artefatos do trabalho escravo moderno, como a utilização das correntes para prender o trabalhador à terra. O que irá configurar, conforme o relatório, é o cerceamento da liberdade por meio das ameaças físicas, o terror psicológico e a distância que separa a fazenda da cidade mais próxima. Outra questão quando o trabalhador entra na porteira da fazenda é a dependência que tem em relação ao proprietário, este se torna o senhor absoluto da sua força de trabalho e dos seus bens, considerando que o trabalho forçado e degradante só beneficia quem o explora.

As condições de trabalho que os trabalhadores encontram nas fazendas agropecuárias na Amazônia resultam de uma falta de estrutura, porque o local de trabalho fica distante da sede da fazenda, impossibilitando que o trabalhador nela durma ou descanse. Tal impossibilidade resulta em condições degradantes sem nenhuma estrutura, o que obriga os trabalhadores a construírem barracas de lonas ou de folhas das palmeiras, ficando assim ao relento, suscetíveis ao contágio de doenças, que muitas vezes levam à morte, como a malária e a febre amarela. A comida é feita no barraco improvisado sem nenhuma higienização, a água que utiliza para beber e cozinhar é retirada dos córregos que é também o local do banho e dos animais beberem, conforme apresenta o relatório apresentado pela OIT (1997).

Diante do exposto, a porteira que se abre é a porteira que se fecha com o cadeado da exploração e da violência a que o peão é submetido, diante da armadilha da intolerância, tornando-se cativo da sua liberdade, do direito de ir e vir como cidadão. Como aponta Martins (1997, p. 109) sobre a peonagem, entendida como a submissão à condição de escravo:

> A condição de escravo emerge à consciência do trabalhador quando ele se dá conta de que não tem liberdade de deixar a fazenda, mesmo abrindo mão de qualquer ganho, pois está endividado. Essa consciência emerge quando os pistoleiros da fazenda

exibem armas ostensivamente ou torturam na frente dos demais os que eventualmente tenham tentado escapar sem pagar o débito. Ou ainda quando matam o fugitivo e deixam o cadáver exposto, ou então o retalham e o dão para os porcos, para aterrorizar e dissuadir da fuga os outros peões.

Esta situação está bem presente nas frentes de expansão dos estados de Goiás, Tocantins, Amazonas, Pará, Mato Grosso, Maranhão, entre outros, onde há encontros e desencontros cujo teor teórico está na civilização dos que dominam, para usufruir da mão de obra dos trabalhadores, tirando proveito deles para a formação do capital. O ato da severidade dos aliciadores a mando dos proprietários demonstra que na fronteira encontram-se as relações de trabalho servis de um passado que persiste diante da dependência pessoal das populações pobres do campo e da cidade. Nessa perspectiva, a região que conta com maior número de vítimas de trabalho escravo encontra-se na Amazônia, que desde 1970 foi denunciada pela CPT, e um dos estados da federação que tem tido mais denúncias de aliciamentos de trabalho escravo, como também comprovação, é o Tocantins, principalmente seu centro e extremo norte.

2

O TRABALHO ESCRAVO CONTEMPORÂNEO NO NORTE DO ESTADO DO TOCANTINS: O LOCAL DA DOMINAÇÃO E DO TRABALHO DEGRADANTE

2.1 O estado do Tocantins: novas/antigas formas de exploração dos trabalhadores vítimas do trabalho escravo por dívida no campo

O estado do Tocantins, criado na constituição de 1988, é um dos estados com maior número de vítimas de trabalho escravo, segundo a OIT, cuja atividade da cadeia produtiva que mais escraviza é a pecuária, sua principal fonte de renda. Esta situação tem se constituído diante da localização geográfica em que se encontra o estado, como porta e saída para quase todas as regiões brasileiras. Além disso, é importante ressaltar que a criação do estado teve apoio da antiga União Democrática Ruralista (UDR), criada em 1985, cujo objetivo era defender os interesses dos fazendeiros a ferro e fogo. Como aponta Barbosa (1999, p. 90): "A base social da UDR, prioritária, mas não exclusiva, são os pecuaristas, os primeiros alvos da reforma agrária, para quem a terra assume a importância fundamental em razão do sistema arcaico de criação extensiva".

Ainda dentro dessa perspectiva da organização dos fazendeiros contra o projeto de reforma agrária e contra as entidades que lutaram e lutam pela organização dos camponeses sem terra, representantes da antiga UDR faziam as ameaças e vítimas no campo para permanecer no direito de expandir sua propriedade por meio legítimo ou pela grilagem, expulsando camponeses, trabalhadores rurais, posseiros de suas localidades. Assim, podemos perceber que a UDR representou em sua totalidade as posições dos fazendeiros em termos da questão agrária no Brasil, ou seja, a permanência da grande propriedade na dominação dos seus proprietários, explorando os trabalhadores para obtenção do poder de ganho em cima da mão de obra barata. Essa situação fez com que as entidades eclesiais e não governamentais começassem a organizar os camponeses na luta dos seus direitos, o que se tornou um estopim para a violência no campo.

A UDR tem o seu papel como entidade que luta pela expansão da grande propriedade baseada na violência, como afirma Barbosa (1999, p. 90): "Os associados mais exaltados chegaram a afirmar: 'Para cada fazenda invadida, um padre morto.' Estava declarada a guerra contra a reforma agrária e a Comissão Pastoral da Terra (CPT), entidade ligada à ala mais progressiva da igreja Católica".

Sendo assim, a criação do estado do Tocantins seguiu um perfil ideológico conservador, que fortaleceu os grandes proprietários de terras, e estes, por sua vez, são os responsáveis pela expansão da grande propriedade e da exclusão de pequenos trabalhadores que se tornam as vítimas do trabalho escravo contemporâneo. Com o alto grau de concentração de terra, esse aspecto veio empobrecer a população originária, composta de indígenas ou posseiros, para servir ao sistema implantado.

O Tocantins, um estado que faz divisa com quase todas as regiões brasileiras, teve como objetivo a expansão da grande propriedade, integrando a região norte do país para usufruir dos recursos públicos por meio da Superintendência do Desenvolvimento da Amazônia (SUDAM). Expressou, assim, sua finalidade de favorecer aos interesses dos capitalistas para desenvolver a agropecuária, principal atividade econômica. Como cita Sader (1986, p. 32), estudando o Bico do Papagaio, região norte do Tocantins (que antes pertencia a Goiás): "A criação da SUDAM, com a Lei nº 5.173 de 27-10-1966, aguçará ainda mais a disputa pela terra na área do Bico do Papagaio, envolvendo posseiros, fazendeiros tradicionais da área e de fora dela, e empresários".

A política de desenvolvimento do estado foi pautada para favorecer e proteger grupos econômicos, políticos e o latifúndio, que por sua vez preservam a grande propriedade fundiária, com suas formas tradicionais de produção e reprodução do capital. Forma-se, desse modo, um grande contingente de desprovidos que não têm acesso à terra, resultado da desigualdade social. Trata-se dos explorados pela classe dominante. A ocupação do estado do Tocantins não é diferente das frentes pioneiras que se deslocaram e ainda se deslocam por toda a Amazônia com a finalidade de promover e ostentar o grande capital. A própria ostentação da atividade econômica agropecuária no Tocantins demonstra o grande poder de domínio dos fazendeiros, o qual é apoiado pelo estado e eleva a desigualdade socioeconômica das classes sociais desprovidas de condições necessárias para a sobrevivência. Geram-se trabalhadores submissos a determinados trabalhos, entre os quais o trabalho escravo por dívida.

A distribuição de terras para os grandes capitalistas foi estratégia de governo no estado do Tocantins desde a sua criação: os lotes eram vendidos a preços simbólicos, para atender uma elite que se constituía e tinha o discurso de desenvolver uma região que sofria com o abandono durante muito tempo. Como aponta Ribeiro (2001, p. 112):

> Apesar de vários discursos apontarem para um 'Estado modelo' e sem vícios, ele tem sido um exemplo do vício, da politicagem, um estado em favor da elite que não se altera e personalizado em poucas pessoas. Porém, esta é uma das práticas silenciadas pelo discurso tocantinense. As poucas vozes que enunciam não têm espaço e são sufocadas aos poucos.

O Tocantins, por sua trajetória, não difere das estratégias de integração da Amazônia pelos militares. Nelas, o processo de ocupação dos espaços vazios foi efetuado pelos grandes empresários e produtores de terras. Como afirma Picoli (2006, p. 79):

> O processo de colonização da Amazônia nas últimas décadas foi realizado de forma extensiva, agressiva e repressiva, pois foi promovido pela burguesia nacional e internacional, apoiados pelo Estado brasileiro, dizimando grande quantidade dos povos originários. Mas através da estratégia capitalista implantada na região, fez-se necessário transformar os povos originários em mercadoria, que venha a vender sua força de trabalho aos projetos ali existentes, mesmo que esses projetos se instalem em suas próprias terras.

Da mesma forma, o estado do Tocantins tem se preocupado com a produtividade agropecuária destinada ao mercado internacional, enquanto a maioria da população do campo é obrigada a deixar suas terras para trabalhar para os grandes proprietários. Essa realidade mostra que o estado sempre foi um local de estratégias econômicas voltadas para a expansão da grande propriedade com práticas ao mesmo tempo inovadoras e arcaicas, na medida em que nega a cultura de um povo, criando novos conceitos por meio do medo e da submissão. Ora, nessa fronteira, o camponês e o pequeno trabalhador representam para o proprietário uma mão de obra barata, capaz de trazer sempre os benefícios almejados, entre eles a formação das fazendas para produção e produtividade.

Os camponeses foram levados a aceitar essas novas mudanças ocorridas no campo, pois não tinham alternativa a não ser oferecer sua força de trabalho ao capital. Assim, Ferraz (1998, p. 81) discute o que houve com os camponeses tocantinenses quando da chegada dos novos empreendedores:

> A vida simples do camponês ficou descontextualizada com o desfavorecimento econômico forjado pela economia de mercado. Esta transformação decorreu também pelo avanço tecnológico e pela propaganda do 'progresso necessário', responsável pela introdução, aceitação e expansão de novos valores. Os mecanismos ideológicos do desenvolvimento dilapidaram a identidade cultural dos camponeses, deixando-os com um sentimento de inferioridade além de os relegar a uma vida ainda mais miserável e desestabilizada. O seu próprio meio tornou-se um mundo de incerteza.

A realidade que se configura no novo estado segue as mesmas características de um país em que a questão da terra é algo a ser resolvido. Não podemos pensar em reformas, se a estrutura continua nas mãos de uma pequena classe, que tem um poder de barganha para impedir avanços no contexto de uma nova organização fundiária em nível nacional. Tal classe, por sua vez, permanece com seus vícios, com seus desmandos, com sua força política para impedir a reforma agrária; utiliza-se ainda de sua força física quando se sente ameaçada no contexto das lutas dos trabalhadores que buscam um pedaço de terra, ou melhores condições de trabalho.

Essa característica da questão fundiária demonstra que as classes menos favorecidas sofrem com os desmandos dos fazendeiros, os quais, muitas vezes, burlam a lei para tirar proveito próprio, como aconteceu no Tocantins com uma reforma agrária negociada entre o Incra da região com os próprios fazendeiros. Barbosa (1999, p. 129) mostra essa situação em seu trabalho sobre a reforma agrária no Tocantins:

> Tem-se exemplo de renda da terra por meio de fraudes, uma acumulação primitiva do capital, em que o Incra acabou sendo um instrumento encontrado por fazendeiros no estado do Tocantins para o enriquecimento ilícito. Segundo levantamentos feitos pela Procuradoria da República no estado, a desapropriação de fazendas para fins da reforma agrária – não reivindicada pelos sem terras – foi, em grande parte, superfaturada. [...] Em algumas fazendas,

o metro quadrado de um galinheiro teve o mesmo custo do metro quadrado de uma casa na cidade. Esse tipo de fraude caracteriza o enriquecimento ilícito, com prejuízo ao patrimônio público, num estado onde quase todas as terras foram ocupadas de forma ilegal, por meio da grilagem.

De acordo com Barbosa (1999), esse estado que faz parte da nova fronteira prevalece com uma estrutura fundiária concentrada nas mãos dos poderosos graças aos representantes que o construíram e fizeram permanecer a identidade dos fazendeiros, demonstrando a sua força e capacidade de formar o capital. Os fazendeiros no Tocantins sempre tiveram força uma vez que já nasceram agregados à UDR, preservando a unidade do latifúndio. O mais novo estado da federação nasceu dessa unidade; foi criado para beneficiar a classe latifundiária. Como aponta Barbosa (1999, p. 96):

> A importância do domínio político-administrativo do território surge em decorrência da tentativa de preservação da grande propriedade fundiária, com suas formas tradicionais de produção e de reprodução do capital ali inseridas e, conseqüentemente, com a renda da terra. É o momento em que a pecuária se transforma em poder político e passa a ter então ao seu alcance o controle das formas de repressão policial e mesmo de âmbito jurídico, agora legalizadas.

O território construído foi e é na verdade um espaço para manter as relações de poder já existentes antes da consolidação do estado. Ou melhor, para expandir tais relações nos contextos político, social e econômico, já que todo o controle administrativo estava nas mãos da classe dominante. Essa discussão se faz pertinente diante da posição que o Tocantins ocupa em relação ao trabalho escravo por dívida, ficando entre os primeiros colocados, uma prática definitivamente preocupante para o país. A sua localização geográfica, além de sua história baseada na consolidação das forças propulsoras de poder e dominação, compõem ingredientes necessários para a exploração dos trabalhadores vulneráveis a essa condição. Mediante as dificuldades de trabalho e sobrevivência, tornam-se vítimas das atrocidades dos fazendeiros.

A maior parte das pessoas escravizadas no estado do Tocantins vem da própria região, mas existe também migração para trabalhar na agropecuária de outras localidades regionais, já que o estado faz divisa ao norte com o Maranhão e Pará, ao sul com Goiás, ao leste com o Maranhão e Piauí, e ao oeste com os estados do Pará e Mato Grosso. Esses contingentes são trabalhadores que vivem em certo grau de pobreza ou extrema pobreza e são captados pelos aliciadores para trabalharem em fazendas na retirada da mata para uso da pecuária ou da agricultura.

A argumentação de que o trabalho escravo contemporâneo é resultado da condição econômica em que o indivíduo vive em grau de pobreza próximo da miséria é algo a ser pensado também sob outra lógica, segundo a qual o trabalho forçado seria consequência da expansão capitalista, que é, por natureza, excludente, contraditória e desigual. Dessa forma, a pobreza instiga o indivíduo a aceitar determinadas propostas de trabalho, devido à falta de oferta de emprego, diante do baixo grau de escolaridade e baixo nível de desenvolvimento humano. O relatório global da OIT de 2005 considera a pobreza consequência da prática do trabalho forçado.

> Argumenta-se às vezes que a pobreza é uma das causas fundamentais de situações de trabalho forçado e que só sua erradicação total permitirá a extinção de trabalho sob coação. Mas, pelo contrário, a pobreza e a extrema pobreza podem ser também conseqüência direta de práticas de trabalho forçado. Os membros mais pobres e mais vulneráveis da sociedade podem ser compelidos a trabalhar ou ser levados a fazer dívidas que eles ou mesmo seus descendentes podem achar impossível quitar apesar de longas horas de trabalho árduo. Vêem-se assim num círculo vicioso de pobreza do qual não se podem safar (OIT, 2005, p. 33).

Assim, o trabalho escravo forçado, segundo estudos da OIT, se inicia a partir do momento em que o indivíduo tenha sido cassado dos seus direitos por meio do empregador. Na convenção de 1930 de número 29 no seu artigo segundo, isso já estava explícito. Da mesma forma, na convenção do trabalho forçado de 1957, a OIT prevê que este jamais pode ser usado para o desenvolvimento econômico, político ou quaisquer outros fins (OIT, 2007).

Com a expansão capitalista em direção à fronteira, a concentração da terra foi mais acentuada a favor dos capitalistas, relegando os trabalhadores à condição dos explorados, expropriados e desvalidos. Explorados pela forma como se dá a natureza do trabalho, imposto pelos senhores que na fronteira se tornam donos da terra e da consciência das pessoas que lhes irão servir. A expropriação é denominada pela expulsão dos trabalhadores no campo, de forma que a propriedade se expande para acumulação do capital. Os camponeses e trabalhadores tornam-se desvalidos pela ausência de uma vida digna, sem acesso aos direitos necessários de uma sociedade justa da qual ele seria instrumento formador. Ao contrário, torna-se apenas um objeto a ser utilizado como manobra por seus dominadores, cujos arbítrios visam a adquirir força de trabalho de forma ilegal.

O Tocantins tem se destacado no cenário do desenvolvimento da agropecuária, devido ao trabalho forçado dos que buscam na fronteira nova oportunidade, e nela acabam encontrando a repressão e a violência – formas de trabalho que condizem com a acumulação primitiva que compromete a própria vida do trabalhador. Para compreender o trabalho forçado ou escravo que tem atravessado as temporalidades históricas, Martins (1997, p. 95) considera que

> [...] na frente pioneira, o trabalho escravo está sendo utilizado sobretudo fora do processo de trabalho propriamente dito, isto é, fora do processo normal e permanente de produção propriamente capitalista. Nesse sentido, é uso de trabalho em tarefas próprias de uma situação de acumulação primitiva. Conceito que, aliás, ganha melhor definição se além de considerarmos a expropriação que força a entrada do trabalhador no mercado de trabalho, considerarmos, também, que esse momento de expropriação dos meios de vida se prolonga na superexploração da força de trabalho.

Nos termos de Martins, portanto, a riqueza no capitalismo é criada em cima do próprio trabalho, embora existam outros valores que são condicionados ao capitalista por meio de sua apropriação. No entanto, na fronteira agrícola – lugar em que a superexploração é um fenômeno comum –, em vista de uma série de fatores integrados, os trabalhadores encontram-se dentro de um processo de acumulação primitiva, segundo o qual as relações de trabalho se associam à dominação do proprietário, exigindo assim os deveres a serem cumpridos. No capitalismo, a ação do capital sobre a propriedade da terra cria e desenvolve o trabalho assalariado. Isso, entretanto, não se aplica aos parâmetros do trabalho forçado nos dias atuais, porque nele está implícita a condição do trabalhador subordinado e muitas vezes alienado às formas impostas pelo proprietário da terra com relações de produção não capitalistas.

A prática do trabalho forçado não se define como relação de produção capitalista, pelo fato de não haver uma relação de assalariamento. Existe, pelo contrário, uma relação de superexploração da força de trabalho do trabalhador, resultante da coação e da negação da liberdade. É isso que caracteriza o trabalho escravo contemporâneo. Trata-se das condições de trabalho degradantes que implicam impossibilidade de saída ou fuga, uma vez que dívidas são contraídas no decorrer da estadia na fazenda e guardas ou capangas armados estão presentes.

O trabalho escravo não existe como forma de relação capitalista, uma vez que esta se define por uma relação assalariada baseada na força de trabalho dos trabalhadores que servem aos proprietários dos meios de produção. No entanto, a produção do capital envolve meios e situações não capitalistas, como é o caso do trabalho escravo contemporâneo por dívida. Martins (1997, p. 97) esclarece:

> O que a peonagem tem promovido na frente pioneira, desde pelo menos a expansão dos cafezais brasileiros para o oeste de São Paulo, no século 19, é a produção de fazendas e não, fundamentalmente, a produção de mercadorias, nas fazendas, para o mercado de consumo; isto é, a peonagem tem produzido, sobretudo nos casos recentes, os meios de produção a serem utilizados pelo sistema capitalista na produção de mercadorias. E não principalmente nem diretamente as próprias mercadorias (grifo do original).

A expansão da agropecuária no estado do Tocantins demonstra esse processo extensivo dos capitais por meio dos incentivos fiscais e subsídios governamentais para a produção do capital. Some-se a isso a produção não capitalista de produção, como é o caso da peonagem para a formação das fazendas, em uma forma exaustiva do trabalho. Isto é, tem-se uma forma predominante de exploração dos trabalhadores, que são aliciados e têm sua própria sobrevivência comprometida.

A temporalidade é um aspecto importante na construção da análise, para compreendermos os processos que se delineiam em toda a sua história e chegam aos nossos dias, não como surpresas, mas com determinadas características de um passado que está presente no cotidiano. Assim é o Tocantins em sua construção como território do estado brasileiro que seguiu as mesmas características de povoamento e ocupação a partir de conflitos e subordinação entre uma classe que dominava e outra que obedecia, sem que houvesse uma alternativa.

Assim, o peão veio movido de esperança para trabalhar e obter seu próprio pedaço de chão. No entanto, foi expropriado da sua terra de origem, tornando-se posseiro. Foi, mais uma vez, expropriado pelos fazendeiros que criam as cercas físicas e ideológicas para delimitar o domínio da expansão da propriedade.

No Tocantins, a relação de peonagem com as forças produtivas se define pelo processo degradante da condição, da submissão de um para o outro, devido à falta de emprego, de educação e de uma reforma agrária que inclua o trabalhador na sociedade por meio de políticas públicas, destinadas à melhoria das famílias assentadas, para que estas não se tornem os migrantes sem destino e sem direção, criando a condição do trabalho escravo por dívida.

O trabalho degradante, em atividades econômicas que se utilizam de pouca tecnologia, tem sido considerado um dos elementos essenciais para o trabalho escravo. Conforme mencionamos anteriormente, as atividades econômicas no Brasil que mais se destacam por utilizar mão de obra escrava têm sido a pecuária, seguida da soja, da cana e do algodão. No entanto, outras atividades que não estão dentro das estatísticas também entram nessa categoria, seja em termos nacionais, seja em termos regionais. No nível de escala estadual, o Tocantins se destaca com a pecuária, mas outras atividades estão incorporadas a esse processo, como carvão, feijão, garimpo, soja, eucalipto etc. Além dessas atividades, existem as coletivas, que utilizam a mão de obra escrava, como pecuária e eucalipto, pecuária e soja, dependendo do tamanho de cada área nas fazendas para incorporar a diversificação.

Para melhor compreensão dessa forma de escravidão no Tocantins, no Mapa 5, mostram-se dados no estado relacionando as atividades que mais envolvem trabalhadores em situação de trabalho escravo.

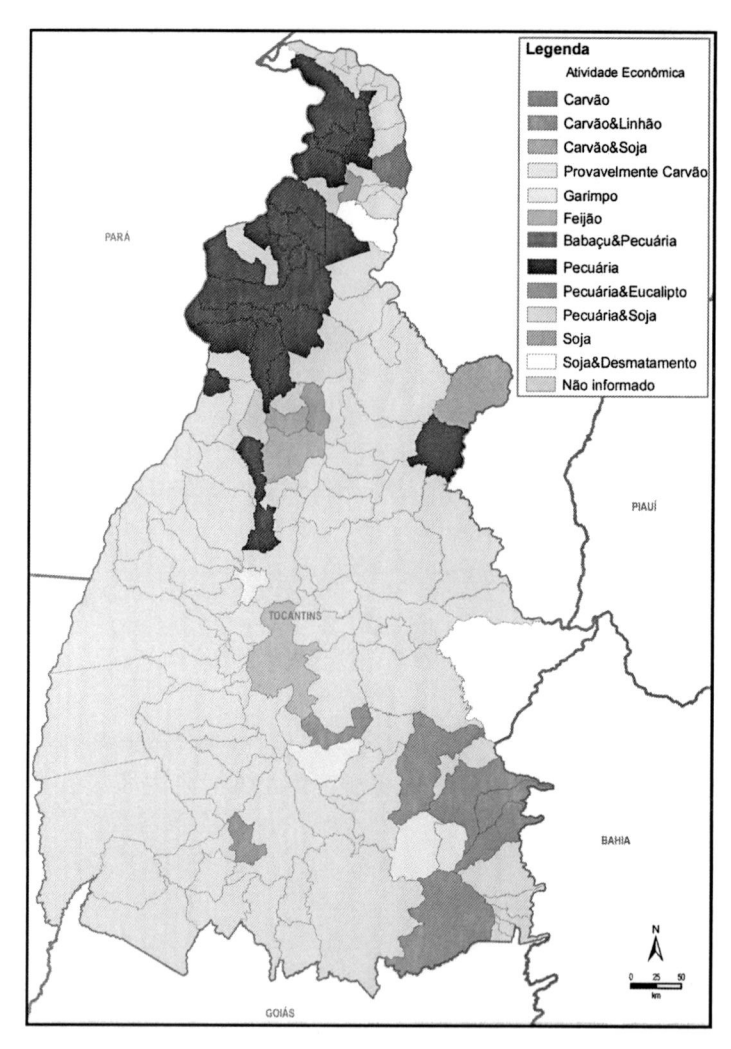

MAPA 5 – ATIVIDADES ECONÔMICAS NOS MUNICÍPIOS DO TOCANTINS COM CASOS DE TRABALHO ESCRAVO (2001 – 2008)
FONTE: CPT. Org. Alberto Pereira Lopes, nov. 2008

O Mapa 5 representa as atividades econômicas que demonstram o trabalho degradante no Tocantins, como: pecuária, soja, carvão, babaçu, feijão, entre outras que formarão a cadeia produtiva. Dentre esses produtos, o que chama atenção é o caso da pecuária e da soja que corresponde às atividades com maior índice de trabalho escravo, principalmente nas porções extremo norte, centro-norte e nordeste. Isso se deve ao fato de a região estar inserida na Amazônia Legal, onde o desmatamento para áreas de pastagens e lavouras de soja começa a se expandir. Nessa perspectiva, a pecuária, que é atividade principal do estado, tem se constituído como a que mais escraviza os trabalhadores por meio de sua força de trabalho. Os novos escravos conduzem a limpeza da propriedade para a implantação do pasto, constroem cercas e derrubam a mata para a expansão da propriedade.

Da mesma forma, embora em uma escala menor, as outras atividades que se encontram dentro da cadeia do trabalho escravo – como a soja, eucalipto, babaçu, desmatamento, entre outras –, têm sido exploradas pelos proprietários com a prática de trabalho forçado e ao mesmo tempo degradante. Na legenda aparece também "atividade não identificada", que se refere a serviços gerais não informados. Ou seja, o trabalhador faz o que lhes mandarem. Ainda conforme o Mapa 5, verifica-se que a soja, com o aumento da cotação no mercado internacional, tem sido o motivo para que muitas regiões no Tocantins tenham recentemente aberto áreas para sua plantação.

A causa principal do trabalho escravo nas lavouras de soja deve-se ao desmatamento para a abertura das propriedades, como acontece na cadeia da pecuária. Os trabalhadores vêm de regiões com índices de pobreza mais acentuados, como os estados do norte e nordeste do país. Como aponta a OIT (2007, p. 108):

> Oriundos de municípios muito pobres do Norte e Nordeste (os estados do Piauí, Maranhão, Tocantins e Pará concentram 80% dos casos), com baixo Índice de Desenvolvimento Humano, estes brasileiros são constantemente iludidos. Ao ouvir histórias de serviço farto em fazendas, mesmo em terras distantes, esses trabalhadores são aliciados por gatos e transportados em caminhões, ônibus ou trem por centenas de quilômetros. O destino principal é a região da fronteira agrícola, onde a floresta amazônica tomba para dar lugar a pastos e plantações.

Esse movimento migratório mostra a produção e a reprodução de um desenvolvimento geograficamente desigual em que as forças produtivas se expandem em busca da rentabilidade e são ressarcidas pelas políticas do Estado brasileiro. Simultaneamente, os trabalhadores que trabalharão nas propriedades são oriundos do desemprego ou subemprego e se alienam às formas que lhes são impostas. Tornam-se alheios à sua própria exploração, dependentes do capital e das atribuições do patrão.

Nessa configuração, a história da expansão capitalista nas regiões de fronteiras demarca um domínio sobre o outro na busca de lucros por meio do trabalho exploratório. Trata-se de formas degradantes de vida, inaceitáveis no contexto dos direitos humanos. Diante dessa condição, o sistema capitalista, em sua produção e reprodução, se constitui em suas temporalidades diferenciadas em que as classes sociais se desenvolvem em ritmos e formas diferentes, em sua própria contradição para sua existência. Para reforçar essa discussão sobre a relação contraditória e desigual do capitalismo, permito-me citar Soja (1993, p. 132), que aborda essa questão, não discutindo a questão do trabalho escravo em si, mas a desigualdade geográfica dos processos sociais que se desenvolvem em compassos diferenciados:

> O ponto fundamental é que o capitalismo – ou, se preferirmos, a atividade normal dos capitalistas em busca de lucros – baseia-se, intrinsecamente, nas desigualdades regionais ou espaciais, como meio necessário de sua sobrevivência contínua. A própria existência do capitalismo pressupõe a presença mantenedora e a instrumentalidade vital do desenvolvimento geograficamente desigual.

Essa condição de desigualdade nas relações que compõem o sistema capitalista demonstra que este, em sua essência, sobrevive pelo crescimento em torno da produção e ocupação dos espaços, criando uma reserva de mão de obra para a sua acumulação. Dessa forma, a expansão dos capitalistas em direção às novas fronteiras no Brasil confirma a ocupação do espaço em uma forma desigual e contraditória, em que as relações de produção e reprodução estão alicerçadas em uma mão de obra forçada no trabalho degradante. O estado do Tocantins oferece essa reserva de mão de obra em suas vastas propriedades. Tais reservatórios de trabalho, que englobam a pecuária e a agricultura, representam graves violações dos direitos humanos e da restrição da liberdade, correlatos à prática da escravidão, servidão por dívida ou condição servil.

Nesse aspecto em que a economia do Tocantins se volta para a expansão da pecuária ou para a agricultura moderna, as relações de produção são redefinidas por antigas relações, como também se configuram em relações não capitalistas de produção, para garantir a sua expansão e a renda capitalizada na terra. Martins (1998, p. 21), discutindo essa questão no aspecto da transição do sistema escravo colonial no Brasil para o sistema de trabalho livre, ressalta:

> A produção capitalista de relações não-capitalistas de produção expressa não apenas uma forma de reprodução ampliada do capital, mas também a reprodução ampliada das contradições do capitalismo – o movimento contraditório não só de subordinação de relações pré-capitalistas, mas também de criação de relações antagônicas e subordinadas relações não-capitalistas.

Nesse caso, a subordinação do trabalho é intrínseca às relações não capitalistas porque estas atuam na expansão da grande propriedade em direção a lugares que se distanciam em termos de desenvolvimento econômico, isto é, a lugares cuja forma de deslocamento é o transporte particular. Tais locais estão no interior da mata fechada, o que dificulta as relações trabalhistas. Os donos da terra intensificam as relações de trabalho pela ausência de salário, devido às dificuldades que existem entre os trabalhadores que se sujeitam a incorporar as atividades que lhes são impostas. Um dos fatores para que o trabalhador seja o alvo principal para a expansão da produção e reprodução do capital na região de fronteira agrícola no Tocantins é a inexistência da mecanização, diante da própria dificuldade que as localidades a serem utilizadas oferecem.

São essas as condições da submissão. Os trabalhadores são recrutados para trabalhar nessas localidades, sem nenhuma segurança em termos trabalhistas, sem um salário fixo ou carteira assinada. Moram em lugares deletérios para apenas saciar a fome, porque a miséria é demonstrada nas condições e nas relações que configuram o trabalho degradante. Nesse caso, onde se materializa o capital nas relações do trabalho degradante? A renda não se materializa na figura do trabalhador escravo contemporâneo, porque este não tem valor de compra e de troca como acontecia na época colonial. A renda capitalizada se materializa no trabalho do trabalhador aliciado que produz os meios de produção, no caso, as fazendas para os capitalistas, que ganham em cima do trabalho que se materializa na mão de obra, e posteriormente na mercadoria que será produzida, isto é, na pecuária ou na agricultura.

Nesse aspecto, o trabalho escravo contemporâneo é uma forma de usurpar o trabalho do outro pelos fazendeiros, que utilizam formas não capitalistas de produção para obtenção da produção do capital. Nesse contexto, essas relações muitas vezes se constituem pela complacência entre os senhores fazendeiros com os trabalhadores que vivem no interior da fazenda em sua desigualdade existente. A inferiorização do trabalhador é vista como algo natural. Como acrescenta Esterci (1994, p. 55):

> Mas, a complacência não nasce com as pessoas, tem haver com uma certa percepção que, a partir da experiência vivida, do lugar que lhe é atribuído na hierarquia social, elas vão interiorizando acerca da sua inferioridade como se fora a ordem natural das coisas.

Assim é a escravidão por dívida no interior das cadeias econômicas, isto é, nas atividades que permeiam o trabalho degradante que configura uma teia de relações a que estão submetidos os trabalhadores em suas atitudes e percepções que são movidas pela própria necessidade do trabalho. Não é fácil detectar o trabalho escravo, porque existe um silêncio vinculado ao medo. O medo, por sua vez, poderá ser constituído de duas formas: o medo da represália advindo da incompetência dos órgãos públicos e o medo da perda do trabalho, mesmo diante das condições precárias. Figueira (2004) aponta várias formas de medo dentro da concepção do trabalho escravo degradante, como o medo no falar, medo no ouvir, ver, supor e lembrar, medo da dívida e da fuga, entre outras. Nessa concepção:

> O medo paralisa ou pode ser razão de alguma forma de reação, que pode ser um enfrentamento direto daquilo que é ameaçador ou, ainda, quem se sente ameaçado reage através da fuga ou de outro mecanismo de defesa. Por isso, se o medo impede a fuga de alguns trabalhadores escravizados, para outros é justamente a razão da fuga (FIGUEIRA, 2004, p. 156).

É diante da condição do medo que o trabalho escravo contemporâneo tem sido um problema para os órgãos públicos (Ministério Público, Polícia Federal, Ministério do Trabalho) atuarem nas propriedades. Os trabalhadores sentem o medo de não conseguir outro serviço, apesar da condição que lhes é imposta pelos aliciadores. Assim, o trabalho escravo tem se expandido em quase todas as regiões brasileiras, destacando-se principalmente as regiões norte e centro-oeste, as chamadas últimas fronteiras. No Tocantins, os maiores índices de trabalhadores envolvidos em situação análoga ao trabalho escravo, conforme a CPT, são as regiões do Extremo norte e centro norte, nordeste, centro-oeste, que estão na fronteira com o estado do Pará, um dos estados da Federação com índices elevados da concentração de terra, resultando em inúmeros casos de violência por conflitos agrários.

O número de trabalhadores que são submetidos às práticas de trabalho escravo tem se expandido no Tocantins devido à formação de novas fazendas. Estas têm deteriorado o meio ambiente com o desmatamento e desarticulado a economia de subsistência. Marginalizam, assim, grandes contingentes de trabalhadores e camponeses e redefinem sua posição na estrutura da sociedade como os expropriados que procuram núcleos urbanos para se instalarem em locais ilegais e periféricos.

A questão social tem sido afetada pela dinâmica capitalista no campo, a qual, desde a criação do estado na década de 1980, tem se propagado, estabelecendo novas formas de exploração da força de trabalho. Assim, os fazendeiros expandem a produção do capital. Graças aos incentivos fiscais do governo federal na década de 1970, tais fazendeiros vêm se estabelecer nessa região, especulando a terra, e objetivando formas ilegais de apropriação.

A expansão capitalista de produção imposta pelos proprietários de terras na fronteira assume uma dimensão tal que atinge milhares de trabalhadores. Os proprietários estabelecem formas de trabalho que submetem o trabalhador às suas ordens. Essas relações de trabalho envolvendo trabalho escravo têm sido crescentes, tanto no que se refere aos casos denunciados como aos casos fiscalizados. Há ainda os casos de trabalhadores envolvidos que foram libertados pelos órgãos competentes. Os mapas do Tocantins a seguir mostram esses números detalhados, segundo a CPT.

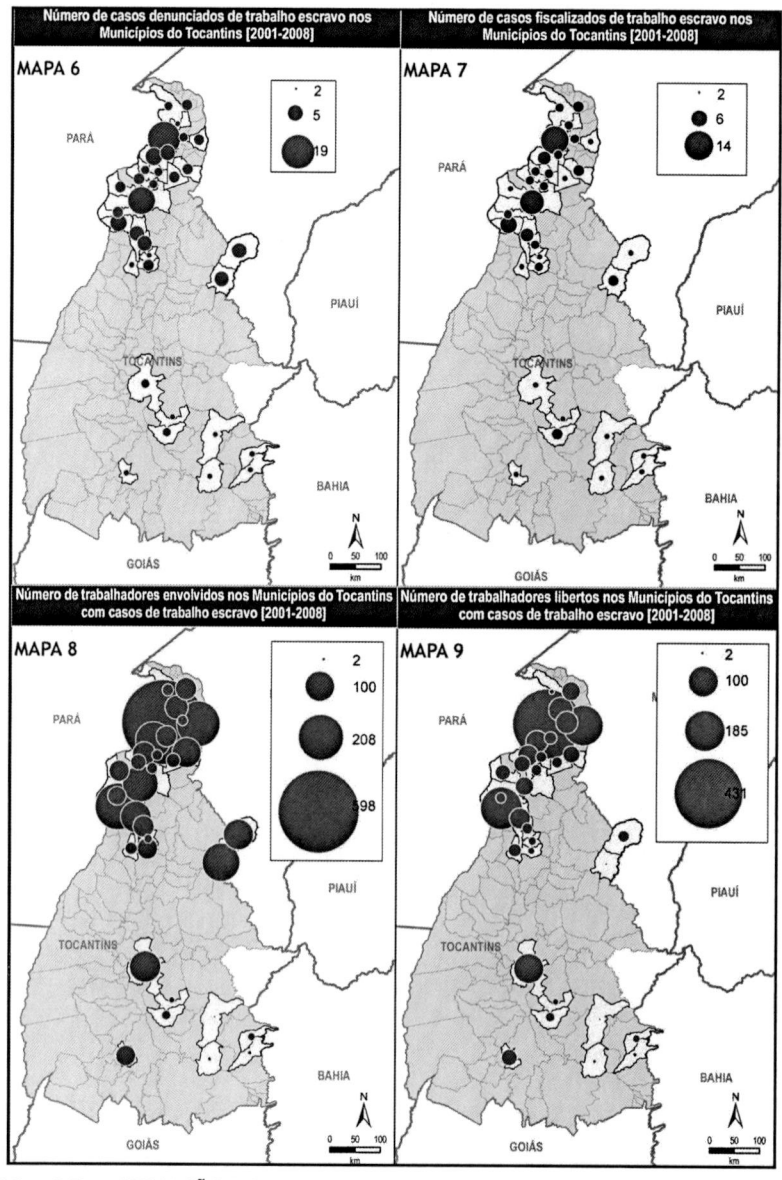

MAPAS 6, 7, 8 E 9 – SITUAÇÃO DO TRABALHO ESCRAVO NO ESTADO DO TOCANTINS (2001 A 2008)
FONTE: CPT. Org. Alberto Pereira Lopes, nov. 2008

Os dados apresentados nos mapas retratam a situação das áreas do estado do Tocantins onde ocorre o maior índice de trabalho escravo contemporâneo por dívida. Demonstram, ainda, a atuação das fiscalizações pelo Grupo Móvel do Ministério Público do Trabalho. Podemos observar que os maiores índices de casos denunciados, fiscalizados e trabalhadores envolvidos e libertados encontram-se ao norte, com resultados que correspondem apenas a uma parte da realidade que se configura como trabalho escravo. Assim, podemos perceber que, à medida que se direciona ao Sul, os índices de fiscalizações e libertações de trabalhadores vão diminuindo.

Como apresentam os Mapas 6 e 7 na região Norte, os casos denunciados e fiscalizados de trabalhadores escravos são semelhantes, mas nem sempre a denúncia é fiscalizada. Isso se deve ao fato de ser necessária uma comprovação mais concreta para que os agentes dos órgãos fiscalizem. Assim, diminuem-se um pouco os números em cada município ou região de casos denunciados e fiscalizados de trabalhadores vítimas do trabalho escravo. No que diz respeito às outras regiões do estado, os dados sofrem um decréscimo, tanto no contexto da denúncia como no contexto da fiscalização.

Em termos de números de trabalhadores envolvidos e libertos como apresentam os Mapas 8 e 9, esses dados se diferenciam. No entanto, continua sendo a região norte a mais afetada, com cerca de 598 trabalhadores envolvidos. Ali, libertam-se entre 185 e 431 trabalhadores por município. Nas demais regiões do Tocantins, tais índices vão diminuindo, variando entre um e 100 o número de trabalhadores envolvidos; em relação aos casos libertos, entre dois e 100.

Esses dados confirmam a situação da fronteira como categoria geográfica determinante para o trabalho escravo. Além de ser um local de expansão para produção do capital, a fronteira representa dificuldade de acesso geográfico, como um dos fatores que mais contribuem para o trabalho degradante que constitui o trabalho escravo por dívida. Essa dificuldade surge também como restrição para os órgãos públicos federais atuarem nestes locais, em virtude da exiguidade de denúncias.

Martins (1997) aponta que os casos da peonagem acontecem desde o final do século XIX na frente pioneira com a expansão do café brasileiro para o oeste de São Paulo. O que isso representa? Representa que a fronteira geográfica como categoria integra as demais fronteiras discutidas por Martins, como a fronteira de civilização, a fronteira espacial, a fronteira de culturas, as fronteiras de etnias, entre outras. A expansão da fronteira se dá pela busca da acumulação do capital. É essa a essência das relações não capitalistas de produção no interior da fronteira.

A partir do momento em que a expansão do capital avança em direção às novas fronteiras, o que se observa é o crescimento do trabalho escravo contemporâneo, haja vista que os mapas apresentados confirmam essa afirmação. O aspecto geográfico é determinante no que diz respeito à acumulação primitiva do capital. Quanto mais há expansão do capital em direção à fronteira deste país, maior será a probabilidade de relações não capitalistas de produção, asseguradas pela força do trabalho do trabalhador que se submete à exploração diante da própria necessidade de sobrevivência.

O distanciamento geográfico relativo constitui-se assim como fator primordial no contexto do trabalho escravo, em virtude das dificuldades que as instituições enfrentam para designá-lo e autuá-lo. Tal distanciamento, apesar de não ser o fator principal do trabalho escravo, é uma das características que mais contribuem para a precarização do trabalho. Os dados apresentados no Mapa 6 demonstram que, quanto mais a expansão do capital segue em direção à fronteira (tanto para o norte quanto para as regiões Centro-oeste e sudoeste), maiores serão os índices de vítimas do trabalho escravo. Essas regiões são propícias ao distanciamento geográfico relativo devido à falta de rodovias e outros meios de comunicação, o que dificulta a atuação das instituições que lidam com a erradicação do trabalho escravo.

Essas regiões no Tocantins com maior índice de trabalho escravo – o extremo norte e centro-norte – são áreas que correspondem a uma transição do cerrado para a mata equatorial, isto é, são áreas que fazem parte da expansão de desmatamento para dar lugar às pastagens, às lavouras de soja e ao carvão. Tais regiões também foram locais de conflitos pela posse da terra no final da década de 1960 e início da década de 1970, quando vários trabalhadores rurais foram vítimas da violência e da barbárie que aconteceu na Guerrilha do Araguaia.

Portanto, esses conflitos se constituíram no decorrer da história desse país, evidentemente nas regiões de fronteiras que se configuram como locais isolados. Todos aqueles que são contrários à produção capitalista – representada pelos grandes fazendeiros que exterminam a população nativa e expropriam os trabalhadores rurais – são legados à morte. Entre tais opositores estão religiosos, advogados, representantes de entidades e representantes dos sindicatos de trabalhadores rurais, os quais colocam suas vidas a favor de uma política eficaz em relação à questão agrária do país. São esses representantes que também fazem parte das estatísticas de morte, juntamente com os trabalhadores rurais, principalmente na Amazônia brasileira.

No entanto, essa região estabelece, a partir da década de 1970, outras formas de exploração camuflada sob a dinâmica de produção do capital em relações que se constituem no decorrer da expansão capitalista em direção à nova fronteira. Essas relações vão se estabelecer no momento em que a renda se materializa na força do trabalho do trabalhador e é extorquida pelo proprietário de terra para aquisição de ganho por meio de relações não capitalistas de produção.

Desse modo, essa exploração do trabalho se configura no processo de acumulação primitiva do capital, devido às formas com que os proprietários de terras extorquiam a força do trabalho e, ao mesmo tempo, expropriaram os trabalhadores. Nesse contexto, Martins (1997, p. 96) afirma: "Essa modalidade de exploração do trabalho se traduz em acumulação primitiva porque é, em parte, produção de capital no interior do processo de reprodução ampliada do capital". Sobre as relações que se estabelecem no interior das formas de exploração do trabalho e que se configuram como peonagem ou trabalho escravo por dívida na produção do capital, Martins (1997, p. 96) acrescenta:

> Isso fica claro se entendermos que, historicamente, pode-se falar em reprodução capitalista de capital, reprodução de capital com base em relações formalmente capitalistas de produção. Mas não se pode falar em produção capitalista de capital, pois a produção do capital envolve mecanismos e procedimentos próprios da acumulação primitiva. Envolve, portanto, a conversão de meios e situações não-capitalistas ou pré-capitalistas em instrumentos da produção capitalista propriamente dita, isto é, produção de mais –valia. Essencialmente, o que define o processo não é o resultado, mas o modo como foi obtido, isto é, o modo de produção do excedente econômico. O resultado é capital, é capitalista, mas o modo de obtê-lo não o é.

Dessa forma, o trabalho escravo por dívida nas regiões de fronteira, especialmente no norte do estado do Tocantins, tem se comprometido com a implementação dos meios de produção para os donos de propriedade, que posteriormente, à custa do trabalho não pago, produzem mercadoria, seja pecuária, seja agricultura. Esses fatores de expansão do capital se desenvolvem a partir dos incentivos do Estado em desenvolver a região, além das relações não capitalistas de produção para a reprodução ampliada do capital, conforme apontado por Martins. Tais medidas implementadas pelo Estado vieram favorecer os capitalistas que criaram condições para acumulação do capital, enquanto os trabalhadores ficaram expropriados e explorados em sua força de trabalho.

Nesse sentido, Picoli (2006, p. 96) trata da atuação do Estado na Amazônia sob sua forma protecionista aos donos dos meios de produção:

> Historicamente, o Estado negou aos marginalizados o acesso aos meios de produção, mas facilitou aos capitalistas esse acesso com formas protecionistas. Nessa região, a proletarização se desenvolveu de forma muito mais agressiva e brutal que em outras partes do Brasil. Entretanto, uma nova perspectiva de busca movimentou a classe trabalhadora marginalizada no país.

Assim, os trabalhadores vindos de todas as regiões do país para a Amazônia brasileira, em busca da terra e trabalho para sua sobrevivência, encontraram na terra prometida as cercas que os impedem de realizar as suas pretensões. As cercas das quais estamos falando são as que limitam de forma ideológica e física o acesso do trabalhador à terra, isto é, os latifundiários e os grandes grupos econômicos que de forma legal ou ilegal já se encontram instalados; estes, por sua vez, impõem a força de um direito que é construído pelos meios de produção que os justificam. Por um lado, trata-se de uma forma ideológica porque o poder é constituído sobre o outro de tal modo que o trabalhador, ao tornar-se posseiro de algum pedaço de terra, torna-se também vulnerável ao despejo pelo grileiro ou proprietário legal da terra. Por outro lado, a forma física é aquela segundo a qual é instaurada a violência entre o posseiro e os donos do poder na região, acobertados muitas vezes pelo Estado. As cercas são limites de arames que se constituem como domínio, como propriedade de alguém, formando as barreiras impostas pelos proprietários. Dificulta-se, assim, o acesso à terra pelos trabalhadores. É o limite da liberdade.

Devido à falta de acesso à terra, além de outros empreendimentos, o Estado como instituição deveria assumir e integrar esses pequenos trabalhadores a projetos de inclusão social. Na falta de um local fixo, moradia, educação, saúde, trabalho – direitos de todo ser humano –, esses trabalhadores acabam se tornando mão de obra barata, permanente ou temporária, arriscando-se, para sobreviver, em regiões adversas (no caso, a Amazônia brasileira). O tipo de trabalho é a abertura da mata para a formação de pastagens, ou para o plantio da soja, cana-de-açúcar (que começa a se expandir na região amazônica), um ingrediente necessário para acumulação do capital por meio do trabalho não pago ao trabalhador que se torna sem direito do ir e vir, aprisionado pelas relações que foram impostas por quem contrata sua mão de obra.

Esse processo permite perceber que o Estado sempre esteve ao lado do grande proprietário, com suas doações, incentivos fiscais para assegurar os investimentos na região amazônica. A região tornou-se novo local da rentabilidade e, ao mesmo tempo, o local dos conflitos que se estabeleceram mediante o fazendeiro a que chegaram, e impuseram as suas leis em nome do progresso e do desenvolvimento da região.

No entanto, não podemos desvincular o estado do Tocantins dos projetos de colonização do governo desde a década de 1960. O estado, mesmo ainda fazendo parte de Goiás, também foi contemplado com os projetos de desenvolvimento, haja vista a construção da rodovia Belém-Brasília, iniciando os projetos agropecuários na região e a especulação fundiária. Emergiram, então, tensões sociais diante da grilagem que se consolidava em toda região Amazônica. Como apresenta Picoli (2006, p. 95):

> Através do planejamento e da violência do Estado, criaram-se as condições ideais para que a burguesia concretizasse seu projeto maior: a concentração e a acumulação capitalistas, através das empresas nacionais e internacionais que optaram por expandir o modo de produção da Amazônia brasileira. A força de trabalho que se deslocou para essa região no projeto de colonização foi caracterizada apenas como componente do processo de acumulação dos grupos econômicos.

Essa caracterização imposta pelo Estado concentrador à ocupação da fronteira se deu mediante o processo marginal de acumulação do capital, que expropria e explora os trabalhadores para a sua produção. Tais trabalhadores tornam-se reservas de mão de obra, podendo ser descartados no momento em que os serviços nas fazendas são finalizados.

São, portanto, vulneráveis às relações trabalhistas que se constituem entre quem as contrata. Mas de que forma acontece essa vulnerabilidade? Ela é constituída a partir do momento em que o contrato tem outro desdobramento que não o da palavra do contratante, isto é, o trabalho pago na forma de assalariamento necessário para a sobrevivência do trabalhador, mas no momento de confinamento o trabalho torna-se não pago, diante de dívidas que são forjadas, fazendo com que o proprietário se aproprie da força do trabalho para a produção do capital.

Nesse sentido, a expropriação dos trabalhadores que são vítimas do trabalho escravo poderá ser caracterizada por duas maneiras: a primeira é a sua expulsão das terras em algumas regiões em que eram posseiros ou donos de pequenos lotes de terras, sendo obrigados a abandoná-las diante do conflito que se estabelece; a segunda, pela vulnerabilidade ao mando e desmando do proprietário, é a sua condição descartável tanto na sua situação como morador ou caseiro, como na condição de trabalhadores temporários. São essas condições que instigam o trabalhador a aceitar determinadas situações de trabalho, a fazer com que o ciclo do trabalho escravo esteja em evidência, principalmente no estado do Tocantins, que se apresenta como o terceiro do país, segundo dados da OIT (2007).

Contudo, mediante a falta de políticas públicas com inclusão de renda necessária para os trabalhadores, o que se observa são políticas favoráveis ao desenvolvimento do capitalismo no campo, em que os donos dos meios de produção são premiados com os incentivos fiscais do Estado de forma protecionista, enquanto aos desvalidos é negado o direito aos meios de produção. Harvey discute o papel do Estado como instituição que serve a uma economia burguesa, que satisfaz os donos dos meios de produção. Eis o seu argumento:

> [...] uma forma particular de Estado que podemos chamar de democracia social burguesa – está bem aparelhada para satisfazer as exigências formais do modo capitalista de produção. Esse tipo de Estado incorpora uma poderosa defesa ideológica e legal da igualdade, da mobilidade e da liberdade dos indivíduos, ao mesmo tempo que é muitíssimo protetor do direito de propriedade [...] O direito de propriedade privada constitui a base do poder econômico, mas, sob o sufrágio universal, os privilégios da propriedade privada são substituídos pelo poder correspondente a "uma

pessoa, um voto", que constitui a base imediata do poder político (HARVEY, 2005, p. 86).

É a partir dessa concepção que o Estado como instituição teve e tem grande importância na Amazônia brasileira, mediante as formas de incentivo aos grandes empresários do sul e sudeste para investir capitais nessa região por meio das atividades agropecuárias. Foi por meio dos incentivos fiscais vindos do governo federal que as atividades agropecuárias tiveram sua expansão na região. Como argumenta Martins, usufruiu-se também de uma mão de obra não capitalista de produção advinda da peonagem. Para compreender o papel do Estado na Amazônia em sua modalidade de incorporar recursos para expansão da agropecuária por meio dos empresários das regiões mais desenvolvidas do país, Martins (1997, p. 86) discorre:

> Para lograr esse resultado, o governo federal concedeu às grandes empresas, nacionais e multinacionais, incentivos fiscais, isto é, a possibilidade de um desconto de 50% do imposto de renda devido pelos seus empreendimentos situados nas áreas mais desenvolvidas do país. A condição era de que esse dinheiro fosse depositado no Banco da Amazônia, um banco federal, e, após aprovação de um projeto de investimentos pelas autoridades governamentais, fosse constituir 75% do capital de uma nova empresa, agropecuária ou industrial, na região amazônica. Tratava-se de uma doação e não de um empréstimo.

É na negatividade do próprio Estado em relação aos desvalidos que se constituiu a miséria, a violência e tantas outras formas de exclusão do trabalhador, o qual é desprovido da sua própria força de trabalho, única condição para sobreviver. O trabalhador, muitas vezes, se torna propriedade de quem o domina. Nessa atuação do Estado em favor do grande empresário com as novas atividades econômicas instauradas na Amazônia, expandiu-se o grande latifúndio e criou-se o impasse entre os capitalistas e os que já se encontravam na região, como os camponeses e os indígenas, entre outros sujeitos. Os proprietários se apropriaram, com suas atividades agropecuárias, e instauraram a violência em nome do desenvolvimento da região, expropriando quem estava no seu caminho. O Estado deixou de atender às classes sociais no campo que clamavam pela reforma agrária em uma forma distributiva da terra, para optar pelo modelo concentracionista de propriedade.

A terra na Amazônia brasileira torna-se fundamento para extração de renda, no momento em que há uma expansão da grande propriedade para estabelecer a agropecuária, que é uma atividade que dispensa mão de obra e esvazia territórios (MARTINS, 1997). Com todo esse avanço do capital em direção à fronteira, o trabalhador se torna uma categoria adversa a este regime que se instaura, como também se torna um componente fundamental para a acumulação do capital. É nesse fado que esses trabalhadores encontram-se, sendo sujeitos do capital em uma alienação que muitas vezes é construída pela própria burguesia, que os conduz de forma ideológica para a produção do capital.

As relações entre capitalistas e proprietários de terras com o Estado tornam-se relações de favores e de interesses políticos constituídos, a partir do momento em que a crise de uma das partes pode ser resolvida no momento mais pertinente, ou com o voto para os representantes do Estado, ou com soluções de problemas judiciais em relação aos capitalistas. Essa abordagem é útil para compreendermos a situação do trabalho escravo contemporâneo, que, por sua vez, se encontra no interior das fazendas, especialmente no Tocantins. Essa forma de trabalho é degradante, e de certa maneira os responsáveis ficam impunes diante das atrocidades. Nesse contexto, Figueira faz uma citação precisa de um empresário no Tocantins que é responsável pelas formas que tratava seus trabalhadores na fazenda, e os políticos se mobilizaram para resolver o impasse. Assim prossegue:

> Luís Pires, ameaçado de ter uma de suas fazendas desapropriada por utilização de mão-de-obra escrava, mobilizou parlamentares do Tocantins que o defenderam diante do governo e conseguiram que a punição se tornasse um prêmio: recebeu pela desapropriação da fazenda um valor diversas vezes superior ao valor previsto pelo mercado. De fato, o poder e o status de um empresário rural, em muitos casos, ultrapassam as porteiras da fazenda, estendem-se até Brasília e lhe proporcionam privilégios. (FIGUEIRA, 2004, p. 274)

O favorecimento do Estado em relação à classe dominante constitui, de certo modo, os interesses de magnitude política que se fortalece na época das eleições, enquanto os fazendeiros recebem os privilégios econômicos concedidos pelo Estado que mantém aparente neutralidade em seus interesses. É o que aconteceu no Tocantins, os grandes capitalistas são acobertados pelo estado, enquanto os pequenos trabalhadores são segregados ao seu fado. Muitos, quando se manifestam diante da ausência do Estado, em relação às formas de trabalho degradantes a que se submetem, são vistos como vagabundos, baderneiros e preguiçosos, o mesmo que se dizia do indígena por não se deixar escravizar no século XVI.

São temporalidades diferentes, mas o contexto da relação de trabalho é semelhante. Se, naquele momento do século XVI, amansar significava domesticar o índio para as atividades da colônia, na atualidade o amansar está na forma de trabalho e na relação de submissão em que o trabalhador se encontra com quem o domina para satisfazer a necessidade da produção do capital. Esse processo encontra-se no interior da fronteira. Trata-se das formas da degradação do homem, em que as relações com os donos dos meios de produção são produzidas mediante mecanismos de acumulação primitiva do capital, porque se inserem no confisco dos bens e nas formas de trabalho não pago.

Dessa forma, estamos diante de uma complexidade de formas marginais de trabalho. Na fronteira, isso se torna frequente pelo distanciamento geográfico relativo em relação às regiões dinâmicas e tem crescido principalmente nos estados da nova fronteira do país, onde a grande propriedade tem se expandido, e nela as relações de trabalho moldadas na concepção da peonagem em que se constitui o trabalho escravo contemporâneo.

Assim, o Tocantins tem sido um dos estados que mais escravizam trabalhadores na região norte, e a cidade de Araguaína, a maior cidade em termos populacionais, como também em termos econômicos, tem sido o local de entrada e saída dos aliciadores para compor a cadeia do trabalho escravo contemporâneo.

2.2 A cidade de Araguaína: porta de entrada e de saída dos trabalhadores aliciados

A cidade de Araguaína, a mais importante do estado do Tocantins, localizada em sua porção norte, constitui um polo regional diante de sua posição econômica, oferecendo serviços que compreendem os sistemas de saúde, educação, bancário, entre outros. Essa mobilidade dá à cidade certa hegemonia em relação às outras cidades da própria região e também de outros estados que fazem limites. É também no município que se encontra o maior rebanho bovino do estado, de onde vem sua principal atividade econômica. A área do seu município é de 3.920 km², com uma altitude média de 277 m. Seus limites são: ao norte com os municípios de Santa Fé do Araguaia, Muricilândia, Carmolândia, Piraquê e Aragominas; ao sul, Pau D'arco, Arapoema e Nova Olinda; ao leste, Wanderlândia e Babaçulândia; a oeste, o estado do Pará, tendo como divisão o Rio Araguaia.

Por sua localização, a cidade de Araguaína tem se destacado em termos econômicos e tem se constituído como um polo regional, o que se soma ao seu eixo de circulação por vias rodoviárias, destacando-se a BR-153 (Belém-Brasília), que corta seu eixo norte e sul, além das rodovias estaduais que ligam esse município a outras cidades do Estado e de outras regiões. Como apresenta Gaspar (2002, p. 26):

> O acesso à mesma é efetuado a partir de Brasília pela BR 153 (Belém-Brasília), que corta no sentido N-S. além desta, outras rodovias estaduais a cruzam, como: a rodovia TO 164, que liga Araguaína a Araguanã e Xambioá e a outras cidades do Pará; a rodovia 230, que liga Araguaína ao povoado de Garimpinho; a rodovia 335 que faz ligações com Couto Magalhães, Conceição do Araguaia e outras cidades do sudeste do Pará. Entre outras vias, um aeroporto e os rios.

O crescimento de Araguaína é resultado de uma política de incentivos fiscais implementada pelos governos militares em direção à nova fronteira com programas institucionalizados para o desenvolvimento e integração dessa região com as demais regiões do país. Foi por meio da construção da rodovia BR-153 (Belém-Brasília) que a configuração da região mudou, haja vista a integração e o acesso para o sul desenvolvido e o nordeste de uma desigualdade marcante em relação à sua população. Tal iniciativa veio suprir a necessidade de acesso às áreas periféricas brasileiras, além de os governos militares incentivarem a expansão do capital para essa região, com medidas que beneficiaram os grandes empresários nacionais e internacionais, para que estes se estabelecessem com a abertura da agropecuária.

Essas medidas foram fundamentais para as frentes pioneiras onde se instaurou a grande propriedade, dominando assim um território que já estava ocupado por indígenas e a população residente, pequenos agricultores ou os posseiros. Esses sujeitos, por sua vez, foram expropriados, expulsos de suas terras para dar lugar à grande propriedade, que se instalava na mais nova fronteira agrícola do país. Os trabalhadores foram se deslocando para as cidades e se aglomerando nas periferias, como é o caso da cidade de Araguaína. Enquanto isso, os povos indígenas foram adentrando as matas virgens, ou entrando em conflito contra os intrusos que se apropriaram do seu território.

A ocupação da Amazônia promovida pelo Estado atendeu a uma classe que já estava consolidada em outras regiões; no entanto, ocorreu em detrimento das chamadas classes sociais no campo, as quais almejavam a reforma agrária distributiva que contemplasse a classe trabalhadora. Com as medidas destinadas à classe capitalista, a região, ao invés de ser o local de conter os conflitos, foi, ao contrário, o local da violência e da impunidade.

O projeto do governo militar se configurou desta forma: de um lado, integrou a região com suas vias de acesso e com a expansão do capital pelos empresários; de outro, instaurou a violência e o conflito, sendo as camadas mais baixas da sociedade as vítimas das atrocidades. Como podemos observar na explicação de Picoli (2006, p. 55) em relação ao processo de ocupação da Amazônia, em que o norte do estado do Tocantins está inserido como eixo norteador de vias de acesso da população manifestante rumo à região norte do país:

> Os posseiros, os colonos e os povos originários foram expropriados das terras e começaram a se organizar, mas essa atitude voltou a preocupar o governo e, conseqüentemente, os interesses capitalistas. É o que aconteceu no Araguaia, na região amazônica, onde se instalou a guerrilha, com a finalidade de se contrapor ao projeto militar.

Ainda em relação às organizações que se constituíam na região em prol de uma reforma agrária distributiva que contemplasse as classes desprovidas de condições, a atuação do governo militar foi determinante, como afirma Picoli (2006, p. 55):

> O governo – por meio da repressão – conseguiu conter os descontentes através da força do exército, eliminando todas as iniciativas que viessem a se contrapor ao grande projeto capitalista, que contemplava a internacionalização do capital na Amazônia,

onde houve em dois anos a mobilização de 10 a 20 mil soldados para combater 69 guerrilheiros que, descontentes, aspiravam liberdade e trabalho. Em 1974, na disputa desigual, praticamente quase todos os guerrilheiros foram assassinados.

É nesse cenário que as frentes pioneiras e também as frentes de expansão discutidas por Martins (1997), como categorias de análise, se encontram e se contrapõem na dinâmica das temporalidades históricas na fronteira, determinadas pela expansão do capital. Como afirma Oliveira (1988), o Estado é responsável pelas disparidades regionais a partir dos seus planos desenvolvimentistas nas décadas de 1960 e 1970 (I PND e II PND – Plano Nacional de Desenvolvimento), os quais tinham como objetivo desenvolver as regiões brasileiras a partir de uma política externa em que o capital financeiro internacional fosse aplicado no país, e a Amazônia teria um grande papel diante do seu isolamento geográfico. A estratégia dos governos militares era "integrar para desenvolver", além de criar condições de trabalho a partir da construção de rodovias para conter os movimentos sociais no campo que se manifestavam em defesa da terra. Dessa maneira, o Estado cria políticas de expansão em direção à nova fronteira do país. Como afirma Sader (1986, p. 32):

> A luta pela terra e o regime autoritário implantado no país levam o Estado a uma política de expansão da 'fronteira agrícola'. Era preciso descarregar as tensões sociais provocadas pelo monopólio da terra, sem que com isso se alterasse a estrutura fundiária, e o princípio da propriedade privada. Estava ainda vivamente presente na memória de todos, a capacidade de grande mobilização dos camponeses do Nordeste que desembocara na criação das Ligas Camponesas, cuja atuação chegou mesmo a ultrapassar os limites nordestinos, durante o governo de Goulart. E havia o risco do descontentamento dessa população expropriada ser superior à capacidade de repressão por parte do governo.

A nova fronteira do país é, então, condicionada às novas formas de relações implementadas pelos donos do capital. Os pequenos trabalhadores, camponeses e posseiros que ocupam tal região antes de tais medidas governamentais, vivendo de atividades mercantis baseadas em produtos naturais e no plantio de pequenas roças para a sobrevivência, tornam-se as vítimas para reprodução do capital. Com as novas formas de desenvolvimento implementadas pelo governo federal, tais sujeitos são deixados de fora desse processo de desenvolvimento, sendo violentados de todas as formas, física ou ideologicamente, para dar lugar à exploração dos recursos naturais e à abertura da grande propriedade agropecuária pelos capitalistas.

O município de Araguaína foi um dos contemplados pelo plano de desenvolvimento na abertura da agropecuária, na década de 1970, e pelos Planos de Integração Nacional (PIN) firmados pelo governo federal, que objetivavam tanto a criação de rodovias como a BR-14 e a BR-153 (Transbrasiliana, atual Belém-Brasília), para facilitar o acesso à região mais isolada geograficamente do restante do país, a Amazônia, como a implementação da pecuária nessa região como atividade principal.

Assim, uma cidade que antes da construção da BR-153 (Belém-Brasília) vivia de um comércio eminentemente pequeno, torna-se, a partir da construção dessa rodovia e dos incentivos do Estado para a classe dominante, uma reprodutora de grandes estabelecimentos agropecuários, em uma demonstração do avanço das frentes pioneiras em direção à nova fronteira, concretizando de certa forma a valorização das partes periféricas do país, como também ocupando determinadas áreas menos povoadas com a introdução da grande propriedade, expropriando a população que já se encontrava nessa região. Segundo Gaspar (2002, p. 72), o desenvolvimento de Araguaína e de sua região veio reforçar a expansão do capital em direção à fronteira agrícola:

> Vê-se desta forma o paradoxo de uma fronteira agrícola, que, dado a expansão da empresa agro-pastoril, oferece melhores condições para a reprodução dos estabelecimentos que, utilizando tecnologia moderna, conseguem elevar a taxa de desmatamento, eliminar a lavoura, dispensando a mão-de-obra permanente, provocando uma intensa mobilidade populacional, sem com que isso tenha elevado a ascensão na escala social da grande maioria da população.

Essas medidas vieram favorecer uma elite já consolidada no país. A maioria da população foi arremessada da sua vida simples no campo para se refugiar nos arredores das cidades, tornando-se vítimas fáceis para os aliciadores cumprirem com um ciclo que, na década de 1970, fica evidente na sociedade. Trata-se da peonagem, uma nova forma de exploração para o grande proprietário, com acumulação do capital a partir da criação dos meios de produção, no caso, a abertura das fazendas.

Foi a partir dos planos de incentivos criados pelos governos militares para impulsionar a economia da região amazônica, por meio de uma política centralizadora, que a emigração em direção à nova fronteira se intensificou. Tanto grandes empresários e grandes proprietários do sudeste e do sul, como trabalhadores do nordeste, que vinham na esperança de conseguir um pedaço de terra para trabalhar. Antes, as vias de circulação para essa região pelos imigrantes e sua população residente era feita pelos rios; na nova dinâmica do capital, a partir da década de 1960, tem-se uma nova configuração com a construção das rodovias, servindo de eixo de ligação e facilidade de integração de uma região à outra.

A cidade de Araguaína, que se localiza à margem da rodovia Belém-Brasília, torna-se um local de entrada de contingente populacional vindo de várias regiões do Brasil, como dos estados do nordeste e sudeste, para abrirem seus negócios a partir da pecuária. Como afirma Gaspar (2002, p. 72) em relação à origem dos imigrantes para a cidade de Araguaína:

> No que diz respeito, à origem destes imigrantes, foi visível na primeira etapa deste processo um maior fluxo no Maranhão e Piauí, formado por poceiros (sic) e pequenos proprietários, seguidos de fazendeiros de Goiás e Minas. Após 1970, em processo acelerado, chegaram os empresários urbanos mineiros e paulistas.

O que se percebe é a formação das frentes de expansão pelos primeiros imigrantes para o município de Araguaína em busca de uma melhor sobrevivência, como é o caso dos posseiros que lutam pela posse da terra ainda em determinadas áreas da região amazônica. Podemos observar ainda as frentes pioneiras que, a partir da década de 1970, foram impulsionadas pelo incentivo dos militares para levar o milagre econômico para o campo. É diante dessa questão que nas frentes pioneiras desenvolvem-se os mais trágicos processos de grilagem, especulação, destruição das áreas ocupadas pelos posseiros, em uma demonstração de força e poder. Como podemos observar na descrição de Kotscho (1981, p. 58) em relação à atuação dos donos de propriedades na cidade de Araguaína na década de 1970:

> Homens com imensos chapéus de vaqueiro, falando alto pelos bares, tomando uísque estrangeiro. Carrões último tipo cruzando as ruas a toda velocidade, ignorando sinais de trânsito e pedestres. As calçadas sujas, o cheiro forte das gaiolas, os transboiadeiros que levam gado de um lugar para outro. Paredes pichadas, pichações rapidamente apagadas, onde ainda se lê: ' abaixo governo vende Pátria;' [...] ' Luta contra a ditadura', etc.
> Araguaína, porta de entrada para conflituosa região do 'Bico do Papagaio', lembra o velho oeste americano.

São esses homens que se estabeleceram e transformaram o município em um dos maiores exportadores de carne bovina e também em um local de extrema concentração de terra nas mãos de uma minoria. A pecuária extensiva passa a ter um caráter expressivo, tornando-se a principal atividade. São esses representantes do capital que em determinada época do ano, no mês de junho, na cidade de Araguaína, demonstram por meio de uma cavalgada (uma das maiores do Brasil), com seus cavaleiros e amazonas, a riqueza e o domínio da pecuária, conforme Figura 1.

FIGURA 1 – CAVALGADA NO CENTRO DA CIDADE DE ARAGUAÍNA – TO
FONTE: Disponível em: <http://www.overmundo.com.br>. Acesso em: 5 jul. 2008

A pecuária é a principal festa da cidade. Existe um parque de exposição que tem como função fortalecer os fazendeiros, com os leilões de toda espécie de gado, os shows de música sertaneja, os estandes que se encontram no parque expondo carros e máquinas modernas para o campo, insumos agrícolas, além dos setores de serviços, como bancos, tenda hospitalar etc. É a demonstração do poder por meio de uma oligarquia que se consolidou a partir de toda uma história pautada na política de preservação e acumulação capitalista de produção.

A festa tem muros para separar as classes sociais. Para participar da festa da pecuária, é necessário desembolsar sempre o pagamento da entrada, mas a maioria da população é pobre e vive nas periferias. Para essa classe social, as empresas que vendem cerveja montam suas barracas fora do evento para atender a demanda. Nesse local, é fácil ver os trabalhadores com seu comércio temporário no momento da feira de exposição. Nesse ambiente, percebe-se a classe baixa do município e região, que se diverte com sua cerveja ou cachaça e um som alto. Encontram-se os vendedores e as vendedoras de sanduíches e de chambarí[4], na tentativa de ganhar algum dinheiro para suprir determinadas necessidades do dia a dia. É uma festa de contraste: no interior do parque estão os estandes com os produtos agropecuários, a exposição de animais para leilões, os bares e os restaurantes sofisticados para a classe alta, além dos shows na arena do parque e o bailão[5] nos bares típicos; em seu exterior, encontra-se a classe popular, divertindo-se por meio de aparelhos de som com músicas sertanejas e forró, ouvidas em volume alto.

É importante entender essa festa agropecuária na cidade no contexto da contradição do sistema capitalista, uma vez "que a produção é social, enquanto a apropriação dos resultados da produção é privada" (MARTINS, 1997, p. 94). É a demonstração do processo de acumulação do capital nas suas mais diversas atividades, em que a paisagem que se constitui aos nossos olhos permite reportar as temporalidades históricas dessa região de fronteira, em que a sua ocupação pelos capitalistas foi subsidiada pelo Estado. Dessa forma, o que retratamos nessa representação da classe burguesa são relações de poder que se estabelecem e se consolidam nessa região. Concordamos com Martins (1997, p. 94) que:

> O tempo da reprodução do capital é o tempo da contradição; não só contradição de interesses opostos, como os das classes sociais, mas temporalidades desencontradas e, portanto, realidades

---

[4] Chambarí é uma comida típica na região, feita a partir do músculo do boi ou da vaca, saboreada com farinha e o arroz branco.
[5] Bailão é uma festa no interior do parque de exposição da pecuária. As pessoas ficam nos bares tocando músicas sertanejas, disputando muitas vezes com o show na arena, onde participam duplas sertanejas famosas no cenário nacional.

sociais que se desenvolvem em ritmos diferentes, ainda que a partir das mesmas condições básicas.

Assim, pensar nessas contradições que são construídas pelo sistema capitalista é compreender os diversos contrastes que repercutem na estratificação das classes sociais no Tocantins, especificamente a cidade de Araguaína, como local de estabelecimento da atividade agropecuária e das relações de poder que foram solidificadas pelos projetos governamentais na ditadura militar. É na pecuária que as relações de peonagem se constituem e tem se consolidado, como fator primordial para a formação das fazendas. A festa da pecuária em Araguaína vem mostrar o resultado da força do latifúndio desfilando em suas ruas, com a participação dos parlamentares que constituem a comissão de frente da cavalgada, em uma demonstração de poder e de apoio aos grandes proprietários, porque estes são em sua maioria latifundiários. Nesse contexto, a pecuária, sendo atividade principal do estado e da própria região, é também a principal atividade de práticas de trabalho escravo.

A representatividade da festa da pecuária mostra a manifestação cultural de uma classe que representa a elite dominante, responsável pelas práticas de trabalho escravo por dívida. A cidade de Araguaína é o local primordial para o recrutamento de trabalhadores para trabalharem no interior das fazendas, diante de sua posição geográfica em que os eixos rodoviários se cruzam na espinha dorsal que é a Belém-Brasília, estando a cidade em sua margem. Breton (2002, p. 40), ao visitar a cidade para compreender a escravidão contemporânea na Amazônia, teve uma conversa com o frei Xavier, membro da CPT, que aponta: "É assim que funciona. Está vendo aquele posto de gasolina na esquina? É uma parada importante de caminhões lotados com homens contratados como trabalhadores informais para trabalhar nas fazendas do interior".

O local da grande feira agropecuária, em que os desfiles de animais e de máquinas sofisticadas encadeiam-se no contraste de uma relação que se configura na sua própria paisagem, fica a 500 metros do local do recrutamento e de um local de prostituição, os quais são, ao mesmo tempo, lugares de esperança daqueles que estão recrutados. É o contraste da riqueza que se consolida por meio da miséria do outro. O outro que utiliza seu bem maior que a força de trabalho para acumulação do capital para os que desfilam pela cidade. Assim, a cidade é o eixo dessa desigualdade, que emblema o contraste tão peculiar na fronteira. Nessa condição, Breton (2002, p. 40) segue na sua visão a respeito da cidade:

> A região de Araguaína tem a infeliz reputação de ser um grande centro de assaltos. Apesar disso, é uma parada habitual na estrada principal que vai para o norte da Amazônia, e você verá muitos caminhões velhos na cidade. Amassados e indomáveis, são esses os caminhões que enfrentam, quilômetro após quilômetro, as estradas esburacadas que sacodem até os ossos, levando de lugar nenhum a lugar algum.

Os assaltos do ser humano, de forma indireta, são a relação que se estabelece entre quem contrata o peão e o dono dos meios de produção para aferir lucro em cima da força de trabalho do contratado. Tais relações formam a cadeia do trabalho forçado, e nesta as práticas de trabalho escravo por dívida.

A cidade de Araguaína, além de ser o eixo norteador de entrada e de saída dos aliciados e aliciadores, é também o local de práticas de trabalho escravo no município, de modo que as fazendas já foram autuadas pelo serviço móvel da justiça federal. A cidade, que é considerada o centro econômico do estado, é também considerada geograficamente o local de recrutamento dos trabalhadores vítimas das práticas de trabalho escravo. Como afirma um dos coordenadores da CPT em Araguaína:

> *Araguaína está numa região, como região do Bico do Papagaio, numa tríplice fronteira: Pará, Tocantins e Maranhão. Aqui, acaba sendo um pouco estratégico para aliciamento de trabalhadores, principalmente no sudeste do Pará. Por que muitos trabalhadores daqui vão muito para o estado do Pará? Porque Araguaína está a 80 km de divisa com o Pará. Então, se torna muito fácil deslocar os trabalhadores daqui para irem pro Pará e também voltar pro Maranhão ou mesmo o Mato Grosso. E a maioria dos peões que se encontram em Araguaína, muitos deles são peões de trecho, que vêm do Maranhão, do Piauí, que vêm dos estados... como Pernambuco e acabam ficando. Como o pessoal diz: o peão de trecho fica rodado em vários pontos aqui na cidade, e aí ficam presas fáceis pros gatos num determinado ponto que existe em Araguaína e se deslocam de uma forma bem tranquila pros estados vizinhos Pará, Maranhão sem que haja nenhuma fiscalização para inibir esta prática de aliciamento. Então, por isso, Araguaína é citada sempre em vários livros como uma cidade que é o ponto estratégico para aliciamento de trabalhadores (E. R. C., jun. 2008).*

Conforme as considerações do membro da CPT, Araguaína é uma cidade que possibilita essa integração da cadeia que vem formar as práticas de trabalho escravo por dívida, exatamente por seu ponto estratégico de localização, fazendo fronteira com estados da federação que constituem maiores índices de trabalhadores vítimas desse processo degenerativo, como Pará e Maranhão. Essa posição da cidade de Araguaína como localização adequada para o recrutamento de trabalhadores pelos aliciadores para trabalharem nas fazendas se dá pela falta de mecanismos para detê-los, diante do processo acumulativo do capital em que o proprietário esconde-se atrás do outro que lhe presta serviço, o aliciador.

O fazendeiro tem seu poder baseado em seu patrimônio. Isso impõe respeito às autoridades públicas, o que vem dificultar determinada autuação da justiça, quando por ventura a propriedade for denunciada por práticas de trabalho escravo. Os fazendeiros detêm boa reputação, além de serem ligados com os próprios parlamentares, muitos dos quais não veem problemas de trabalho degradante, negando tais práticas. Trata-se de uma cultura que se constitui em quase toda a Amazônia, que ignora o assalariamento e o contrato social estabelecido entre os aliciadores e os que vendem a sua força de trabalho. Na afirmação de Sakamoto (2007, p. 110), a negação de parlamentares do Tocantins e de outros estados brasileiros em relação às práticas de escravidão por dívida tem sido uma estratégia para a permanência desse processo:

> A maior libertação do ano (e de todos os tempos) ocorreu na fazenda e usina Pagrisa, em Ulianópolis (PA). Em junho de 2007, 1.064 pessoas foram resgatadas das propriedades. Políticos, como os senadores Flexa Ribeiro (PSDB –PA) e Kátia Abreu (DEM-TO), e lideranças patronais pressionaram os auditores fiscais para que fosse revista a autuação (grifo meu).

Para o coordenador da CPT, a negação do trabalho escravo pelos parlamentares tocantinenses é uma forma de dar continuidade ao trabalho degradante para acumulação da riqueza em cima do trabalho não pago ao trabalhador. Assim se manifesta:

> *Aqui no Tocantins nós tivemos um senador, que foi flagrado com trabalho escravo, [...] e que nega que existe trabalho escravo. Temos outra senadora, Kátia Abreu, que também nega que isto não existe, e temos outros deputados que dizem que isto é perseguição e que são*

> *coisas de ONGs e da CPT que fazem para tentar denegrir a imagem do estado. Mas sempre vão negar que isto não existe. [...] Mas, ao mesmo tempo em que eles dizem que não existe, que isto é blefe, o governo do estado reconhece e cria uma lei proibindo essas práticas (E. R. C., jun. 2008).*

A denegação de alguns parlamentares quanto à existência de práticas degradantes de trabalho em fazendas de grandes proprietários, bem como a de algumas autoridades públicas, tiram a respeitabilidade do Ministério do Trabalho e Emprego, dificultando todo o processo de fiscalização do grupo móvel da Polícia Federal, que tenta desvendar essa prática abominável, cuja erradicação é esperada pela sociedade brasileira. São essas atitudes que se manifestam pelos donos de capitais, para que haja continuidade da reprodução do capital em suas formas contraditórias de produção, em que os pequenos trabalhadores tornam-se as grandes vítimas, diante de suas funções necessárias de trabalho para acumulação do capital pelos grandes proprietários de terras.

Para que essa prática seja rechaçada, é necessário que as autoridades públicas admitam a existência do trabalho escravo por dívida, para que o país tenha respeitabilidade diante das outras nações. Como afirmam Guimarães e Bellato (1999, p. 75):

> O trabalho escravo penaliza mais do que à própria vítima. O Estado brasileiro é penalizado. A sonegação de encargos trabalhistas, o dano físico causado à vítima, socorrida nos hospitais públicos, e a imagem comprometida do Brasil podem ser consideradas algumas expiações com as quais o Estado arca por não abolir o trabalho ilegal em seu território.

A erradicação dessa prática nos estados da federação brasileira, especialmente os da mais nova fronteira agrícola do país – porque são os estados em que existem mais vítimas de trabalho escravo por dívida –, depende de medidas enérgicas. Tais estados envolvidos devem admitir a existência do trabalho escravo contemporâneo, para que haja uma ação que venha erradicar tal ato desumano. No entanto, Araguaína, centro econômico do estado do Tocantins, continua com o seu estereótipo das facilidades de recrutamentos dos trabalhadores vítimas das ações dos aliciadores, os chamados gatos.

A cidade de Araguaína, com seu eixo norteador, estabelece ligações de fácil acesso aos estados que originam os trabalhadores vítimas do trabalho escravo, tanto como local receptor, quanto como local que irradia para outros estados que adotam a mão de obra escrava. No Quadro 3, demonstram-se as vias de acesso para a prática do trabalho escravo por dívida, e os estados que originam esses trabalhadores que se estabelecem na cidade de Araguaína.

Estado de origem	Locais de libertação	Rotas de ligação
Maranhão	Araguaína/ Bico –do-Papagaio (TO)	BR 122/ BR 010/BR 226/ BR 153/ BR 230
Piauí	Araguaína/ Bico –do-Tocantins (TO)	BR 316 /BR 230/ BR 153
Tocantins	Araguaína/ Bico –do-Tocantins (TO)	BR 153/ BR 226/ BR 230
Bahia	Araguaína/ Bico –do-Tocantins (TO)	BR 242/ BRO 20/ BA 460/ TO 280/ BR 153
Goiás	Araguaína/ Bico –do-Tocantins (TO)	BR 153/ BR 226/ BR 230
Pará	Araguaína/ Bico –do-Tocantins (TO)	BR 230/ BR 153

QUADRO 3 – DESLOCAMENTO DE TRABALHADORES: LIGAÇÕES ENTRE OS ESTADOS DE ORIGEM DOS LIBERTADOS E OS LOCAIS DE LIBERTAÇÃO DE ESCRAVOS
FONTE: Relatório Global da OIT, 2007. Org. Alberto P. Lopes, abr. 2008.

De acordo com o Quadro 3, observam-se as principais rotas de ligação utilizadas para o tráfico de trabalhadores aliciados para trabalharem nas fazendas, em condições análogas à escravidão, conforme prevê o Código Penal Brasileiro. As vítimas do trabalho escravo são aqueles trabalhadores que vêm de seus estados em busca da sorte, motivados, muitas vezes, por promessas que lhes são oferecidas pelo aliciador. Em sua grande maioria, trata-se de pessoas desempregadas, alheias aos seus próprios direitos e que acabam entregando sua força de trabalho de forma praticamente gratuita para os donos dos meios de produção.

Contudo, como podemos observar, os estados de onde mais saem trabalhadores para formar a cadeia do trabalho escravo por dívida no Tocantins e irradiar em outros estados são Maranhão, Piauí, Bahia, Goiás, Pará e o próprio estado do Tocantins, que, com suas rodovias, facilita chegar ao destino desejado. São esses os principais trajetos que utilizam o tráfico do ser humano em sua forma ilegal, e a cidade de

Araguaína é a receptora dos traficantes e dos traficados. Esse processo se dá principalmente pelo seu eixo principal de acesso, que é a BR-153 (Belém-Brasília), que interage com todas as vias vicinais para chegar ao local de recrutamento. Desse lugar os trabalhadores seguem para um destino desconhecido.

Araguaína é o local das relações que se constituem a partir da prática de imobilização da força de trabalho em que os direitos são usurpados pelos traficantes. A ordem se instaura e o trabalhador obedece. São essas relações que vão sendo estabelecidas no momento em que o trabalhador já se encontra isolado, devido ao pagamento adiantado, o que implica a obrigação e o dever a cumprir perante o aliciador. Essa condição vem negar o direito à liberdade, pois os trabalhadores em sua grande maioria são de localidades distantes, como apresenta o Quadro 3. Dessa forma, Oliveira (1997, p. 66) discorre sobre a questão das distâncias em que esses trabalhadores são arregimentados.

> A peonagem ou "trabalho escravo" começa com a contratação pelo empresário ou administrador de um empreiteiro (o "gato"), que vai arregimentar trabalhadores em regiões quase sempre distantes e pobres (com falta de ofertas de empregos). O processo é tipicamente de aliciamento, pois aos trabalhadores são oferecidas condições de trabalho e salários compensadores, além da alimentação e hospedagem. Nada é assinado, tudo é apalavrado.

No entanto, Araguaína não é o local de entrada e saída dos aliciadores e dos peões para trabalharem nas propriedades em outros municípios dentro ou fora do estado; o município também já esteve na lista dos que praticam o trabalho escravo por dívida em seus estabelecimentos agropecuários. A peonagem encontra-se desde o momento em que Araguaína foi beneficiada com os projetos desenvolvimentistas dos militares para integrar as regiões inóspitas às regiões desenvolvidas. Com isso, tem um marco com a construção da Belém-Brasília na década de 1960, em que as frentes pioneiras são expandidas para a região com o apoio do Estado, fragmentando as frentes de expansão que já estavam em suas adaptações naturais. Essas frentes pioneiras se deslocaram das regiões mais desenvolvidas para construírem o desenvolvimento, em nome da acumulação de riquezas, dizimando indígenas, expropriando e expulsando os posseiros que aí se encontravam.

Dessa forma, era necessária uma mão de obra barata para lidar com a abertura das fazendas. O pequeno trabalhador foi a vítima, entusiasmado com a oferta de salários, hospedagem e alimentação, o que não passaria de promessa. Torna-se cativo de seus direitos e desvalido da justiça por não saber a quem recorrer e como recorrer. O seu destino tem sido marcado pelas formas coercitivas e violenta exploração de sua força de trabalho. O trabalho escravo contemporâneo nasce de quem acumula capital por meio da exploração da força de trabalho do outro, em que são constituídas relações não capitalistas de produção dentro do próprio sistema (MARTINS, 1997).

A exploração do trabalho é um indicativo de que é necessário pensar até que ponto pode chegar o trabalho escravo nos dias atuais. O novo modelo econômico que vivenciamos tem nos levado à intensificação do trabalho, e ao mesmo tempo discutem-se perdas trabalhistas. Contudo, se na década de 1970 os trabalhadores viviam coagidos, superexplorados para satisfazer as riquezas de seus patrões, no século XXI tal realidade permanece com as mesmas características pautadas na exploração e na violência. O que modifica entre um período e outro é a forma de denúncia do trabalho escravo por dívida: entre a década de 1970 a 1980, a denúncia era restrita aos Sindicatos, Igrejas, Confederações, sem muita repercussão nos meios de comunicação. Como afirma Martins (1999, p. 129):

> Raramente tais denúncias chegaram à consciência dos militantes políticos de oposição, genericamente chamada 'de esquerda', que viam na ditadura, com alguma razão, a maior causa de grandes injustiças sociais como essa. Faltava, porém, solidez teórica e conhecimento enraizado a respeito do que é a especificidade do capitalismo em diferentes lugares e regiões do mundo, do que é a diversidade histórica desse capitalismo na contemporaneidade das contradições que o determinam.

Nos dias atuais, essa prática tem sido mais esclarecida pelos noticiários, e, sobretudo, pela Polícia Federal e o Ministério do Trabalho e Emprego. Além disso, há uma discussão teórica a respeito dessa questão que aflige parte de brasileiros interessados em compreender a complexidade que é o trabalho escravo por dívida. Dessa forma, podemos perceber que as denúncias estão mais às claras, devido às entidades governamentais e não governamentais se interessarem e fazerem um trabalho de base para que os trabalhadores não se tornem presas fáceis da violência contra a sua própria vida. Mesmo diante da atuação desses órgãos, o trabalho escravo contemporâneo é uma realidade que está presente em todo o país, sobretudo na região norte, a chamada Amazônia Legal.

Muitos casos de trabalhadores envolvidos na denúncia em práticas da escravidão não chegam a ser fiscalizados e, em alguns casos, quando os órgãos fiscalizam, não encontram o número da denúncia ou não chegam a encontrar nenhum trabalhador na fazenda. Segundo alguns depoimentos de trabalhadores, isso acontece porque muitas vezes o proprietário sabe o dia que os órgãos irão vistoriar a propriedade e toma as providências cabíveis. Essas medidas são as seguintes: emitem-se ordens para que os aliciadores e capatazes escondam os trabalhadores, ou então se faz um acerto, com pequenas quantias de dinheiro ou não, dependendo da dívida na cantina, e os trabalhadores são então mandados por caminhos escondidos na mata para não serem vistos pelos órgãos de fiscalização.

No entanto, as práticas de trabalho escravo autuadas pela justiça não são uma cultura de um povo, de um lugar. Se assim fosse, não haveria as denúncias aos órgãos públicos por aqueles que se encontram alienados de seus próprios direitos, e têm a justiça como forma de resgatar esses direitos violentados, seja pela exploração do trabalho, seja pela ameaça ou pela prisão diante do isolamento geográfico que se encontram. Sobre essa questão da cultura de um povo ou de um lugar expressa por alguns parlamentares, a chefe da Agência do Trabalho em Araguaína do Ministério do Trabalho enfatiza:

> *[...] essa fala deles, geralmente são fazendeiros, se eles veem isto como cultura, em que pega um ser humano para levar para a fazenda e o coloca debaixo de uma lona preta, de botar para ele cozinhar num fogãozinho de barro no chão, botar para beber água poluída, colocar nessa situação. Isto é cultura de um povo? Onde o seu curral tem água encanada para lavar seus bois, tem chuveiro, tem piso. Aí eles falam isto. Então você coloca as duas coisas em choque, o que eles visam? Visam só lucro em cima do ser humano. (Verônica Cardoso Dias, jun. 2008).*

A pobreza é o principal propulsor da ultrapassagem de fronteiras geográficas. Em vista da ociosidade da mão de obra e do desemprego que assola uma população que sempre trabalhou no meio rural, o trabalhador se sente obrigado a ir para periferias das cidades, tornando-se vulnerável ao aliciamento.

Dessa forma, a cidade de Araguaína é um reduto de trabalhadores que foram expulsos do campo, de forma direta ou indireta, para se aglomerarem na periferia sem nenhuma profissão, a não ser a de agricultor. É por essa razão que esses trabalhadores se submetem à exploração dos fazendeiros, porque não existe alternativa de trabalho. Além disso, são analfabetos ou semianalfabetos, dificultando cada vez mais novas profissões. Se Araguaína é porta de entrada e saída de trabalhadores, é porque existe um local de segurança para quem arrisca tais medidas para fazer o contrato e levar os trabalhadores a um destino. Assim, os hotéis da chamada feirinha abrem suas portas para esses clientes especiais, momento em que a dívida é instaurada e a vida passa a custar caro, porque lhes é roubada.

2.3 A feirinha em Araguaína: o local do recrutamento dos trabalhadores vítimas de práticas de trabalho escravo

A feirinha é um local na cidade de Araguaína em que o pequeno comércio está presente para suprir a necessidade daqueles que não têm condições de compra em lojas sofisticadas ou em grandes mercados. A vida de seus moradores se assemelha às periferias das grandes cidades, em que as relações se constituem por meio do compadrio e de uma vida simples em que a atividade do comércio é a base de sustentação das famílias.

É na feirinha que encontramos o ambulante, a loja que vende artigos de necessidades domésticas, desde artigos de plástico até panelas de alumínio, além dos açougues que estão presentes com suas carnes expostas para os olhos do freguês. Nas calçadas, disputam as barracas com as mantas de bofe de boi, carne de sol secando ao ar livre com visitas de moscas ou outros insetos.

A falta de higiene nas ruas que formam a feirinha é bem ocular. Quando se chega, sente-se o mau cheiro das fossas, e de comidas típicas da região que são feitas no meio de canteiros, ou nos bares que constituem este lugar. A Figura 2 mostra um dos canteiros que ficava ao lado da feirinha, em que se vendiam comidas baratas, como chambarí, o caldo de mocotó, buchada, galinha caipira, entre outras. Era uma extensão da feirinha, já que ficava a uns 50m de distância, hoje foi retirada pelo setor público. A feirinha representa o lazer das pessoas mais simples, que está condicionada aos bares e aos bordéis que se formam em cada rua em um ambiente degradante e sem higiene. É a forma mais precisa da desigualdade social que assola esse país, em uma dimensão infinita, porque nela está a pobreza que serve para manter a riqueza dos que utilizam a força de trabalho marginalizada.

FIGURA 2 – LOCAL DE VENDA DE ALIMENTAÇÃO, EM FRENTE À FEIRINHA ATÉ 2010
FONTE: O autor, jun. 2008.

Ao visitar a feirinha, Breton (2002, p. 39) descreveu desta maneira:

> Ali, vendem-se mantas de carne infestadas de mosca, arroz, feijão, fubá, açúcar, temperos e latas de óleo. Além de baldes e banheiras de plásticos, roupas baratas, cintos, bolsas, relógios, redes, mosquiteiros, CDs piratas, bijuteria, pentes, espelhos, despertadores, pilhas, ferramentas, sandálias, revistas e muito mais. É difícil passar pelas calçadas e, se você pisar na rua, certamente seu pé pousará em algo desagradável. Uma variedade de cheiros assaltará suas narinas, principalmente o cheiro de comida temperada com alho misturado com o cheiro de esgoto e lixo em decomposição.

Esse local de pessoas simples é também local da violência e da prostituição, representa o maior índice de violência na cidade. São comuns as brigas, os assaltos, os bêbados nas ruas deitados nas calçadas. As prostitutas ao anoitecer exibem a sua performance ao seu triste fado, sendo disputadas por trabalhadores que frequentam a feirinha e que estão hospedados nas pequenas pensões para seguirem o caminho do desconhecido.

A feirinha esconde uma triste realidade, que são os trabalhadores a serem aliciados pelos gatos que permanecem nas pensões à espera das locomoções para os levarem às fazendas a fim de trabalharem em forma degradante. Esses homens chegam de vários estados, sobretudo da região Nordeste, como Maranhão, Piauí, Bahia, Ceará, sendo que cada um é conhecido pelo nome do seu lugar. É na feirinha que esses trabalhadores vão encontrar tudo que necessitam para seguirem a sua viagem. Os chamados gatos pagam todas as despesas para depois serem contraídas nas dívidas que vão se formando a partir do momento que o peão sai do seu lugar.

Essa dívida será sentida pelo trabalhador no momento do pagamento do seu trabalho. É uma forma de domínio pautada no descumprimento de acordos em que o subordinado obedece às ordens que são impostas pelos aliciadores. É o inicio de uma relação que irá se converter em violência contra a dignidade do ser humano, em que os valores e a razão desaparecem para dar lugar a uma dimensão de barbaridade e suborno. Como afirma Esterci (1999, p. 103), em relação aos que são escravizados:

> [...] em muitos casos dos denunciados hoje como escravidão, o uso da violência é tão arbitrário e o descumprimento dos acordos é tão ostensivo, que o consentimento dos subordinados parece não importar absolutamente. A sociabilidade entre os pólos da relação está de tal modo ausente, que as noções de dominação e legitimação não mais se aplicam. Não é que o exercício da dominação exclua inteiramente o uso da violência, mas, ao ser aplicada, a violência tem de estar de algum modo sancionada pelas regras sociais. o que se configura em inúmeras situações denunciadas é a atitude predatória, o interesse de curto prazo, em que não há expectativa de lealdade futura por parte dos empregadores, mas apenas o desejo de lucros imediatos.

É diante desse aspecto de dominação que os peões vão ficando vulneráveis a essa situação devido à pobreza e à falta de trabalho em seus lugares para a sua sobrevivência, ou seja, esses trabalhadores encontram-se em um baixo nível de desenvolvimento humano. Devido à necessidade de trabalho e às péssimas condições de vida, esses trabalhadores vão em busca de um serviço que possa prover o sustento da família, ou são aliciados pelos contratadores de mão de obra a serviço dos fazendeiros e são levados em caminhões, camionetes ou ônibus, sem nenhuma segurança, para o ponto de recrutamento.

A feirinha[6], com suas ruas estreitas, é o ponto principal da cidade de Araguaína de entrada e saída de trabalhadores, vítimas das recíprocas violentas subordinações, e descumprimento de uma palavra que apenas soa pelo ar, "direitos trabalhistas". Ainda encontra-se a antiga rodoviária da cidade em pleno funcionamento, onde param as vãs e os ônibus vindos do interior, além de camionetas, carregadas de objetos e pessoas para fazerem suas compras na cidade, sobretudo na feirinha, e aquelas outras pessoas que ficarão hospedadas nas pensões para serem recrutadas para as fazendas (ver Figura 3).

FIGURA 3 – ANTIGA RODOVIÁRIA DE ARAGUAÍNA LOCALIZADA NA FEIRINHA: A PARADA DOS TRABALHADORES PARA O ALICIAMENTO
FONTE: O autor, jun. 2008

Essa violência contra os direitos humanos tem se prolongado, ultrapassando séculos e chegando aos nossos dias em uma relação de

---

[6] A feirinha hoje deixa de ser o principal local da cadeia da escravidão contemporânea para ser o local de usuários de produtos ilícitos.

dominação e exploração por parte dos grandes proprietários de terras para lhes assegurarem a produção da riqueza, em cima da força de trabalho do trabalhador. Esterci (1999, p. 103) argumenta sobre a questão da dominação e a força imposta pelos fazendeiros em relação aos trabalhadores vítimas dessas atrocidades:

> [...] como nenhuma relação de exploração e dominação pode manter-se por muito tempo, baseada exclusivamente no uso da força, o que se observa em todas as situações, passadas e contemporâneas, é a associação entre o uso da força e a busca de alguma forma de compromisso e legitimação: os mecanismos falaciosos de criação da dívida material; a eficácia da dívida moral; a violência simbólica e a imposição de condições de degradação, que concorrem para manter os dominados submissos. O uso da força é tanto mais freqüente quanto menor é a legitimidade atribuída à relação e menor o trabalho investido em legitimá-la.

A violência instaurada pelos poderes dos fazendeiros não se refere apenas aos maus tratos físicos que em determinados casos são frequentes na Amazônia. Referimos também a uma violência silenciosa que envolve cerceamento da liberdade dos trabalhadores em sua condição de cidadãos. São essas condições a que os peões estão vulneráveis por não possuírem uma qualificação, a não ser sua própria força de trabalho necessária para os serviços pesados, sobretudo nas fazendas.

A feirinha na cidade de Araguaína contribui para a construção da cadeia do trabalho escravo devido a toda uma condição que se constitui, desde a hospedagem até uma série de fatores que são convenientes para os trabalhadores aliciados. Esses fatores atravessam uma relação que se dá entre donos de pensão, gatos e fazendeiros. Na verdade, é uma linha ou um ciclo de componentes que se beneficiam com o recrutamento dos trabalhadores. Além dessa tríade, poderemos compor ainda os donos de bordéis, os donos de bares e pequenas barracas de alimentação que lucram com o início de um processo que irá se constituir no trabalho escravo por dívida.

Breton (2002) construiu tríades quando esteve na feirinha em Araguaína em relação à cadeia em que se forma o trabalho escravo contemporâneo como peão, pensão, prostituta, patrão, gato, pistoleiro. Nesse sentido, analisou da seguinte forma cada seguimento que compõe a cadeia:

> Esta é a cadeia humana e cada um é dependente do outro. O patrão precisa realizar a tarefa e então contrata o gato. O gato terá muitos outros jogadores no seu time: capatazes, pistoleiros, o cantineiro, o cozinheiro, o enfermeiro, o caminhoneiro, o policial que se faz de cego quando uma carreta de peões passa pela sua barreira. O gato precisa estar "de bem" com a dona da pensão; é ela quem vai lhe providenciar peões; mas ele precisa que ele os leve, pagando a conta. O peão se refugia nos braços das prostitutas, em troca de um dinheirinho. Ele precisa do gato na mesma medida em que o gato precisa dele. Depois de tudo, o peão tem de comer (BRETON, 2002, p. 46).

Essa corrente que se forma pressupõe uma dependência entre cada componente, em uma dinâmica que se finaliza na acumulação do capital. São os proprietários que estão no ápice da pirâmide, tendo a maior porcentagem do ganho de todas essas integrações. Contudo, a dependência é uma forma de submissão diante do índice de oferta e procura das frentes de trabalho. Nesse contexto, há também uma forma de não cumprimento de acordos entre a cadeia estabelecida apontada por Breton (2002, p. 46):

> Parece que o patrão e o seu time têm todas as cartas na mão, porém cada membro da corrente tem algo para vender e algo a ganhar. O patrão precisa realizar a tarefa, mas deixa a execução para o gato. O gato precisa realizar a tarefa, mas não pode fazer nada sem sua equipe de apoio. Ele não pode pagar nada, deixando o gato com as contas salgadas dos mantimentos e do pagamento dos trabalhadores. Da mesma maneira, o gato pode levar o dinheiro do patrão e desaparecer sem fazer o trabalho, ou pode fazer mas não pagar os peões. Ou pode pegar os peões na dona da pensão e não pagar a conta para ela. Por sua vez ela pode cobrar acima do preço dos peões que freqüentam seu estabelecimento.

Nessa continuidade, as falas ou as experiências de cada um (aliciador, aliciado, donas de pensão) não poderão ser descartadas mediante uma população que está à margem do desenvolvimento capitalista, e que trabalha para os donos dos meios de produção que necessitam da força do trabalho desse trabalhador para manter os altos índices da mais-valia para conservar a acumulação do capital.

O peão que faz parte dessa cadeia de exploração é o principal componente da desigualdade que se insere em seu próprio limite. Ele vive no extremo grau de desumanização e do inaceitável, e também ao deparar com situações fora da normalidade procura se defender com suas próprias armações que se assemelham com os demais componentes da corrente. Como afirma Breton (2002, p. 46):

> Até mesmo o peão não é totalmente indefeso. Ele pode pegar um adiantamento e fugir ou pode fazer o trabalho malfeito e deixar o gato em má situação. Ou pode enganar a dona da pensão e fugir sem pagar a conta, ou enganar a prostituta, ou mesmo ser enganado por ela, que pode roubar seu dinheiro quando ele estiver bêbado. As oportunidades para traições em cada nível são inúmeras. Mas o xis da questão é que todos precisam de todos, e todo mundo tem de correr alguma forma de risco.

Dessa maneira, trata-se de uma relação de amor e ódio na corrente que caminha para satisfazer cada necessidade. Araguaína, com seu ponto estratégico, não foge dessa relação. A feirinha é o local das experiências marcadas de cada componente, com suas histórias que invadem o cotidiano das pessoas que ali interagem e têm esse local como a sua sobrevivência. Encontramos o vendedor de sorvete que também percebe o movimento dos trabalhadores recrutados para trabalharem nas fazendas. Quando indagado, relata a seguinte questão sobre "o entra e sai de trabalhadores e os chamados gatos" na feirinha:

> *Aqui na feirinha fica os trabalhadores esperando um trabalho na pensão de vários donos aí. É, o bigode tem uma pensão, é aquele lá. Quem paga aos donos da pensão é os gatos. Eles vai na pensão e pergunta quanto fulano deve? Aí ele vai e paga por que se deixar nas mãos deles, eles gastam tudo com rapariga. Aí, adiantamento eles num dão, se não eles num vão para as propriedade (vendedor ambulante de sorvete, jun. 2008)*

A feirinha em Araguaína resguarda a sua história de precariedade dos que vivem na dimensão do limite e dá continuidade aos que necessitam de trabalho, mesmo que seja temporário e de certa forma degradante, porque o que está em jogo é a luta pela sobrevivência. A peonagem nasce porque existe toda uma logística que lhes dá sustentação em uma dinâmica de trabalho pautada na sujeição do trabalhador aos que possuem os meios de produção.

Dessa forma, a feirinha apresenta toda uma caracterização para que o recrutamento seja efetuado, mediante o domínio do aliciador que tem toda uma ligação efetiva com os donos das pensões. As localidades onde se instalam esses trabalhadores são simples, apresentam toda uma facilidade, desde hospedagem até alimentação. Como já explicitada anteriormente, a feirinha localiza-se às margens de uma das ruas mais movimentadas de Araguaína a Prefeito João de Sousa Lima, que têm uma atividade de comércio forte como supermercados, lojas de roupas e calçados, lojas de perfumaria, lojas de aparelhos telefônicos, entre outros.

Em frente à feirinha, encontra-se a Avenida Filadélfia, que dá acesso à BR-153 (Belém-Brasília) em sua direção oeste, e na direção leste dá acesso à TO-222, que, por sua vez, alcança os municípios de Babaçulândia e Filadélfia, esta fazendo fronteira com Carolina – MA. São eixos viários importantes que integram a cidade de Araguaína com outros municípios e outros estados. Geralmente, os trabalhadores aliciados que estão na feirinha vêm por meio dessas rodovias.

No interior da feirinha, podemos observar a falta de políticas públicas para esta área, em que o mau cheiro e o lixo que se acumula nas calçadas são componentes de quem a frequenta, como apresenta a Figura 4.

FIGURA 4 – FEIRINHA, O SEU INTERIOR: RUAS ESTREITAS, ROUPAS ESTENDIDAS E O LIXO ACUMULADO NAS CALÇADAS
FONTE: O autor, jun. 2008

No outro aspecto, as antigas pensões onde estão os trabalhadores escondem-se por trás de outras atividades, para não levantar suspeita dos agentes da Polícia Federal. Elas são descritas como ambientes de bares ou de comércio (ver Figura 5).

FIGURA 5 – A FEIRINHA: BARES QUE SERVEM DE LAZER PARA OS TRABALHADORES, ESCONDENDO PENSÕES NO SEU INTERIOR
FONTE: O autor, jun. 2008.

Diante da exposição do ambulante e do próprio dono da pensão, percebe-se que havia uma realidade distorcida por conta do medo que talvez a Polícia Federal tem introduzido com as denúncias formalizadas e autuação flagrada. Nesse contexto, Figueira retrata o medo diante da insegurança das pessoas que buscam formas para enfrentar as realidades adversas. Assim justifica: "O medo paralisa ou pode ser razão de alguma forma de reação, que pode ser o enfrentamento direto daquilo que é ameaçador ou, ainda, quem se sente ameaçado reage através da fuga ou de outro mecanismo de defesa." (FIGUEIRA, 2004, p. 156).

Portanto, o medo se manifesta na própria fala do dono da pensão quando interrogado sobre a hospedagem de trabalhadores no seu recinto. Ele, que faz parte também da cadeia do trabalho degradante, fala dos trabalhadores e dos gatos de um modo que pretende ser convincente:

> E não tem mais acabou. Tinha um restaurantezinho veio, mais acabou tudo. Até Helena acabou, não tem dinheiro e os povos num leva mais. Federal não deixa a gente mais trabalhar. Eles arrocham de lá.

> Um dia desse pegaram uns ali na pista, na Piçarra. Não tem como. Não tem hotel, não tem lugar nenhum. Dar de comer pra quem levar? Fazendeiro num leva, o gato acabou, não existe mais [...] até os que moravam aqui foram embora pro Pará. (Bigode, jun. 2008).

A fala de uns dos donos de pensão na feirinha demonstra a revolta e a convicção de que está convencendo quem escuta. Trata-se de uma estratégia para que a corrente do trabalho degradante, contida no trabalho escravo, não seja rompida. Ele é austero ao falar, mas logo se percebe a razão disso: quando indagado sobre a presença da Polícia Federal, ele culpa a instituição por não poder continuar nos seus negócios. É uma forma de se afastar e ao mesmo tempo de se defender de tal responsabilidade que poderá lhe afetar.

A Polícia Federal significa, portanto, um empecilho em suas atividades, porque a sua ação traz transtorno e prejuízo. Por isso o medo de falar a veracidade dos fatos envolve uma corrente, não apenas um dos elementos isolados, mas toda uma cadeia que se forma desde o ato do aliciamento do trabalhador até sua estadia nas pensões da cidade. Trata-se de um processo que pressupõe uma relação entre os aliciadores, os aliciados e os próprios proprietários.

Nesse contexto, o medo de falar sobre o recrutamento dos trabalhadores nas pensões passa por essa forma de evitar determinados cuidados para não ser prejudicado por um ato não pensado, o que levaria a transtornos irreparáveis, como a autuação da própria Polícia Federal, envolvendo toda uma cadeia formada. Figueira, tratando da questão do medo em sua pesquisa sobre o trabalho escravo contemporâneo, discute as qualidades do medo, dentre estas, o medo no falar. Assim aborda essa questão:

> Falar, positiva ou negativamente, utilizando a voz ríspida, indiferente ou suave, implica discorrer a partir de algo bem ou mal desconhecido; comentar ou comemorar uma novidade; recordar fatos bem ou mal vividos, sabidos ou imaginados; construir relações melhores, formar novos contatos e sedimentar antigos ou criar rupturas, provocar tensões, ensinar e influir. Falar é se expor a outros que ouvirão indiferentes ou não; com desejo de saber mais, ou com pressa porque o assunto não lhe interessa ou porque o tema não exige uma tomada de posição (FIGUEIRA, 2004, p. 161).

O envolvimento dos donos da pensão com a corrente do trabalho escravo por dívida é uma forma de não romper os vínculos. Por isso as suas falas abordam o fazendeiro como um grande empreendedor de serviços para os trabalhadores, quer sejam eles os peões de trechos, quer sejam os que têm uma localidade fixa. A fala do dono da pensão a esse respeito é precisa em relação aos trabalhadores e os fazendeiros:

> *Eles ficava mais de mês home, agora de primeiro que aqui tinha serviço, tinha tudo. Chegava de noite tinha dois três para levar. O fazendeiro tem, mais não faz. Se der de fazer de trator bem, se não larga de mão, mas não faz. O fazendeiro tem muito mais medo do peão, de que esse povo da federal pegar ele. O peão vai no mato só para dar parte. Aí ele não leva e não dá serviço (Bigode, jun. 2008).*

A questão do serviço expresso na fala demonstra a generosidade que é o fazendeiro para o dono da pensão, ao passo que o trabalhador é o responsável pelo seu desemprego e pela falta de alternativa de serviços. O fazendeiro não confia mais nos peões, como se o trabalhador fosse livre de sua condição de trabalhador e da sua própria força de trabalho. Para entender essa questão, Martins (1999, p. 161) afirma:

> O trabalhador livre é, também, um trabalhador livre dos meios de produção, livre dos instrumentos e materiais de trabalho. Ele não pode ser um trabalhador livre se dispõe de meios de condições para trabalhar para si mesmo, caso dos artesãos e dos camponeses. Por isso, o capital atua historicamente ao sentido de divorciar o trabalhador de seus meios de produção, não lhe deixando outra alternativa senão a de vender sua força de trabalho a quem disponha de meios de produção mas não disponha de força de trabalho para dar-lhes uso.

A força de trabalho do peão escravizado não lhe pertence porque este está diante da sua própria sujeição, seja em relação ao trabalho, seja em relação ao patrão, o qual o explora para a reprodução do capital, subordinando à sua produção, introduzindo relações não capitalistas de produção para acumulação do capital por meio da mais-valia.

Dessa forma, a relação instaurada entre os sujeitos que formam a cadeia do trabalho escravo por dívida pauta-se na superexploração do trabalhador, diante de um processo contraditório de interesses opostos. As realidades sociais de quem explora e é explorado são diferenciadas, mediante a concepção do desenvolvimento desigual do capital, discutido por Marx (2004).

As realidades sociais desencontradas dos que formam a cadeia do trabalho escravo por dívida estão diante de temporalidades da contradição que o sistema capitalista engendra. Assim, quando observamos os sujeitos que formam a cadeia do trabalho degradante, deparamos com os desencontros que nos revelam a diversidade em que estão contidos os conflitos da vida social. Esse conflito é parte da própria dinâmica do capitalismo em sua concepção do desenvolvimento desigual.

Dessa forma, as informações do dono da pensão na feirinha em Araguaína indicam a alteridade do que ele pensa em relação aos trabalhadores recrutados para trabalharem em regime de escravidão por dívida. As razões pelas quais passam as suas informações estão contidas em um discurso que é o mesmo dos proprietários de terras, como se não existisse prática de trabalho escravo, e que a autuação da Polícia Federal é algo contestável. Assim menciona a respeito da contratação dos trabalhadores pelos empreiteiros para trabalharem nas fazendas:

> *Num compensa. Pegaram um na Piçarra (PA), só um tirou 5.700,00 reais. Chegou em São Geraldo (PA), num atravessou nem o trevo, chegou aqui sem nenhum centavo no bolso. Bebendo no boteco roubaram tudo. **Num era dele mesmo nenhum centavo!** Compensa um trem desse? Num compensa! A família bem aqui em Imperatriz (MA) e ele num foi (Bigode, jun. 2008, grifo meu)*

Diante dos acertos trabalhistas quando a propriedade é autuada, percebe-se a indignação do dono da pensão com o valor estabelecido pela justiça. No primeiro momento em sua análise, o valor pago em sua totalidade não é merecido ao trabalhador, porque o trabalho pago ou não pago pelo proprietário é justo, tendo em vista o serviço que é prestado nas fazendas. Ao mesmo tempo, percebemos como a cadeia da prática da escravidão se estabelece, quando todo o seu processo é desvendado por um único sujeito, que vai desde o pagamento, quem paga e como paga, até a autuação da justiça federal.

Em outro momento, demonstra a negação da prática de trabalho escravo, como também a inexistência do local de recrutamento como no caso da feirinha em Araguaína, em uma forma de despistar quem ameaça toda uma corrente integrada. Mas, de acordo com órgãos e entidades não governamentais, a feirinha é um local estratégico do recrutamento dos trabalhadores para trabalharem nas fazendas da região e de outros estados, sobretudo Pará.

Assim a chefe da Agência Regional do Ministério do Trabalho em Araguaína se pronuncia em relação ao local de recrutamento na feirinha:

> *Olha, a prática maior é o seguinte, é uma figura chamada gato, essa figura vai nas cidades e nos estados mais próximos e trazem estes trabalhadores. Aqui tem muita gente do Maranhão, teve caso do Ceará, do Piauí, trazem e pagam o ônibus deles para vir, pegam uma camionete. E tem caso de trabalhadores que vieram fugir depois, eles reclamaram que vieram em cima de uma camionete lá do Piauí, são várias formas. E ficam alojados na feirinha, até ser transportados para as fazendas (V. C., jun. 2008).*

Da mesma maneira, a CPT, que tem um trabalho importante na luta pela erradicação do trabalho escravo, se posiciona sobre o papel da feirinha ainda como o principal local de recrutamento em Araguaína:

> *A feirinha aqui na cidade é um ponto popular, ali pro peão de trecho vamos dizer assim que é o melhor lugar para ficar em Araguaína. Porque tem várias pensões, vários botecos, tem comida a preço popular. Então, é um local está o bordel por ali. Então para o peão de trecho Araguaína é uma cidade santa, vamos dizer assim. Porque eles chegam ali tem tudo que eles necessitam, e como existe pensões onde são lugares para que abriguem as pessoas que chegam de fora, principalmente peões, e principalmente a partir do momento que eles avistam peões que estão alojados junto da feirinha, eles já vão lá para tentar aliciar, já conversam com a dona da pensão para não cobrar nada para aquele peão. Porque toda a vida que aquele peão ficar na pensão vai ser por conta do gato, caso aquele peão venha trabalhar em alguma fazenda. Então a feirinha é um ponto de referência de aliciamento, e mesmo com esta restauração que vai ser feita, acho que esta prática não vai mudar, vai ser sempre "a feirinha", vai ser sempre um ponto de ter vários peões ali para serem aliciados para o trabalho escravo. Porque ali não tem como mudar aquela realidade, porque é muito complicada, porque existe toda uma logística para aquele pessoal. São as comidas baratas, são as pensões que existem para alojar este tipo de gente, são os bordéis e os botecos que existem. Então tudo isto para o peão são coisas que eles querem, e fica ali. E se encontrar alguém que diz que vai arrumar um emprego e paga todas as despesas para ele,*

a feirinha nunca vai deixar de ser um ponto de aliciamento aqui em Araguaína (E. R. C., jun. 2008).

Dessa maneira, a prática do trabalho degradante que se estabelece em determinados locais não se desmancha ou se fragmenta de uma forma fácil, ou de uma hora para outra se acaba. Isso porque há toda uma base solidificada em que os diferentes em termos sociais, econômicos e culturais se atraem, uma vez que cada um necessita do outro. Forma-se, assim, uma corrente que se prende para ser determinante em uma relação de subserviência em que há uma forma de hierarquia entre dominantes e dominados. Dessa forma, encontramos os dominantes, que são os senhores proprietários de terras com seus aliciadores que obedecem as suas ordens, e em outra relação os aliciados obedecem às ordens dos aliciadores e dos proprietários de terras conforme a forma em que foram contratados ou recrutados.

2.4 O papel do aliciador e do aliciado na cadeia do trabalho escravo por dívida

Pensar essas categorias significa nos reportarmos às relações de dominação impostas pelo próprio sistema capitalista, segundo o trabalho alheio é apropriado. Alienam-se os trabalhadores para acumulação do próprio capital para seus interesses particulares. Os trabalhadores são as vítimas apropriadas à sua força de trabalho, para satisfazer não a si, mas aos proprietários, ou seja, os donos do capital. A satisfação desses trabalhadores se limita à subsistência, à busca de condições para a alimentação como prioridade, submetendo-se muitas vezes ao trabalho não pago, apenas aceitando as condições da arte da persuasão imposta pelos proprietários.

Dessa maneira, a relação que se observa do aliciador e do aliciado na cadeia do trabalho escravo contemporâneo é constituída de dominação e alienação, um depende do outro para se manter na corrente. A sua capacidade de trabalho para satisfazer suas necessidades prioritárias, que seriam a própria condição de valor de uso de sua força de trabalho, de certa maneira o mantém como trabalhador, mesmo sendo esta força destinada para obtenção da riqueza para os proprietários de terras por quem são contratados. O aliciador não foge dessa regra porque este também se aliena às ordens que são impostas pelo patrão, e por sua vez repassa para o aliciado, ou seja, o peão que é contratado.

Para compreender esta questão, Rosdolsky (2001, p. 173), estudando em sua obra a gênese e estrutura do capital de Marx, faz a seguinte afirmação sobre o capital e a força de trabalho:

> Como em todo intercâmbio, o trabalhador aparece aqui como proprietário de uma mercadoria, a força de trabalho, que não existe como uma coisa fora dele, mas pertence a sua corporalidade viva. Subentende-se, pois, que pode ceder ao proprietário do dinheiro, ao capitalista, o controle de sua capacidade de trabalho, e que tal controle se limita 'a um trabalho determinado, é um controle limitado no tempo (tanto tempo de trabalho)' (grifo do original).

Trazendo essa discussão de Rodolsky para a realidade da cadeia da escravidão, observa-se a própria submissão tanto do aliciado como do aliciador em relação ao proprietário de terra. Há aí um valor de troca que é desigual, porque os donos de meios de produção obtêm os resultados da força de trabalho de um trabalho que não foi pago. Em uma relação capitalista, a força de trabalho do trabalhador lhe pertence para que este possa vender como mercadoria e ter a sua liberdade de vender ou não, ou seja, é proprietário de suas próprias vontades, como afirma Oliveira (1987). Em uma relação que não seja capitalista, com práticas de trabalho escravo, o trabalhador não tem liberdade, ele pertence a outrem. Como explica Rosdolsky (2001, p. 174) a respeito das diferenças entre os vários sistemas como escravista, feudal e capitalista:

> Na relação escravista, por exemplo, o produtor direto pertence ao proprietário individual, particular, como sua máquina de trabalho. Como totalidade de forças vitais, como capacidade de trabalho, esse trabalhador é uma coisa que pertence ao outro, e por isso não se comporta como sujeito perante sua própria força vital ou perante sua ação viva do trabalho.' Na relação de servidão, por sua vez, ele 'aparece como um suplemento da propriedade da terra, é um acessório da terra, equivalente aos animais de tração.' O trabalhador assalariado, ao contrário, ' é proprietário de si mesmo; na troca, dispõe de suas próprias forças' (grifo do original).

Na sociedade contemporânea, à qual nos reportamos sobre as relações existentes de prática de trabalho escravo por dívida dentro do próprio sistema capitalista em que estão inseridos os aliciados, os aliciadores e toda uma cadeia que se constrói para favorecer os proprietários de terras, pode-se dizer que tais relações são semelhantes ao sistema escravista no sentido do pertencimento da força de trabalho enquanto for necessário. Não como pertencimento como sujeito que irá servir como uma renda capitalizada que se constituía no sistema escravocrata moderno.

O aliciado é um sujeito diferente do escravo moderno no sentido de se constituir como renda do proprietário, mas ao mesmo tempo se assemelha pelas obrigações e pela falta de liberdade que lhe é imposta, sobretudo a obediência. O aliciador é o intermediário que estabelece regras e mediações perante o aliciado. É um sujeito que segue as regras do seu superior. Nesse intercâmbio de relações, também está sendo enganado e manipulado pelo próprio sistema. Não é uma relação de igualdade entre patrão e subordinado. O próprio sistema é desigual e necessita dessa desigualdade para a sua existência. Como podemos observar nas concepções de Rosdolsky (2001, p. 174):

> Tal igualdade é só 'uma aparência, e uma aparência enganosa'. Na verdade, ela é abolida pelo fato de que o capital ' apropriou-se, sem intercâmbio, de uma parte de seu tempo de trabalho, e isso ocorreu graças à forma do intercâmbio. O trabalhador se defronta com o capitalista ' em uma relação econômica diferente, exterior à do intercâmbio [...]. Esta aparência existe como ilusão por parte do trabalhador, compartilhada em certa medida pela outra parte, e isso também modifica essencialmente essa relação, quando comparada à que se estabelece em outros modos de produção social' (grifo do original).

A cadeia formada pela escravidão por dívida nos dias atuais demonstra essa realidade expressa por Rosdolsky entre trabalhador e capitalista, em que a aparência de liberdade, de uma boa remuneração é apenas um discurso que irá se confrontar com os mecanismos da coerção moral e física que são impostos pelos aliciadores e os seus patrões. Trata-se de um discurso que busca coagir o indefeso mediante as promessas, posteriormente não cumpridas, tornando-se o trabalhador prisioneiro da sua força de trabalho mediante o autoritarismo, que sobrepõe o aliciador sobre o aliciado por meio da imposição para adquirir o respeito conveniente.

O autoritarismo imposto pela classe dominante nos dias atuais foi construído no decorrer de nossa história. Isso se associa à cultura de um país que absorveu como uma forma de poder, como também de respeito àqueles que têm meios de produção em relação aos desprovidos de posses como os trabalhadores. Vivencia-se essa condição de imposição em uma democracia pautada também na aparência, porque nos defrontamos com situações de falta de liberdade, como no caso dos trabalhadores que vivem isolados nas fazendas sem direito de ir e vir, sucumbidos por promessas falsas para serem aprisionados, sem direito muitas vezes de se defender. Além dos trabalhadores rurais em seu estado cativo, existem outras formas que se repercutem na sociedade, como os grupos organizados que impõem e estabelecem regras, sobretudo nas grandes cidades.

O quanto foi nefasto à condição de tempos escuros no Brasil, que arraigou esse ato das pessoas sentirem-se donas de um direito que não lhes pertence. Hoje utilizam os mesmos mecanismos da violência como arma para silenciar a luta dos contrários em uma atitude de adquirir cada vez mais a riqueza, aumentando assim a desigualdade social, econômica e política. Barbosa (2004, p. 156) enfatiza essa questão:

> A política da classe dominante em relação aos trabalhadores sempre foi conduzida como ' ato de polícia'. Foi sempre através de golpes militares e uso da violência física que os dominantes silenciaram e transformaram a diferença e a divergência em consenso imposto. Nossa experiência democrática é ainda bastante limitada e reduzida a alguns curtos períodos da história, cujo resultado é a sociedade injusta, desigual e violenta em que vivemos.

De fato, o que observamos nos dias atuais é a violência instaurada no país, no campo ou na cidade, em uma lógica de poder construída por meio da desigualdade, devido à concentração de renda nas mãos de uma ínfima parcela da população. Contudo, a corrente ou a cadeia do trabalho escravo por dívida é apenas uma parcela que se destaca diante das atrocidades instauradas pelos donos de fazendas e os seus comandantes. Se os aliciados fazem parte dessa situação controversa, os aliciadores denominados gatos não diferem da desigualdade com que se defrontam. São sujeitos que vivem em situação precária e que obedecem a regras que lhes são impostas pelos proprietários de terras.

Como podemos observar na afirmação de Barbosa (2004, p. 159): "A desigualdade é a expressão de relações de dominação e subordinação de determinados atores sociais sobre outros, portanto, um constrangimento ao exercício pleno da liberdade do Ser em sociedade".

A desigualdade como forma de estratificação da sociedade é essencial para o sistema capitalista existir. As classes com níveis elevados se sobrepõem às de níveis inferiores para apropriarem-se do tempo do trabalho do outro por meio de um discurso de igualdade, o que chega a alienar o trabalhador mediante a sua satisfação de necessidades imediatas, acreditando no que lhes é repassado, embora sendo de uma forma enganosa como têm feito os aliciadores para obter a confiança dos trabalhadores aliciados em levá-los às fazendas na Amazônia Legal, sobretudo nos estados onde os índices de trabalhadores escravizados têm sido assustadores, como no caso da tríade que se forma com maiores índices de trabalhadores escravizados: Pará, Tocantins, Mato Grosso ou vice-versa.

O aliciador e o aliciado têm sido peças essenciais para a acumulação do capital pelos grandes proprietários de terras nessa região da nova fronteira do país. Há condições apropriadas para a formação de grandes fazendas vinculadas à criação do gado bovino ou à monocultura da soja, cana-de-açúcar, entre outras. Os proprietários encontram mão de obra barata e escravizam com a imposição que exercem, construindo suas próprias leis para obterem além do necessário trabalhado por cada contratado, ou seja, pelos trabalhadores.

Nesse contexto, tanto o aliciado como o aliciador (este que é o responsável pela busca de trabalhadores a mando do proprietário de terra) constituem os sujeitos que irão favorecer o acúmulo da riqueza para o capitalista. O aliciado, no entanto, dispõe da maior parte da sua força de trabalho e de seu tempo que não serão pagos pelos donos dos meios de produção. Desse modo, nos reportamos a Roldolsky (2001, p. 177) a respeito dos trabalhadores que vendem a sua força de trabalho ao capitalista, em uma relação desigual:

> No modo de produção capitalista, o trabalhador só dispõe de sua capacidade de trabalho, que coincide com sua personalidade; todos os meios para a objetivação de seu trabalho pertencem ao capital. Por isso, a força produtiva de seu trabalho tampouco pode beneficiá-lo, mas sim ao capital. ' O trabalhador permuta o trabalho como valor de troca simples, determinado por um processo anterior, permuta o trabalho como se fosse objetivado; [...] o capital recebe o trabalho como trabalho vivo, força produtiva, atividade que incrementa a riqueza. É claro que o trabalhador não pode enriquecer através desse intercâmbio. [...] é mais provável que empobreça, [...] já que sua força criadora, a força de seu tra-

balho, se torna uma força de capital, potência alheia que se opõe a ele. Aliena o trabalho como força produtiva da riqueza; o capital se apropria dele como tal'.

Assim observa-se a cadeia do trabalho escravo contemporâneo em que os envolvidos são alienados ao próprio sistema, devido à condição em que vivem, muitas vezes sendo obrigados a aceitar o trabalho que se lhes oferecem, mesmo sabendo da degradação que irão enfrentar, como más condições de trabalho, alimentação, higiene etc. O inaceitável torna-se aceitável para o trabalhador pela necessidade das famílias envolvidas, que estão em uma situação de pobreza, submetendo-se a restrições e à subalternização pelas exigências que lhes são impostas sob a égide dos donos de capitais. Para Barbosa (2004, p. 159), enfatizando sobre a desigualdade existente em nossa sociedade mediante a má distribuição de renda, faz a seguinte colocação:

> Os constrangimentos do Ser e as restrições do Ter embaralham-se, se reproduzem uma na outra. Elas constituem um complexo amálgama que se consolida como desigualdade social. Assim, quando retomamos os indicadores da desigualdade social – rendimentos precários, baixa escolaridade, desemprego e subemprego, vulnerabilidade de saúde e da habitação, desrespeito aos direitos civis e humanos – queremos dizer que eles são sempre relacionais. Eles só podem ser entendidos no campo de relações entre indivíduos, grupos e classes. Isto quer dizer que quando falamos em desigualdade estamos falando de conflito, contradição e subalternização social.

As relações que se encontram em seu conjunto simbolizam a falta de alternativas entre os aliciados e aliciadores, que em sua grande maioria não possuem qualificação adequada para se conter à outra forma de trabalho, a não ser trabalharem de forma temporária, submetendo-se às formas degradantes de trabalho já mencionadas anteriormente. O trabalho temporário nas fazendas denunciadas tem sido o que mais desobedece as leis trabalhistas, além de explorar os trabalhadores que buscam esses serviços para saciar a sua fome, obrigados a sobreviver desse serviço que é o único que lhes é conveniente em virtude de sua falta de qualificação, além de outros atributos, como a sua escolaridade e pobreza que se somam a tais condições.

Segundo a OIT (2007), os trabalhadores aliciados se dividem em três categorias: os moradores da região, os peões de trecho e os trabalhadores imigrantes. Os primeiros são trabalhadores que moram nas periferias das cidades e vivem dos serviços temporários para garantir a sobrevivência. Esses trabalhadores vivem em condições péssimas nas periferias, e quando alcançam certa idade fica mais difícil a sua situação devido à perda da força física, o único bem necessário para o trabalho que executam. Muitos dos mais velhos não têm aposentadoria para garantirem uma vida menos desgastante e sofrida; recorrem então ao trabalho temporário, mas quando não recebem o pagamento pelo seu trabalho, sua família sofre as consequências, sobretudo a falta da alimentação.

Diante da irregularidade da concentração de terras nas mãos de poucos, muitos dos trabalhadores migram para outras regiões na busca de serviços ou um pedaço de terra para trabalhar e acabam encontrando as fazendas, e logo trazem as famílias para viver nas periferias da cidade pagando muitos deles aluguel, como acontece nas cidades de Araguaína e Ananás. Quando não pagam aluguel, assentam-se em terrenos irregulares onde constroem suas residências de madeira cobertas de palhas de babaçu, como aparece na Figura 6.

FIGURA 6 – RESIDÊNCIA DE MADEIRA COM COBERTURA DE FOLHAS DE PALMEIRAS NA PERIFERIA DE ANANÁS – TO, VIVÊNCIA DOS ALICIADOS
FONTE: O autor, jun. 2008

Os aliciados se encontram nessas condições de submissão, vivendo nas cidades maiores, como também em cidades pequenas no estado do Tocantins, por não terem alternativa diante da concentração fundiária deste país. Contribuem, assim, para a desigualdade social e econômica, o que se torna um empecilho na vida dos trabalhadores que vivem em situação precária, sobretudo os que migram para outros estados e não têm nenhuma condição de voltar para o seu lugar de origem, até porque a situação não vai mudar mesmo com o retorno, em vista da falta de oportunidades e de qualificação desses trabalhadores. O trabalho nas fazendas é a única forma de sobrevivência no cotidiano, mesmo com as irregularidades e a exploração por que passam os trabalhadores. Estes retornam quando são recrutados, não pelo fato de quererem estar ali, mas pela falta de emprego. Para confirmar esta questão, uma das vítimas do trabalho escravo na cidade de Araguaína discorre:

> *Olhe, assim digamos na falta de emprego como estou agora, voltaria sim, como estou sem emprego, e lá e com carteira assinada e se só existisse aquele lugar pra trabalhar eu voltaria, mas como existe eu não volto não. (J. N. S., entrevista, jun. 2008)*

É uma afirmação confusa, em que se evidencia a capacidade do trabalhador retornar às formas degradantes de trabalho, submetendo-se aos maus tratos e à exploração, sendo imobilizada a sua força de trabalho por quem o domina. Tal questão contribui para o trabalhador ficar cada vez mais vulnerável a não lutar pelos seus direitos, tornando-se, muitos desses, os chamados peões de trecho, que não têm um lugar fixo e perderam toda uma relação familiar, ficando de lugar em lugar em busca de serviço, sem um objetivo preciso de constituir uma família, de ter o seu próprio espaço de sobrevivência, de ser de fato um cidadão. Como aponta o relatório da OIT a respeito do peão de trecho:

> Compõem um grupo bastante vulnerável que não tem a fixação como objetivo e não tem para onde retornar. Vivem sós, hospedando-se em pensões e sem manter um grupo de referencia permanente. Possuem companheiros ocasionais, mas dispensam-se após um certo tempo. O que eventualmente ganham com o trabalho acabam gastando no consumo imediato nas pensões com mulheres e bebidas. Geralmente têm problemas de alcoolismo. A maioria deles saiu há muitos anos de seus locais de origem e não tem mais contato com a família (OIT, 2007, p. 48).

É por meio dessas formas de degradação de trabalho que o trabalhador do campo tem se transformado em um objeto sem valor. A única valorização é a força de trabalho que é coagida pelos contratantes, sem que o trabalhador receba o valor devido pelo seu trabalho, sendo desvalorizado e despercebido de toda uma coação. A falta de uma presença maior do Estado em relação às políticas públicas é responsável por contribuir para que os aliciados tornem-se essas vítimas do trabalho escravo contemporâneo. Essa ausência do Estado faz com que os jovens se submetam à emigração atrás de um futuro incerto. É o que acontece com os trabalhadores que foram expropriados do campo e vão sem rumo para lugar algum.

Segundo a OIT (2005), encontram-se dois tipos de jovens em situação de peões de trecho: os que saíram de seus lugares devido à ausência de emprego e da própria dependência da família, mas que têm uma relação de comunicação, como visitas, telefonemas, cartas que descrevem sua situação, que hesitam em voltar; e os que saíram de seus lugares e não tem mais nenhum laço familiar nem para onde voltar, o único patrimônio é a sacola que carregam com seus pertences pessoais, e vivem sem nenhum compromisso. Diferente do peão que tem família e lugar fixo, e o que ganham é para levar para o sustento familiar.

Em uma das conversas com um dos donos de pensão em Araguaína, este retratou um pouco sobre o peão de trecho:

> Tem deles que num vai nem pro mato porque num tem mais pra onde ir. Ele fica trabalhando por aqui, botando um balde de água para um e para outro, e assim vai vivendo (Bigode, jul. 2008).

Essa é uma situação visível do peão de trecho sem alternativa de moradia, sem apoio familiar, vai se desgastando com o tempo, com dificuldades de fazer o trabalho que antes tinha condições. Contudo, os problemas vão se acumulando e ao chegar a certa idade, o direito de aposentadoria não existe, porque se tratava de trabalho que não foi contabilizado devido à falta de registro, ou seja, de uma comprovação.

Outro tipo de trabalhadores aliciados são os que migram de outros estados como trabalhadores temporários que têm uma ligação com a família, e que geralmente retornam para seus lugares de origem. Mas pode acontecer de se tornarem peões de trecho, caso tenham a pretensão de abandonar o lugar e a responsabilidade de sustento da família, por passarem o tempo fora de sua residência. No entanto, em sua grande maioria são trabalhadores que retornam ao seu lugar de origem após o trabalho cumprido nas fazendas.

Esses trabalhadores são aliciados pelos gatos e se tornam vulneráveis à exploração de sua força de trabalho por não terem condições de voltar de onde saíram. São fatores que contribuem para a sua situação a falta de dinheiro em que se encontram, a distância que os isola e a dívida que acumularam durante o tempo de estadia na fazenda. Assim, esses trabalhadores tornam-se as vítimas do trabalho escravo, como aponta a OIT (2007, p. 47):

> O fato de não conhecerem a região deixa estes migrantes vulneráveis, porque têm dificuldades para se localizar. Muitas vezes nem sabem onde estão, por terem sido levados diretamente para a fazenda. Não sabem, tampouco, a quem recorrer em caso de necessidade e o próprio gato, em alguns casos, é a única referência que eles têm na região.

A mão de obra temporária recrutada em municípios distantes ou no próprio município onde se localiza a fazenda se hospeda nas pensões existentes em Araguaína. O local exato para recrutamento é a feirinha, em que o aliciador paga toda a despesa ao dono da pensão e ainda, dependendo de onde foi recrutado o trabalhador, oferece um abono à família, para que todo o processo de operação tenha sucesso.

Nesse sentido, a ida para a fazenda se torna um evento descontraído, sobretudo quando existe bebida alcoólica para os trabalhadores aliciados, em uma forma de demonstrar o compadrio. Contudo, torna-se algo perigoso, tanto para o trabalhador, quanto para o próprio aliciador que oferece a bebida. Para o trabalhador, este se torna mais conversador, mais solto, descontraído, o homem simples é tímido, ao lidar com a bebida muda totalmente seu comportamento. Por isso, nem todos os aliciadores aceitam a bebida, pois os trabalhadores podem ficar desobedientes, rebeldes no sentido de querer voltar para a sua terra de origem, deixando o aliciador no prejuízo. Assim, a bebida serve em alguns casos como forma do trabalhador não saber o local a que está indo, devido ao afastamento dessas fazendas da cidade. Trata-se de uma medida de conter os trabalhadores isolados. Como explica a chefe da Agência do Ministério do Trabalho em Araguaína:

> *Então eles vão à feirinha, pegam os bêbados e tem muito trabalhador que gosta de beber, os gatos dão mais dinheiro, bota uma garrafa de cachaça dentro da camionete e os levam. Quando chegam lá na fazenda, é que eles acordam entendeu? Eles não sabem nem aonde estão, acontece também isto. (V. C., jun. 2008).*

No relato acima, podemos observar a estratégia que é adotada pelos aliciadores para que seus planos tenham êxito com a bebida alcoólica, mas ao chegar à fazenda, segundo depoimentos, a bebida é proibida para que estes tenham mais desempenho, ritmo e qualidade no trabalho. Dessa forma, o aliciador não lidará com a desobediência do trabalhador aliciado, apenas as suas obrigações em uma ligação de obediência das ordens que lhes são impostas. O trabalhador aliciado se encontra, então, sem alternativas, a não ser aceitar e obedecer, já que não passa de um elemento necessário para a reprodução do capital. Essa reprodução está integrada à hierarquia que se forma em uma pirâmide em que estão os que ordenam e os que obedecem. Assim, teremos o patrão, que está no topo da pirâmide e dá ordens para todos os envolvidos na cadeia; cada elemento de poder ordena o seu subalterno, como o gato que dá ordens ao peão, e este, subordinado ao gerente, em uma corrente sucessiva em que cada um tem o seu papel de dominação.

2.5 O patrão: a força que domina e que repulsa o aliciado (a repressão)

Não estamos diante de um fato novo na história da sociedade brasileira. As atrocidades e repressões daquele que constitui o poder e o domínio sobre o mais frágil são comuns. As forças propulsoras deste país sempre estiveram apoiadas pelo Estado conservador. As oligarquias construíram, assim, uma história do Ter e do Ser. História do Ter pelo fato de que, quanto maior for a riqueza, maior será o domínio sobre o outro, maior ainda será o respeito dos que não têm renda com os que acumulam riqueza. História do Ser nos remete à importância da oligarquia que se apresenta com forte peso político na política brasileira, com orientações necessárias para manter um passado que continua presente nas decisões que dificultam a democracia deste país, como o direito de ir e vir dos cidadãos que estão em isolamento geográfico, cativos da sociedade.

Essa oligarquia com o estado democrático de direito não foi extinta, continuou com suas posições e decisões, buscando formas para se manter no poder construído por toda uma história de clientelismo. Trata-se da dominação tradicional como instrumento necessário que demarca a posição de alguns para alienar o trabalhador e adquirir sua força de trabalho de uma forma atroz. Estamos falando de uma oligarquia que foi construída por meio do latifúndio, que representava, no período colonial, o centro e a base do poder, o que não se desvincula da realidade atual. Nesse sentido, percebe-se que o processo democrático é uma espécie de atraso para uma classe que se constituiu durante toda uma história no poder. A classe latifundiária sempre fragmentou e extinguiu todas as lutas sociais, seja no campo, seja na cidade; combateu, sobretudo, as lutas camponesas que cresciam em todo território nacional: lutas messiânicas, indígenas, camponesas ou as lutas dos partidos de esquerda que apoiavam toda uma organização dos trabalhadores no campo deste país.

Como afirma Martins (1999, p. 12):

> Na verdade, estamos muito longe de uma sociedade de cidadãos. Nossas tradições históricas e nossos dilemas históricos não resolvidos nos empurram perigosamente em outra direção. A propriedade latifundista da terra se propõe como sólida base de uma orientação social e política que freia, firmemente, as possibilidades de transformação social profunda e de democratização do país. [...] Na verdade a questão agrária engole a todos e a tudo, quem sabe e quem não sabe, quem vê e quem não vê, quem quer e quem não quer.

É por essa razão que o grande latifúndio, no decorrer dos séculos neste país, tem crescido e tem adotado medidas que viabilizam mecanismos de ordem e de poder. O poder sempre vinculou a terra ao dinheiro, ao capitalista e ao latifundiário que obtêm a maior parte da riqueza deste país.

Nesse sentido de dominação, todas as transformações sociais, políticas e mesmo econômicas sempre vieram favorecer a todos que representam a burguesia nacional, porque há uma relação, inclusive de cunho cultural, entre riqueza e poder. O Estado, por sua vez, cria as leis e estabelece os mecanismos viáveis para facilitar os projetos de uma determinada classe social, no caso, a burguesia.

O poder do capitalista e, sobretudo, o poder do latifundiário têm construído suas próprias leis e seus beneficiados pelo Estado, com projetos que vinculam o progresso e o desenvolvimento, principalmente na década de 1970, como aconteceu em vários planos desenvolvimentistas que foram instaurados na Amazônia e têm se propagado no novo século com uma nova roupagem, mas com a mesma cara de um passado que continua presente no campo deste país. Para compreendermos essa relação que se dá entre a riqueza e o poder em relação aos donos de terras, é necessário nos reportarmos à construção da nossa história. Assim, Martins (1999, p. 30) vem discutir o projeto de desenvolvimento do país na base da dominação e da ordem instaurada pela burguesia.

> Quando a riqueza se modernizou ao longo do século XIX e, sobretudo, nas décadas finais daquele século, não se modernizou por ações e medidas que revolucionassem o relacionamento entre riqueza e o poder. Como acontecera da burguesia dos países mais representativos do desenvolvimento capitalista. Ao contrário, na sociedade brasileira, a modernização se dá marco da tradição, o progresso ocorre no marco da ordem. Portanto, as transformações sociais e políticas são lentas, não se baseiam em acentuadas e súbitas rupturas sociais, culturais, econômicas e institucionais.

Nesse contexto, percebe-se a importância da burguesia neste país em contribuir nas decisões sociais e políticas por meio da ordem que lhe foi atribuída pelo próprio Estado. Este facilitou o acesso por meio dos incentivos fiscais para garantir a acumulação e a concentração capitalista, como ocorreu na Amazônia com as empresas nacionais e internacionais que expandiram o modo de produção e dizimaram parte de uma população já existente.

Essas foram as condições ideais por meio das quais a burguesia brasileira se apoderou de um poder pautado na violência, sem que isso fosse exterminado no contexto das temporalidades, devido à lentidão das transformações sociais, políticas, econômicas e institucionais. No Brasil, o poder se estabelece no atraso do econômico, do social, do cultural, porque é um instrumento de domínio de uma classe sobre a outra. É o que iremos observar nas relações entre os proprietários de terra com os seus subordinados, no caso os trabalhadores, uma relação de opressão e dominação. Quando nos reportamos à burguesia, estamos diante de uma relação de poder que não é só rural, mas também é industrial, comercial e empresarial, uma vez que a propriedade é um meio de investimentos para tais setores.

Nessa dinâmica de poder instaurada pelo capitalista, Bruno (2007, p. 63) relata os mais diversos casos:

> [...] para entendermos o poder da grande propriedade fundiária no Brasil, procurarmos reatualizar o nosso imaginário social quando pensamos que são os proprietários de terras. Se olharmos em volta e nos obstrairmos um pouco do poder simbólico da mídia que apresenta, sobretudo, uma figura esteriotipada e nem por isso falsa, perceberemos que há infinidade de pessoas, grupos e categorias sociais de proprietários de terra, expressão do 'casamento' entre renda fundiária e o lucro. São os banqueiros-proprietários de terra; os donos dos meios de comunicação-proprietários de terra; os comerciantes-proprietários de terra. E mesmo os não-proprietários, em seu modo de ser, são grandes proprietários por ' apoio aos meus', como costumam declarar na mídia. Isso só para falar das classes e grupos dominantes.

Contudo, a propriedade da terra é algo que remete à fonte de riqueza, que justifica a dominação e exploração dos proprietários em relação aos trabalhadores para buscar a acumulação, seja em uma época de um país rural e agrícola, seja em uma época em que a urbanização é predominante, na atualidade do tempo do agronegócio e da expansão da grande propriedade, sobretudo em direção às regiões de fronteira, constituindo o poder do mando nas mais variadas esferas da sociedade.

A propriedade da terra no Brasil tem constituído algo precioso que alia o capital em sua forma de acumulação e de reprodução em uma dinâmica de estabelecer relações que não condizem com o sistema capitalista, como no caso do trabalho escravo por dívida, em que o poder se fortalece devido a uma cultura já construída em tempos distintos.

Na atualidade, renovam-se as velhas práticas explorando o trabalho do outro, além da violência que é instaurada, declaradamente física ou escondida nas velhas práticas de um passado em que o cativo era uma forma de demonstrar o domínio, ou seja, o escravo era tratado como um ser irracional. Nos dias de hoje, isso tem pouca diferença nas terras da nova fronteira com o aliciado submetido às práticas que são instauradas, tais como a violência física, o descaso, a má alimentação, a falta de estrutura de trabalho, o não pagamento da força de trabalho, a dívida, a dificuldade de acesso etc. Trata-se de fatores que correspondem à nova forma de coação atribuída pelos proprietários de terras.

Nessa perspectiva, a construção de identidades patronais na dinâmica da propriedade da terra condiciona alianças formadas pelos que renovam suas riquezas para a acumulação do capital, neutraliza as diferenças e as contradições existentes entre os setores da burguesia, como postula Bruno (2007, p. 62). O autor acrescenta:

> Por isso, apesar das diferenças e divergências existentes, a aliança entre a renda fundiária e o capital contribui para instituir novas práticas sociais e de poder, e também para reafirmar velhas práticas. Um dos principais equívocos é a idéia de que o empresário, o banqueiro, o comerciante, o agronegócio são contra o latifúndio e que, em algum momento, podem até se posicionar a favor de uma democratização da propriedade da terra e dos privilégios advindos. Existem diferenças e divergências sim, mas, não esqueçamos, eles sabem que a união é a condição da dominação de classe.

Diante dessa questão, a condição do trabalhador nas fazendas do Tocantins é a afirmação das relações de poder que são constituídas por toda uma segmentação de classes advindas da burguesia patronal, em que a concepção da propriedade de terra é de direito absoluto, em uma condição de exploração e violência contra os direitos dos trabalhadores, os quais são coagidos a silenciarem-se pela forma atroz a que são submetidos. Nessa relação de poder e desmando, há uma aliança entre as classes patronais no que diz respeito à apropriação da propriedade da terra. Diz Bruno (2007, p. 65):

> Apesar das imensas diferenças que os separam, as classes e grupos patronais têm em comum dois principais traços, fundantes, que só adquirem uma maior visibilidade nas situações em que se sentem ameaçados em seus privilégios como proprietários de terra: a concepção de propriedade como direito absoluto e a defesa da violência como prática de classe. É a noção de propriedade da terra, concebida como direito absoluto, que constrói a indissociabilidade entre propriedade, violência e intolerância, instituindo a lista dos marcados para morrer; que permite a criação de milícias, os cercos, as vigílias e os ' olheiros' dos assentamentos, acampamentos e manifestações dos trabalhadores sem terra.

É nesse sentido que as forças produtivas se organizam em uma cadeia de domínio e de poder em sua forma hierárquica, para estabelecer as regras do trabalho que deve ser feito, sobretudo na atividade da pecuária extensiva, que é o setor de que estamos tratando. Tal setor envolve muita terra, poucos funcionários permanentes e um número significativo de trabalhadores temporários vindos de várias regiões do país para trabalharem nas aberturas das fazendas em sua instalação, construção de casas, estradas, cercas para delimitação da área com as demais propriedades circunvizinhas. Esse é o primeiro momento em que o trabalhador é submetido ao trabalho pesado, sendo aliciado em seu local de origem. O segundo momento se dá pela fazenda já instalada, agora na limpa e no plantio do pasto.

Quando falamos na hierarquia de poder que se consolida nas propriedades, encontraremos o fazendeiro e a pessoa de confiança para manter o poder de domínio sobre quem lhes presta serviço, no caso, os trabalhadores aliciados que são submetidos às leis estabelecidas pelos seus comandantes, podendo ser o próprio fazendeiro, empreiteiros ou o chamado gato, o gerente, além de outros personagens que trabalham na fazenda, tais como contador e veterinário, como aponta Figueira (2004).

No contexto dos trabalhadores aliciados, existem algumas lideranças ou aqueles mais esclarecidos dos seus direitos, quando são submetidos às formas de violência, que se manifestam e organizam alguns companheiros para pedirem a rescisão ou fugirem. Eu não diria que existe certa hierarquia, como aponta Figueira (2004, p. 236), porque nem existe uma organização desses trabalhadores na luta da melhoria de suas condições de trabalho e estadia nas propriedades. Isso pelo fato de esses trabalhadores aliciados viverem em situações sociais, econômicas semelhantes, como analfabetismo, pobreza, incerteza, desemprego, elementos que repercutem na possibilidade de lidar com as situações adversas. Existe, na verdade, uma obediência dos trabalhadores em relação a quem manda, e estes obedecem. Acredito que a hierarquia está organizada nos poderes estabelecidos aos aliciadores, aos empreiteiros e a outros sujeitos da confiança do grande proprietário.

Concordo com Figueira quando diz que não existe poder de mando entre os trabalhadores, até porque vivem em situações degradantes, de cunho homogêneo. Na verdade, isto não justifica a falta de organização desses trabalhadores, mas é um elemento que pesa no momento de decisão, pelo fato de temerem o poder dos que os recrutam. Para alguns, existe o respeito pelo patrão, além do medo de perder o trabalho, a honra dos compromissos. Tudo isso recai sobre o trabalhador aliciado que se responsabiliza das mazelas sofridas no decorrer do trabalho temporário nas fazendas, como a dívida.

Diante dessa condição do trabalhador, percebe-se a figura do proprietário como algo oculto, porque este muitas vezes não aparece diretamente e os seus negócios são tratados com os funcionários de sua confiança, o que dificulta uma relação direta entre o proprietário e os trabalhadores aliciados. Essa falta de relação direta entre o proprietário e os trabalhadores se dá pelo fato de o proprietário não ter residência fixa na fazenda. Muitos moram em áreas urbanas em regiões distantes da propriedade, usando do absenteísmo para administrar suas terras. Quando se trata da ausência direta do proprietário, estamos diante de uma relação que permanece atenta aos acontecimentos na propriedade, mas alheia no caso de envolvimento do seu nome em problemas de conflitos ou de violência em suas propriedades.

Nem sempre os proprietários estão ausentes de sua propriedade. Existem aqueles que têm moradia fixa ou moram em cidades circunvizinhas e estão sempre presentes, tendo um relacionamento mais próximo com os trabalhadores permanentes e temporários, mostrando as regras e dando suas ordens para construção do trabalho a ser executado. Quando este está ausente, a relação de mando fica pelo seu intermediário, como explica Figueira (2004, p. 273):

> A distância do local onde o fazendeiro mora e a fazenda pode criar obstáculos à eficiência dos projetos e, mesmo, provocar prejuízos. É necessário, pois, construir um sistema composto por pessoas que atendam às expectativas previstas de lucratividade. A relação de mando é estabelecida entre um ou mais diretores com o gerente da fazenda e, às vezes, com os funcionários que detêm certo poder e maior relevância individual no projeto – o veterinário, o chefe do departamento pessoal, o contador ou mesmo os empreiteiros principais.

É atribuída, então, uma forma de poder ao funcionário pelo proprietário de terra, pela ausência deste, que talvez esteja vinculado a outro grupo financeiro (como industrial, comercial, agrícola) em outras regiões do país. Entrega-se a responsabilidade para que os negócios sejam resolvidos e sejam lucrativos. É uma atividade que requer determinação por parte do responsável, para que a propriedade seja próspera de acordo com as exigências do patrão.

Essa relação de poder tem um caráter peculiar entre o proprietário e o responsável pelos afazeres na fazenda. Quando há denúncias de maus tratos de trabalhadores, de conflitos etc., o proprietário é uma figura que se torna alheia aparentemente, devido à sua ausência ou pouca frequência no imóvel. Isso não quer dizer que eles não sabem de toda forma de tramitação de seus negócios, dos conflitos que podem ocorrer; são informados e concordam com as decisões impostas pelos empreiteiros, gerentes, vigilantes, gatos, enfim, quem quer que seja o responsável. O rigor é sobreposto aos trabalhadores em uma forma coercitiva.

Para muitos dos trabalhadores a forma coerciva aplicada pelos mandatários dos proprietários retira a responsabilidade do proprietário, como se este não soubesse e não fosse cúmplice da violência e dos acordos que são firmados. Esta é uma dificuldade com que se deparam os trabalhadores aliciados, por não entenderem das relações que são estabelecidas entre patrão e aliciadores ou empreiteiros – conforme a razão social que é constituída pelo dono da propriedade. Os trabalhadores aliciados, vítimas de trabalhos coercivos, aceitam as ordens que lhes são impostas. Mesmo quando são denunciados de trabalho escravo por dívida, estes obedecem ao fazendeiro ou aos responsáveis e saem fugidos por caminhos desconhecidos para que o Grupo Móvel da Polícia Federal não os flagre em tais condições degradantes. Uma das vítimas fala sobre a obediência ao proprietário:

> [...] no contrato que eu tava falando pra gente tava faltando dois dias, o dono tirou nóis por outro lugar, antes dos homes chegar lá ele tirou nóis. Por causo que ele mandou. Disse que nóis saísse de lá que os homes ia entrar. Não tava legalizado, tava clandestino (entrevista em 23 jun. 2008).

O que se percebe nesse relato é a forma de obediência que os trabalhadores têm com os contratantes e o domínio que lhes é imposto para que estes fujam da fiscalização do Ministério Público Federal, como se fossem culpados das atrocidades a que estão submetidos. Na fala do trabalhador, é possível perceber sua visão esclarecida sobre sua situação em trabalho (degradante), ilegal. Quando afirma que o trabalho que fazia na propriedade não era de uma forma legal perante a lei e era clandestino, isso vem confirmar a sua convicção em relação ao trabalho prestado. Mesmo assim, submete-se aos mandos dos que outorgam as ordens. Para compreender essa relação da cadeia do poder, Figueira (2004, p. 251) diz:

> O trabalhador, uma vez na fazenda, recebe ordens do chefe de turma, que obedece ao 'reta-gato' (subempreiteiro) e ao fiscal. Estes recebem ordens do gato geral, que obedece ao gerente. Atrás da estrutura hierárquica de poder e dominação há o proprietário, que detém o último poder.

É uma cadeia de poder que se forma mediante os interesses do proprietário; isso mostra que o trabalhador aliciado fica no fim da linha, recebendo as ordens dos seus superiores. Trata-se de uma estrutura de mando da qual a obediência é o elemento central, para que a coerção não seja utilizada em nome dos bons modos e da justiça segundo as leis do senhor dono da propriedade. Mesmo quando acontece o conflito, a violência a que o trabalhador aliciado é submetido, alguns não culpam o dono da propriedade, porque este, muitas vezes, está ausente, embora o proprietário saiba de todo o processo de coerção exercido sobre os trabalhadores e concorde com tais atrocidades instauradas pelos seus comandantes. Como aponta Figueira (2004, p. 238): "Com freqüência, a ausência do fazendeiro alimenta no trabalhador a esperança de que aquele não saiba da violação dos acordos estabelecidos e da coerção que sofre e, se soubesse, não as permitiria." Vale salientar que nem todos os trabalhadores pensam dessa maneira, existem aqueles que têm suas convicções sobre a conivência do fazendeiro em todo esse processo atroz. Quando em entrevista com algumas das vítimas, estes retrataram da certeza de que o proprietário sabia de todos os acontecimentos na propriedade, desde a violência até a fiscalização da Polícia Militar.

Pode-se perceber que a violência é para o proprietário e para seus comandantes algo necessário para estabelecer a ordem e o controle do trabalho. É o novo processo de acumulação do capital com segmentações do passado, focalizadas na relação de poder, dos privilégios que têm se configurado no decorrer da história latifundiária do país. É assim que tem se repercutido a expansão da grande propriedade em direção à nova fronteira desde a década de 1970, com o apoio e os recursos do próprio Estado para estabelecer o desenvolvimento contraditório e desigual, repercutindo o conflito e a violência tão comum nessa região.

É nesse sentido que Martins (1994), em seu livro *O poder do atraso*, discute a moderna propriedade brasileira em uma dimensão contraditória e atrasada em que a acumulação do capital está em cima do trabalho não pago do trabalhador aliciado instaurado por meio do rigor. Dessa forma, podemos constatar as mudanças que os capitalistas, fazendeiros nos tempos modernos, têm se deparado, constituindo as marcas do passado, focalizando o progresso por meio da ordem e do mando.

As mudanças econômicas ou sociais no Brasil, portanto, não estão inseridas dentro de um novo projeto político, social e econômico, porque os atores desses processos são os mesmos que estavam presentes na gestão deste país no passado. De acordo com Martins (1999), foram estas elites que protagonizaram as transformações sociais. Por mais que os trabalhadores se organizassem em toda a história brasileira, com todos os seus movimentos, chegando aos anos 1980 até os dias atuais com movimentos estruturados, sobretudo os movimentos sociais no campo, a política social permaneceu na relação desigual baseada no mando e na obediência.

A estrutura fundiária continua concentrada nas mãos das elites dominantes, com suas táticas na nova conjuntura política, em que se destaca o agronegócio ou empresa rural. Os trabalhadores são subalternizados a este processo; constitui-se no campo uma dinâmica desigual e contraditória para a expansão do capitalismo em áreas recentes de ocupação. É nessa dinâmica que os trabalhadores rurais se encontram em um processo de pobreza e miséria, resultado dessa política devassadora do capitalismo contemporâneo, em que o enigma do passado encontra-se presente como o trabalho escravo por dívida, que pune, que viola os direitos dos trabalhadores e priva a liberdade, um direito assegurado na democracia e na constituição brasileira.

2.6 A liberdade que se distancia: o olhar perdido no lugar

Não é fácil compreender e decifrar o trabalho escravo por dívida como categoria de análise, porque nem todo trabalho degradante é trabalho escravo, embora os dois estejam interligados, como já discutido anteriormente. Nessa categoria do trabalho degradante, o trabalhador tem a liberdade, o direito de sair na hora que bem entender. O trabalho escravo por dívida, pelo contrário, é caracterizado pelo cerceamento liberdade, além de outros elementos que se constituem na formação da cadeia.

Pensar o trabalho escravo por dívida é nos remeter às novas formas de expansão do capital em áreas de fronteiras de ocupação recente, em que as condições sociais se utilizam da mão de obra para compor a força de trabalho necessária para a composição do capital. Essa nova forma de exploração do trabalho humano se justifica pela grilagem e expulsão de posseiros, pequenos trabalhadores e outras populações tradicionais, sobretudo na Amazônia. Não que isso seja resquício de um período colonial em que o trabalhador escravo se constituía como mercadoria valorativa; ao contrário, é um instrumento do próprio capital para facilitar seu processo de expansão e acumulação.

Assim, o trabalhador é usado e utilizado para expansão da grande propriedade como mão de obra barata, aliada à força de trabalho manual necessária para os serviços pesados na fazenda, além dos serviços serem temporários. No entanto, a existência desse trabalhador temporário nos dias atuais em que se encontra uma economia globalizada significa um retrocesso às mesmas práticas no período do Brasil Colônia, um país basicamente agrícola e agrário. Esse trabalhador tem pouca perspectiva de futuro mediante a sua própria incapacidade de mudança de suas relações trabalhistas.

A partir dessa mediação, estamos diante de um trabalhador que se distancia cada vez mais de sua liberdade para adentrar na porteira que se abre para deixá-lo indefeso. O trabalhador se sente obrigado a participar da cadeia da prática de trabalho escravo por não ter alternativa de serviço. Além disso, é desprovido de organização, seja por meio de sindicato, seja por meio de movimentos sociais no campo, os quais, em toda história brasileira, estiveram presentes desde os quilombos, as lutas messiânicas e os movimentos camponeses que antecederam os movimentos dos trabalhadores sem-terra em sua formação na década de 1980.

É preciso pensar a organização camponesa como a luta dos contrários às imposições feitas pelos proprietários de terras neste país, o desmando, a violência e tantas outras formas de repressão contra os trabalhadores que sempre foram a força propulsora para acumulação da riqueza e do capital para satisfazer o outro e não a si próprio. De fato, as lutas camponesas sempre tiveram uma grande contribuição para o processo democrático deste país, na luta contra a concentração de terra nas mãos de uma minoria, na luta por melhores condições de trabalho e na luta pela sonhada reforma agrária. Por essa razão, Fernandes (2000, p. 25) argumenta que:

> As lutas camponesas sempre estiveram presentes na história do Brasil. Os conflitos sociais no campo não se restringiram ao nosso tempo. As ocupações de terras realizadas pelo Movimento dos Trabalhadores Rurais Sem Terra (MST), e por outros movimentos populares, são ações de resistência frente à intensificação da concentração fundiária e contra a exploração, que marcam uma luta histórica na busca contínua da conquista da terra de trabalho, a fim de ter condições dignas de vida e uma sociedade justa. São cinco séculos de latifúndio, de luta pela terra e de formação camponesa.

No entanto, será que na nova conjuntura estamos diante de um processo fragmentário dos movimentos sociais no campo? Seria pensar de uma forma linear, sem discutir os períodos de mobilização e organização camponesa na luta por melhores condições de sobrevivência, por melhores salários, pela democracia ou pela reforma agrária como bandeira maior, sobretudo a partir da década de 1960 até aos dias atuais. Quando menciono a questão da sobrevivência, reporto-me às situações enfrentadas por estes trabalhadores no campo, a quem sempre foram negados em suas vidas direitos primordiais, como saúde, educação, moradia, terra para trabalhar e dar o sustento necessário com dignidade. A terra como meio necessário para o trabalho camponês sempre esteve em discussão nas organizações como prioridade, como também se distingue como processo de expansão, de desenvolvimento, de acumulação pelos capitalistas apoiados pelo Estado autoritário, surgindo os conflitos e as mortes no campo.

Por esse motivo, os conflitos sempre estiveram presentes na história do Brasil, desde o século XVI com a luta dos indígenas contra o cativeiro, como a resistência dos Tamoios, Potiguaras, Guaranis que resistiram até sua extinção. No entanto, os indígenas foram substituídos pelos negros escravos vindos da África para trabalharem na lavoura da cana-de-açúcar, mais tarde no café. Mesmo com todos os maus tratos, a falta de liberdade, não deixou de haver lideranças que organizavam as fugas para construir os quilombos e resistirem contra os senhores proprietários e o próprio Estado. Palmares é um exemplo de resistência contra os poderosos. Dessa forma, Fernandes (2000, p. 26) retrata que:

> Os quilombos foram espaços de resistência e para se defenderem os quilombolas também atacavam engenhos e fazendas da região. Durante todo século XVII, aconteceram inúmeros conflitos e os quilombos foram atacados diversas vezes. De 1602 a 1694, Palmares resistiu, quando o exército do bandeirante Domingos Jorge Velho, jagunço histórico, enfrentou e destruiu o exército de Zumbi, aniquilando o território palmalino. Palmares precisava ser destruído. A sua vitória significaria novos territórios livres, o que aos senhores de escravo não interessava. Palmares entrou para a história do Brasil como uma das grandes lutas de resistência contra uma das mais cruéis formas de exploração: o cativeiro.

No século XIX, com a abolição da escravatura, o escravo foi substituído pelo trabalho livre. No entanto, este sempre existiu na sociedade colonial escravocrata, como os negros que já tinham sua liberdade, os caipiras e os caboclos geralmente agregados às propriedades. O homem livre não pode ser confundido com o homem livre que substituiu o negro com o fim do regime escravocrata, pois este tinha uma nova relação que era a condição de liberdade, ou seja, judicialmente era igual ao seu patrão. O trabalhador colono que veio substituir o escravo se caracterizou pela combinação de três elementos: o pagamento fixo, o pagamento proporcional e a produção direta dos alimentos, o que demonstra que o regime de colonato que se instalou tanto nas fazendas de café como na cana-de-açúcar não pode ser definido como um regime de trabalho assalariado. Outra característica é a forma de trabalho familiar a que os colonos se submetiam nas fazendas, impossibilitando definir essas relações como capitalistas e sim relações não capitalistas de produção, pela própria caracterização que se configurava, sem uma relação de assalariamento, mas uma exploração em cima do trabalho excedente do colono, apropriado pelo capitalista. No entanto, a exploração continuava a existir em cima do trabalhador livre.

As relações entre o imigrante e o fazendeiro começavam a ficar mais críticas devido à sujeição que estava sendo imposta pelos proprietários. Assim, inicia-se a organização dos camponeses por meio das greves, dos conflitos contra os fazendeiros, mediante as relações de produção no contexto do pagamento do produto produzido pelo colono. Nesse contexto, Martins (1998, p. 123) enfatiza essa crise e o conflito que se instaura nas fazendas mediante as atrocidades impostas pelos fazendeiros, para quem o colono era o trabalhador livre em condições econômicas de comprar, de vender seus produtos, mas na questão social estava sujeito ao seu comando.

> De fato, esse era o meio de criar um novo tipo de dependência pessoal. O colono, o imigrante, tornando-se obrigado ao fazendeiro, ficava encerrado na fazenda, sem liberdade para deixá-la, a menos que recebesse permissão expressa do fazendeiro. Havia uma contradição nessa situação. No nível econômico, os fazendeiros agiam segundo princípios liberais. Eles consideravam os colonos realmente livres para comprar (mercadorias e serviços) e vender (força de trabalho). Efetivamente, porém, no plano das relações sociais, tendiam a tratar os colonos como escravos, porque criam que mantendo os imigrantes economicamente haviam de fato comprado a sua força de trabalho adiantadamente, tal como acontecia no regime escravista.

Dessa forma, podemos perceber que, com a abolição da escravatura, mudaram-se apenas os sujeitos explorados para os novos que chegavam como o regime de colonato. Assim, o conflito é uma forma de não satisfação do imigrante com o fazendeiro, como ressalta Martins (1998, p. 124):

> A sujeição, como conteúdo da relação entre fazendeiros de café e imigrantes, produzida pelo controle dos débitos destes, últimos tornou-se um fator de tensão social. Em ao menos caso essa tensão se transformou em conflito.[...] De fato, a crise da colonização particular decorreu da tentativa de subjugar o trabalhador pelo fazendeiro, sob uma modalidade de trabalho também, de certo modo, cativo, devido à perspectiva e entendimento de que o imigrante representava um montante de capital despendido pelo patrão.

Desse modo, a luta tinha outro parâmetro além da liberdade que já tinha sido institucionalizada; agora era a luta pela terra concebida pelos camponeses, enquanto para os proprietários buscavam expandir a propriedade por meio da grilagem, da expropriação dos camponeses, surgindo os personagens da luta no campo como os posseiros, os indígenas, os sem-terra, mediante a dominação pelos fazendeiros que se propagava em todo território nacional. As lutas se travavam mediante a posse que se instaurava pelo fazendeiro nas terras que não lhe pertenciam. Era o fim do cativeiro, constituído por aqueles que não tinham terra para trabalhar, apenas a sua força como instrumento de sobrevivência. Da mesma maneira, o latifúndio se expande com os seus personagens, como coronéis, grileiros, latifundiários, em um cenário da intolerância; estes intensificaram o cerco às terras, movidos pela própria lei de terras de 1850, que beneficiou o domínio do território e o controle da política nacional.

É no século XIX que encontraremos as primeiras manifestações de trabalhadores contra o desmando do fazendeiro no Brasil, como as organizações camponesas messiânicas que se opuseram contra os desmandos e resistiram à ordem da submissão dos que comandavam a ordem e o poder. Assim, podemos citar tais movimentos no século XIX, como a guerra de canudos, e no início do século XX, a guerra de contestado; o primeiro movimento, no nordeste, precisamente no estado da Bahia, e o segundo, no sul do país, em Santa Catarina e Paraná.

No início do século XX, teremos outro movimento de revolta de famílias do nordeste contra a forma de poder que se instaurava e submetia os trabalhadores às humilhações, a violência, a morte. Estamos falando do cangaço nordestino, movimento que se revelou contra os coronéis do nordeste que atacavam as fazendas e as vilas, as pequenas cidades, saqueando as residências e casas comerciais. É o início que se propagava em todo o Brasil das organizações camponesas. Como afirma Fernandes (2000, p. 32):

> A forma de organização desde os movimentos messiânicos até os grupos de cangaceiros demarcavam os espaços políticos da revolta camponesa. Eram conseqüências do cerco à terra e à vida. Embora fossem lutas isoladas, aconteciam em quase todo o território brasileiro e representaram uma importante força política que desafiava e contestava incessantemente a ordem instituída. São partes da marcha camponesa que percorre o espaço da história do Brasil.

Esse foi o primeiro caminho percorrido que construiu a base dos movimentos sociais no campo na luta pela terra e pela reforma agrária. É nesse processo de formação que encontramos as organizações dos camponeses em suas diferentes temporalidades em seus espaços com objetivos semelhantes contra o poder instaurado pelos coronéis, latifundiários e grileiros que estavam acobertados pelo Estado conservador ditatorial.

No princípio do século XIX, encontraremos os movimentos no campo com novas formas de organização em prol da luta pela terra e da reforma agrária. Assim, surgem as ligas camponesas criadas por volta de 1945, que lutavam contra a expropriação, a exploração e a expulsão dos camponeses, dos posseiros, parceiros, meeiros. As ligas camponesas tinham o apoio do Partido Comunista Brasileiro (PCB), que, em seu processo de legalização, necessitava ampliar suas bases, sobretudo no campo. Como enfatiza Azevedo (1982, p. 56):

> As Ligas seriam, por excelência, os instrumentos de organização e mobilização das massas rurais pelo Partido Comunista do Brasil, que atua não só com assalariados da grande propriedade comercial, mas encampa também as reivindicações específicas do campesinato, do pequeno produtor ou arrendatário, dos parceiros e posseiros.

Em 1947, o PCB volta à ilegalidade e à clandestinidade. A repressão foi imposta pelo Estado aos seus militantes, as ligas foram violentamente contidas pelos grandes proprietários e por seus capangas e jagunços. Nesse sentido, poucas são as associações que sobreviveram a estes fatos repressivos. Em 1954, é criada pelo PCB a União dos Lavradores e Trabalhadores Agrícolas (ULTAB), que tinha como objetivo integrar as associações já existentes e organizar novos sindicatos ou novas associações. Os líderes da ULTAB não eram apenas camponeses, mas operários que pretendiam formar uma aliança política entre estes e os camponeses. É importante retratar que a Igreja também tomará posição em relação à luta pela terra e pela reforma agrária, os chamados setores progressistas. Ainda na década de 1950, surge no Rio Grande do Sul o Movimento dos Agricultores Sem-Terra (MASTER), com suas estratégias de acampar em várias fazendas. Em 1961, o governador Leonel Brizola passou a apoiar o movimento (OLIVEIRA, 1988).

Dessa forma, o MASTER ganhou espaço político, dando um grande impulso nas lutas sociais no campo brasileiro. É com base nesses movimentos criados na história desse país que as Confederações, os Sindicatos, as Associações vão surgindo e consolidando a luta pela melhoria na qualidade de vida dos trabalhadores e a luta por uma reforma agrária urgente.

É a partir desse embrião que no final da década de 1970 e início da década de 1980 surge o Movimento dos Trabalhadores Sem-Terra, ocupando as grandes propriedades, resistindo às pressões, à violência e não se entregando às ciladas do grande capital. São experiências que demonstram que o campesinato surge por meio da necessidade de luta de uma classe no próprio embrião do sistema capitalista diante de seu desenvolvimento desigual e contraditório. Dessa forma, o MST constitui hoje o resultado de lutas anteriores, da contribuição dos partidos comunistas e da própria Igreja Católica, com a criação da CPT, em meados da década de 1970, que tem um papel importante na luta e nas organizações sociais no campo.

Percebemos no Brasil do século XXI a marca contraditória de um capitalismo que destrói e constrói territórios, que exclui e extingue os sujeitos[7] que ameaçam a expansão territorial para a reprodução do capital, dentre eles os indígenas, os posseiros e outros personagens que lutam pela manutenção dos seus espaços. Estamos diante de um movimento de conflitualidade que envolve camadas da sociedade que estão interligadas com a questão da posse da terra. É diante desse conflito que o campo brasileiro tem tido uma das maiores estatísticas de mortes, como apresenta a CPT (2007), pelo fato de os capitalistas se apropriarem dos espaços e expulsarem os sujeitos que já se encontravam em seus territórios.

Nesse sentido, percebemos a luta dos contrários à expropriação do capital, gerando o conflito que resulta no enfrentamento de classes. De um lado, uma classe movida pela estrutura do poder apoiada pela política centralizadora que moveu todo o Brasil em sua história moderna, uma classe que ainda atualmente tem seus representantes no congresso e no poder executivo, em uma ligação bastante próspera de favores e compadrios entre políticos e capitalistas proprietários de terras. De outro lado, encontraremos outra classe que se encontra desprovida de qualquer ligação com o poder, porque a única forma de lidar com a classe dominante são os serviços que prestam, ou por meio do conflito que é instaurado mediante a imposição da violência no sentido de expropriar e concentrar a terra e a riqueza.

---

[7] Estou chamando de sujeitos todos aqueles que se encontram no território apropriado, como posseiros, indígenas, pequenos trabalhadores, seringueiros que disputam os seus espaços com os grandes proprietários de terras.

Essa característica da classe dominante agrária se associa com a forma pela qual o país tem acobertado, com política de favorecimento, a grande propriedade, que vai desde a expansão para a Amazônia com os incentivos fiscais com as pastagens para a criação de gado até o incentivo da monocultura, como a cana-de-açúcar, soja e mamona para a fabricação do biocombustível. É esse o discurso do Estado na busca do combustível renovável. Na verdade, é uma ponta de lança, pois a monocultura tem sido responsável pela concentração de terras nas mãos de poucos, haja vista a cana-de-açúcar como a cultura para a fabricação do álcool que exclui os pequenos produtores em sua produção por não terem terras suficientes.

É diante da história dos contrários deste país que iremos compreender os trabalhadores que constituem uma mão de obra barata para a produção e reprodução do capital, em uma dinâmica que torna cada vez mais frequente a participação de tais trabalhadores nas frentes de trabalhos. São essas novas formas de trabalho que continuam sendo a grande responsável pelo processo de marginalização de trabalhadores rurais e pelos conflitos em torno da terra que crescem em todo o país. Pensaremos, assim, no trabalhador temporário que tem sido alvo das práticas de trabalho escravo por dívida.

Nesse contexto, a expansão da grande propriedade tem contribuído com a marginalização desses trabalhadores, os quais, cada vez mais, se distanciam de sua liberdade, além de não terem uma organização de classe para lutar pelos seus próprios direitos. Abordamos essa questão para refletir sobre os trabalhadores aliciados, que não se constituem como classe, pelo fato de serem vulneráveis em vista de sua própria condição. São trabalhadores que se distribuem nas cinco regiões do país e vão em busca de trabalho nas fazendas, tornando-se cada vez mais difícil uma relação de organização para discutir os seus direitos. Na maior parte, são trabalhadores analfabetos ou semianalfabetos, que acreditam nas promessas que são repassadas pelos agentes aliciadores.

A organização dos trabalhadores escravos como categoria de análise torna-se quase impossível, pelo fato de os trabalhadores serem volantes, temporários. Trata-se de uma situação de incerteza, pois nem sempre, ao serem aliciados, tais trabalhadores encontram pessoas do seu circulo de amizade; ao contrário, deparam-se com o indiferente, o estranho em terras desconhecidas. Nesses termos, as relações se constituem apenas no trabalho e depois são fragmentadas devido à temporalidade do trabalho. É um encontro do desconhecido, seja pelos laços de amizades, seja pelo rigor no tratamento em sua chegada à fazenda. Isolado da civilização, em um mundo construído de mazelas, de fome, de violência e do medo de não voltar ao seu lugar para junto da família, pelo menos nos dias de detenção. Essa é uma característica essencial em que o trabalhador vítima de práticas degradantes do trabalho escravo se encontra, o que justifica a não organização desses homens desprovidos dos seus direitos. Dando ênfase a essa questão, Figueira (2004, p. 293) acrescenta:

> A dominação pressupõe o engano da vítima em um encontro desigual: um, armado, o outro, desarmado; um protegido e, às vezes, favorecido por funcionários do Estado, o outro, só. Chegar à fazenda não significa alcançar o lugar desconhecido, o espaço do acolhimento. Pode ser o aumento do desconforto expresso no ritmo e nas condições de trabalho, na moradia precária, na parca da alimentação, na distância do local de origem, no isolamento da mata, na saudade dos que ficaram, no tratamento recebido.

A complexidade do trabalho escravo não se dá apenas nas relações entre aliciados e aliciadores, entre patrão e aliciadores, mas também no isolamento geográfico, que priva a sua liberdade, no sentimento da vergonha e do fracasso mediante as humilhações sofridas. Pensar o trabalhador vítima como uma categoria que venha lutar por melhores condições no trabalho é buscar elementos justificáveis na nossa história pelos movimentos sociais no campo. É necessário que o Estado reconheça que existem, de fato, práticas de trabalho escravo por dívida e buscar soluções que incorporem esses trabalhadores em projetos de reforma agrária, porque estes em sua grande maioria vivem em condições subumanas nas periferias da cidade.

A organização desses trabalhadores tem que partir da denúncia, aliando-se aos movimentos sociais que têm se manifestado a favor de uma reforma agrária que favoreça a sobrevivência dos trabalhadores desprovidos da terra. É uma luta de resistência que se perpetua desde a ocupação do território brasileiro até os nossos dias.

3

O LUGAR DO RECRUTAMENTO E DAS VIDAS DESCARTADAS: AS VÍTIMAS E SUAS HISTÓRIAS DE VIDA

3.1 O Bico do Papagaio, uma região de conflito pela posse da terra e da concentração de trabalho escravo por dívida

A região do Bico do Papagaio, no extremo norte do Tocantins, compreende 37 municípios, ocupando uma área territorial de 34.751,399 km², 12, 51% da área do estado. A região do Bico do Papagaio é definida pelo Projeto de Gestão Ambiental Integrada (PGAI), conforme informação do Plano Diretor de Desenvolvimento Sustentável de Ananás. A região é uma área de transição entre o Bioma cerrado e a Floresta Amazônica, caracterizando uma importante biodiversidade no estado, como também no território nacional. No que diz respeito à localização da microrregião para efeito de planejamento, esta se encontra na Região IV – Xambioá. Nessa microrregião, encontram-se os municípios de Ananás, Araguanã, Piraquê, Riachinho e Xambioá, representando 16,08% da área territorial da região do Bico do Papagaio e 9,48% de sua população.

A microrregião denominada de Xambioá tem sido modificada em seus aspectos naturais, sociais e econômicos desde a construção da BR-153, a Belém-Brasília, que abriu espaço para as frentes pioneiras, provocando uma ocupação desordenada das terras e o crescimento nas taxas de desmatamento, associado à expansão das atividades agropecuárias, mais notadamente a pecuária extensiva. Com a abertura da Belém-Brasília, a mudança do aspecto social das famílias que já se encontravam nessa região foi de uma forma marginal. Marginal pelo fato de os trabalhadores que já estavam lá irem perdendo suas terras para o migrante que chegou e instaurou a lei do mando. Trata-se da lei da força bruta, da violência, da expulsão e da subordinação; os fazendeiros que foram adquirindo suas terras recorreram a essas formas de dominação de uma população desprovida de elementos que viessem resistir. São os desencontros de civilizações, evidentemente em seus aspectos sociais e econômicos, como já abordados por Martins (1997) em seu livro *Fronteira*.

No entanto, percebe-se uma ocupação descontínua no que diz respeito ao espaço tocantinense, precisamente na região do Bico do Papagaio, que é o enfoque desta pesquisa. De um lado, teremos uma frente pioneira vinda do Sul com incentivos fiscais do Estado para investir na expansão da propriedade agropecuária. De outro, encontraremos o trabalhador nordestino que também vem em busca de trabalho e se estabelece na região. É importante frisar que o nordestino, sobretudo do Maranhão e Piauí, já se encontrava nessa região antes da construção da rodovia. Em relação às mudanças econômicas, com a abertura da rodovia, essa região – que se constituía de uma acumulação primitiva, sobretudo de produção de pequena escala representada de pequenas posses, com lavouras de subsistência e fazendas de gado – adquiriu novas relações com as outras regiões do país, principalmente com o sudeste.

> Em meados da década de 60, o avanço da fronteira econômica, mediatizado pela abertura da Belém-Brasília, alterou em profundidade a frágil estrutura socioeconômica vigente, impondo novas relações com o Sudeste, afora já estabelecidas com o Nordeste e o Norte do país (AJARA et al., 1991, p. 7).

As novas relações entre essa região e o sudeste desenvolvido se estabelecem por meio da comercialização de uma agropecuária que começa a despontar como atividade principal, incentivando a movimentação de mão de obra de outras regiões para trabalharem nas fazendas, sobretudo dos estados do nordeste, como o Maranhão e Piauí, criando assim um novo ritmo de movimentos populacionais. É com o caráter indutor que a rodovia possibilitou a criação de núcleos urbanos em suas adjacências, alterando a estrutura produtiva do lugar. Afetou-se, assim, a mão de obra pré-existente pela absorção de inovações de empreendimentos públicos e privados voltados para o mercado regional, mas, sobretudo, extrarregional.

As formas de produção em que viviam os trabalhadores antes da construção da rodovia e da vinda dos migrantes empreendedores estavam baseadas na agricultura de subsistência, no extrativismo vegetal e na pecuária em sistema comunal. Com a chegada dos chamados empreendedores, nessa região, as formas de produção antigas vão sendo substituídas pela dinâmica capitalista, a terra torna-se um bem privado a partir da expansão da grande propriedade, adotando formas de assalariamento, como também práticas não assalariadas, apenas o apadrinhamento por parte do proprietário para obter uma mão de obra praticamente gratuita. Sader (1986, p. 141), estudando os conflitos na região do Bico do Papagaio, argumenta sobre a expropriação do camponês:

> Antes de ser expropriado de suas terras, o campesinato é expropriado dos frutos de seu trabalho, a partir de um sistema complexo de comercialização que o subordina a outras formas de produção capitalista, notadamente ao capital mercantil, nessa área do Bico do Papagaio.

A estrutura produtiva a partir da rodovia, com a implementação de projetos governamentais para a integração da região às demais, foi constituída por meio da pecuária extensiva, pouco absorvedora da mão de obra, o que desestruturou toda uma economia tradicional, agravando-se as condições sociais e econômicas de uma população segregada no seu tempo. É diante da contradição do sistema capitalista de produção que as mudanças ocorridas nessa região do Bico do Papagaio, como as formas antigas de produção, vão sendo substituídas para serem incorporadas à expansão da grande propriedade, agravando as condições socioeconômicas da antiga população que vai sendo excluída desse processo desenvolvimentista tradicional. A inserção capitalista de produção não trouxe o desenvolvimento para uma população que já vivia marginalizada; pelo contrário, aprofundou a marginalização da população por meio do conflito, da violência e do medo.

Portanto, o impacto social com a inserção do capitalismo na fronteira, precisamente no Bico do Papagaio no estado do Tocantins, na década de 1960, é o início de um processo da ascensão da grande propriedade e sua incorporação à economia de mercado. O Bico do Papagaio ainda pertencia ao estado de Goiás; apenas a partir da constituição de 1988, que cria o estado do Tocantins, a região é incorporada. Como essa região pertence hoje ao novo estado da federação, vamos nos reportar sempre ao estado do Tocantins, mesmo que se trate de um período anterior à criação do estado. Assim, as mudanças a partir da inserção do capital trazem transformações profundas, como podemos perceber na análise de Ajara (et al, 1991, p. 8):

> Nesse contexto, o impacto social proveniente do processo de incorporação do Tocantins à economia de mercado se mostrou

> mais intenso na sua porção norte, particularmente naqueles municípios localizados junto às áreas de expansão das empresas agropecuárias, próximo ao eixo da Belém-Brasília, que tiveram nesse período significativo crescimento da população rural. Associado ao trabalho de derrubada da mata para formação de pasto, o emprego dessa mão-de-obra decrescia logo após o término dessa tarefa, liberando trabalhadores para uma nova etapa migratória.

A abertura da Belém-Brasília teve um papel significativo para o norte do estado do Tocantins, devido à comunicação dos lugares, facilitando a comercialização dos produtos, o que antes era feito por meio do leito dos rios. Além disso, tornou-se mais fácil o acesso da população às cidades maiores, como Araguaína, Brasília e Goiânia, para resolver seus negócios, ou tratar questões no setor de serviços, como Bancos, Saúde, Educação. No que diz respeito à construção das vias vicinais, a BR-153 foi de grande relevância, por ser, diríamos, a espinha dorsal no sentido norte/sul, fazendo com que houvesse uma maior facilidade de acesso aos municípios e outras regiões do país. A cidade de Ananás não fica à margem da BR-153, mas, com a criação da TO-418, localiza-se a cerca de 32 km da rodovia principal do estado, ou seja, a Belém-Brasília.

A criação da BR-153, por um lado, teve esse papel relevante para as populações isoladas que se constituíam no interior do norte do país, mas a pretensão dos militares não foi a de melhorar a vida dos camponeses, dos caboclos, seringueiros, pequenos trabalhadores e outros sujeitos inseridos nesta região. Por outro lado, os procedimentos utilizados pelos governos militares foram o fortalecimento da grande propriedade na região norte, onde se encontra hoje o estado do Tocantins. A criação de instituições financeiras vem demonstrar essa preocupação do Estado em fortalecer o latifúndio, haja vista a criação do Banco da Amazônia e da Superintendência do Desenvolvimento da Amazônia (SUDAM), que objetivava financiar projetos agropecuários. Foi uma política ligada à concessão de incentivos fiscais aos empresários que viviam nas regiões mais ricas do país, em que estes eram subsidiados do imposto de renda, cerca de 50%, desde que investissem no desenvolvimento da Amazônia. Como afirma Martins (1999, p. 80):

> Os investimentos orientaram-se de preferência para a agropecuária, de modo que um grande número de empresários e de empresas, especialmente do Sudeste, sem tradição no ramo, tornaram-se proprietários de terras e empresários rurais. Em princípio, a

> aquisição de terras pelos grandes capitalistas do Sudeste animou o mercado imobiliário, convertendo, por isso mesmo, os proprietários de terras em proprietários de dinheiro e forçando-os, por sua vez, a agitarem como capitalistas.

Os empresários vindos do sul e sudeste tornaram-se os grandes proprietários de terras na Amazônia. Adquiriram a terra de forma ilícita, por meio da grilagem, com os incentivos do Estado. Nesse sentido, o Estado, ao invés de eliminar o latifúndio, modernizou-o e criou as oligarquias, o que implicou o agravamento das condições econômicas e sociais da antiga população residente. O impacto social com tais medidas impostas pelo regime militar veio condicionar a inviabilidade de mudanças pautada na reforma agrária, que desde o final da década de 1940 era a bandeira dos movimentos sociais no campo com a organização das ligas camponesas em todo o território nacional.

Tocantins, quando ainda pertencia ao estado de Goiás, mais precisamente no traçado da Belém-Brasília, onde hoje não muito distante localiza-se a capital do Tocantins, Palmas, foi lugar de conflito. Em meados da década de 1950, as ligas camponesas se estabeleceram na região de Trombas e Formoso, organizando os camponeses que estavam sendo vítimas da grilagem dos grandes fazendeiros. Com o traçado da Transbrasiliana, as terras se valorizaram, fazendo com que a grilagem e a falsificação de documentos fossem comuns nessa região.

Os posseiros que aí já se encontravam foram as vítimas das atrocidades dos fazendeiros que criaram documentos para possíveis assinaturas como arrendamento das terras ilegais, ou a compra das benfeitorias. Era uma forma de legalizar o que não lhes pertencia. Essa foi uma das formas encontradas pelos fazendeiros. O conflito começa a partir da não aceitação dos posseiros, que se organizam em mutirões contra os jagunços, fazendeiros e policiais, constituindo assim um território independente do Estado brasileiro. Só a partir da ocupação pelos os militares, já no início da década de 1970, Trombas deixa de existir como República Socialista de Trombas.

Martins (1999, p.63-64) enfatiza essa questão da organização camponesa em Trombas, no atual estado do Tocantins, que ainda pertence a Goiás, precisamente no ano de 1952:

> Em Trombas, os posseiros rapidamente se organizaram em conselhos políticos, os chamados 'conselhos de córrego' e organizaram grupos armados de autodefesa. De certo modo, constituíram um

território autônomo, no qual não se podia entrar e do qual não se podia sair sem salvo-conduto. Nos jornais, mas aparentemente também nos meios militares, começaram a circular notícias sobre a chamada ' República Socialista de Trombas', que, aliás seria militarmente ocupada apenas no início dos anos setenta, seis anos depois do golpe de Estado. Portanto, durante cerca de vinte anos os camponeses de Trombas estiveram politicamente organizados num território próprio imune ao poder do Estado.

A organização dos camponeses sempre foi motivo para que o Estado se manifestasse a favor dos fazendeiros, haja vista o conflito de Trombas e Formoso, em que os sujeitos participantes se revoltaram contra os grileiros, que chegaram à região expropriando os posseiros que tinham em uma vida simples, produzindo o necessário para a sua sobrevivência.

A discussão desse conflito é pertinente no momento em que se observa a temporalidade histórica da expansão da grande propriedade em direção à fronteira em que se insere o mais novo estado da federação, o Tocantins. Mesmo antes da pavimentação da Belém-Brasília, a terra teve uma importância econômica significativa. É preciso, não obstante, pensar que, além disso, houve uma reprodução de poder constituído pelas oligarquias que se formavam, por meio da grilagem da terra e do mando dos fazendeiros com seus jagunços, amedrontando os posseiros, instaurando o conflito e mortes.

A expansão da grande propriedade foi um negócio de compadre entre os fazendeiros e o próprio Estado. Permaneceu o crescimento do latifúndio com incentivos do próprio Estado. De certo modo, foram inviabilizadas as reivindicações camponesas que lutavam pelas reformas urgentes em relação à propriedade da terra. O regime militar agiu com determinação, combatendo os conflitos no campo por meio da força, além de identificar as lideranças que estavam à frente das organizações, aniquilando-as.

O processo de desenvolvimento imposto pelo regime militar em direção à nova fronteira do país afastou a probabilidade da reforma agrária, mas contribuiu para que os camponeses juntamente com algumas instituições se organizassem contra as medidas tomadas pelo regime militar por meio da expansão da grande propriedade. Mesmo assim, os sujeitos que lutavam pela reforma no campo brasileiro viram e sentiram suas esperanças serem fragmentadas pelas medidas tomadas pelo Estado, favorecendo o latifúndio que se beneficiava e usufruía a ilegalidade das terras. Os movimentos sociais no campo se manifestaram, então, contra os projetos desenvolvimentistas dos militares que apenas beneficiavam a classe dos grandes proprietários de terras.

A forma como o regime militar conduzia o país afastou completamente os movimentos sociais, os partidos de esquerda, sobretudo os comunistas, cassando os militantes, eliminando-os de forma violenta, como se tais manifestações populares trouxessem riscos à soberania do país. A partir desse pressuposto, podemos perceber que a região do Bico do Papagaio, onde se localiza a cidade de Ananás, foi um local de manifestação e de uma tentativa organizativa do Partido Comunista do Brasil (PC do B) para os camponeses, contra a política imposta do Estado nos anos de 1960.

A guerrilha do Araguaia foi um movimento que tinha como objetivo a organização ideológica camponesa em prol da luta pela terra. Foi um episódio em que a violência na região de Xambioá foi marcada não apenas pelos que participavam na linha de frente, como os militantes do PC do B, mas também pela população que sofreu as consequências de um regime autoritário que agia por meio da força. Essa guerrilha não era favorável às convicções que estabeleceram o regime. A cidade de Ananás, que faz parte dessa região do Bico do Papagaio, era local de estadia dos militantes do Partido Comunista, de reuniões com os seus moradores para lutarem pela posse da terra. Ou seja, toda a região do Bico do Papagaio estava envolvida com esta organização camponesa, além do sul do Pará, que faz fronteira com o Goiás, hoje o Tocantins.

Para os militares, os militantes do PC do B, que se encontravam na região do Bico do Papagaio, estavam organizados com base no militarismo do comunismo, para a revolução a partir do campo, o que poderia trazer problemas e ameaças à soberania nacional. Como podemos observar na afirmação de Martins (1999, p. 81-82):

> A Guerrilha do Araguaia parecia confirmar esse temor de governo, reforçando, portanto, uma compreensão da questão agrária, em que ela aparecia antes como questão militar e não como questão social. Essa amplitude da compreensão que do problema tinha os militares pode ser constatada na ampla extensão territorial coberta pela ação contra-revolucionária das forças armadas e pela ação repressiva contra as populações civis supostamente aliadas à subversão armada. Não só o reduzido território no sul do Pará, em que os guerrilheiros estavam localizados, mas também amplas extensões dos estados de Goiás, Mato Grosso e até Maranhão

> foram incluídos na varredura repressiva, muitas vezes a mais de mil quilômetros do foco do conflito.

Contudo, esses conflitos na região do Bico do Papagaio mostram que o Estado foi responsável, pelo fato de não atender as reivindicações de uma população que já se manifestava pela reforma agrária desde a década de 1950. A resistência do camponês do Bico era adversa às formas de imposição feitas pelos proprietários de terras, como afirma Sader (1986, p. 194):

> Muitos camponeses exasperados pela invasão do gado em suas roças, freqüentemente uma estratégia do grande proprietário para forçar a expulsão dos posseiros, preparam armadilhas para os animais deixando-os feridos ou mortos, revidam a violência dos pistoleiros e jagunços tocaiando-os na mata, matando proprietários e homens de confiança desses.

A resposta do Estado é imediata para conter o conflito e acobertar os fazendeiros, como ressalta Sader (1986, p. 195): "Essas ações violentas têm respostas mais violentas ainda das autoridades, que enviam as forças policiais para em expedições punitivas castigar as populações dos povoados próximos de onde se deu o crime". As medidas tomadas pelo Estado e seus representantes vêm favorecer ao fazendeiro, que se torna vítima, ao passo que a população que sofre com a violência e imposição dos grandes proprietários é tratada com severas punições. Essa forma de punição imposta pelo Estado aos camponeses, posseiros e trabalhadores vem favorecer a expansão da propriedade.

O governo federal objetivou favorecer a expansão do grande capital em direção à Amazônia brasileira, com estratégias de tornar a região amazônica uma fronteira de recursos econômicos. Com o golpe de 1964, os militares criaram o Estatuto da Terra, com objetivos estratégicos de conter mais os conflitos que se instauravam, sobretudo, na Amazônia. O Estatuto não foi um instrumento que previa uma distribuição da propriedade da terra com objetivo de modificar a estrutura da sociedade que estava consolidada na grande propriedade. A criação do Estatuto não veio solucionar a distribuição efetiva da propriedade, pelo contrário, conforme Martins (1999, p. 82):

> De qualquer modo, uma mudança que, em princípio, afastava o governo militar de qualquer tentativa de solucionar a grave questão social no campo, especialmente na própria região amazônica,

onde os conflitos sangrentos se multiplicavam e se multiplicariam ainda mais depois do final da guerrilha.

O que se observa nas decisões tomadas pelos militares é a manutenção da grande propriedade. Além disso, os grandes proprietários de terras foram amparados para manter a sua forma de adquirir a propriedade por meio ilícito e ainda exercer a ação violenta com seus pistoleiros, capatazes a quem manifestasse contra as decisões, no caso, camponeses, partidos políticos, membros da Igreja etc., repreendendo os contrários à ditadura militar para manter a ordem.

No extremo norte do antigo estado de Goiás, hoje Tocantins, na região do Bico do Papagaio, a ação pelos fazendeiros vem desde a abertura da Transbrasiliana, na década de 1950, expropriando os posseiros que ali estavam, os indígenas para a expansão da grande propriedade. A continuidade da expansão da grande propriedade veio com a pavimentação da BR-153, além dos programas do governo que incentivavam a apropriação capitalista na nova fronteira agrícola do país.

Como podemos perceber na análise de Ajara (1991, p. 14), a respeito dos programas em que a região do Bico do Papagaio foi beneficiada no período da ditadura militar:

> A apropriação capitalista da fronteira por meio da expansão pecuarista foi particularmente intensificada nessa área pela atuação sucessiva de programas oficiais: Programa de Pólos Agropecuários e Agrominerais da Amazônia - POLAMAZÔNIA -, Programa de Desenvolvimento Integrado do Araguaia e Tocantins - PRODIAT - e o Programa Grande Carajás - PGC - e, principalmente, a implantação de grandes projetos incentivados pela SUDAM, que acabaram de criar uma situação de conflitos latentes com as formas tradicionais de produção que ali se reproduziam.

No final da década de 1950 e posteriormente, com a apropriação capitalista em direção à fronteira, os camponeses que se encontravam no Bico do Papagaio estavam assentados em uma economia de subsistência baseada na exploração do babaçu, pequenas lavouras de arroz, milho, mandioca que foram desarticuladas pela presença dos pecuaristas. Eliminou-se uma cobertura vegetal natural, que foi substituída pela cobertura de pastagem para a criação de gado, uma atividade que requer pouca mão de obra.

O processo de ocupação territorial dessa área de fronteira agrícola, sobretudo pelos pecuaristas de Goiás, São Paulo e Minas Gerais, tem sido um fator predominante para o crescimento do patrimônio, haja vista que esses fazendeiros usufruem de incentivos fiscais, além de crédito subsidiado e da grilagem, que foi muito comum no final da década de 1950, continuando nas décadas posteriores, incorporando novas terras para ampliação do capital. Sader (1986, p. 156), tratando da expropriação do campesinato pelos grileiros, ressalta:

> É interessante constatar que o grileiro só se interessa por uma área se ela preenche duas condições: a presença de estrada e área 'beneficiada', 'amansada', como dizem os camponeses do Bico, referindo-se àquela que já conta com um início de ocupação, com capoeiras já formadas. As terras virgens não foram as primeiras a serem privatizadas, mas somente as já ocupadas. Já o campesinato que migra, pelo contrário, prefere as áreas recobertas pela floresta para situar suas posses.

As mudanças ocorridas a partir do final da década de 1950 até os dias atuais, sobretudo no campo no estado do Tocantins, com a inserção da agropecuária, é um elemento importante para a compreensão dos pequenos aglomerados urbanos, sobretudo à margem da Belém-Brasília, além de outros aglomerados que ficam nas rodovias vicinais, como no caso da cidade de Ananás, que faz fronteira com o sudeste do Pará, ficando a cerca de pouco mais de 34 km da Belém-Brasília.

É a partir do núcleo urbano que se evidencia a articulação com o espaço rural, em uma diretriz em que as formas se expressam na pobreza da periferia dessas pequenas cidades. De um lado, são os posseiros, os pequenos trabalhadores que por meio da expropriação se refugiam nessas cidades, em busca de alternativas de trabalho. De outro, estão os fazendeiros que de certa forma pulverizam o urbano por meio dos equipamentos necessários, modificando o comércio em termos de serviços de que necessitam, como no caso implementos agropecuários. Expropriam ainda os pequenos trabalhadores, vítimas da exploração da força trabalho – estes se refugiam nas cidades ou em pequenos aglomerados urbanos.

O crescimento das cidades surgidas à margem das rodovias na Região do Bico do Papagaio passa por esse aspecto de mudanças advindas do campo, constituídas de um reflexo de ocupação por meio de políticas de incentivos, para integração da Amazônia ao restante do país. Isso refletiu no direcionamento de fluxos migratórios vindos de várias regiões do território nacional para esses centros urbanos. É diante desse cenário que a ocupação da terra vai sendo feita pelos grandes fazendeiros, expulsando camponeses e trabalhadores, posseiros e indígenas para a expansão da grande propriedade. As relações de trabalho vão se modificar com a presença do estranho, que reproduz formas de trabalho do tempo colonial no Brasil, como o trabalho escravo.

O Bico do Papagaio tem sido uma das regiões com maior concentração de trabalho escravo por dívida, se comparado a outras regiões do Tocantins. Quase todos os seus municípios se encontram nas estatísticas. Isso não quer dizer que as outras regiões do estado não façam parte dessa estatística, mas tem sido de forma mais elementar, se formos comparar os municípios que se encontram na região norte e extremo norte, estes têm casos mais acentuados, conforme Mapa 10[8].

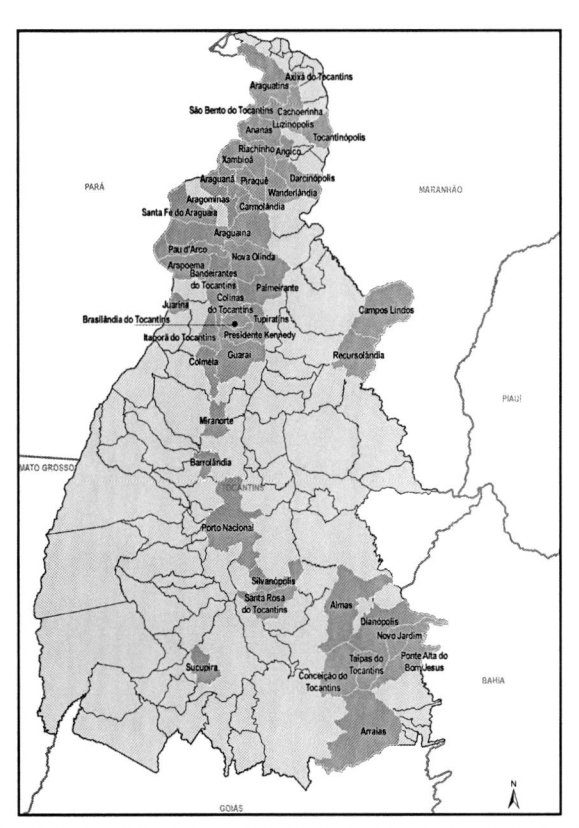

MAPA 10 – MUNICÍPIOS DO TOCANTIS COM CASOS DE TRABALHO ESCRAVO (2001 – 2008)
FONTE: CPT. Org. Alberto Pereira Lopes, nov. 2008

---

[8] Embora que o Mapa representa dados de 2001-2008, essa realidade ainda continua na Região do Bico do Papagaio, não apenas, mas em todas as microrregiões do Estado.

O Mapa 10 mostra de forma mais precisa os municípios do Tocantins com práticas de trabalho escravo, destacando-se a região norte e extremo norte do estado, onde aparece uma maior concentração, sobretudo na porção noroeste.

Como podemos observar, o Tocantins apresenta uma dimensão de práticas de trabalho escravo, que vai de norte a sul, de leste a oeste. No entanto, a maior concentração encontra-se na chamada região do Bico do Papagaio, que corresponde ao extremo-norte onde se encontram os municípios de Axixá do Tocantins, Araguatins, São Bento do Tocantins, Cachoeirinha, Luzinópolis, Ananás, Tocantinópolis, Riachinho, Angico, Xambioá, Araguanã, Piraquê e Darcinópolis.

Na porção centro-norte, encontraremos os municípios com maior número de vítimas de trabalho escravo, como Araguaína, Wanderlândia, Nova Olinda, Colinas, Pau D'Arco, Carmolândia, Brasilândia, Presidente Kennedy, Arapoema, Bandeirante, Palmeirante etc. A análise dessa mancha do trabalho escravo que emoldura os municípios do Tocantins com maior magnitude encontra-se em direção à sua porção norte, como apresenta o mapa.

Isso demonstra a expansão da fronteira em lugares mais afastados do chamado desenvolvimento, na condição dos fazendeiros produzirem o capital, ou seja, se capitalizar durante um período de tempo. Nesse momento, o fazendeiro não tem a pretensão ainda de competitividade, apenas encontra-se organizando o espaço por meio do trabalho degradante do trabalhador, que mais tarde será substituído pelos equipamentos tecnológicos que aumentarão sua margem de lucro. Observemos os municípios em outras regiões, sul, leste ou nordeste, com menores índices da prática de trabalho escravo contemporâneo.

Isso comprova o que pensamos em relação a esta prática em direção à nova fronteira, que está subordinada aos fatores preponderantes no arco de desenvolvimento da Amazônia no sentido de caracterizar o trabalho de forma análoga ao trabalho escravo, por exemplo, o isolamento geográfico das fazendas para onde os trabalhadores são direcionados com tais práticas. É nesse sentido de expansão da grande propriedade que podemos observar no mapa os números de municípios com maior índice de práticas de trabalho escravo, os quais se encontram na fronteira do estado do Pará, o campeão dessa atrocidade. É importante ressaltar que o município de Ananás, que está inserido nessa região, apresenta um dos maiores índices de prática de trabalho escravo.

3.2 O município de Ananás e a prática de trabalho escravo por dívida

Ananás é uma cidade que faz divisa com o Pará. Foi distrito pertencente ao município de Araguaína entre 1946 e 1963, quando passou à categoria de município e a sua sede à cidade, com a Lei Estadual n.º 4.684, de 14 de outubro do mesmo ano. O nome Ananás vem da abundância da fruta com as mesmas características do abacaxi – ananás –, o que identificou o nome do lugar.

A população do município de Ananás em 2007 é de 9.358 habitantes, segundo informação do IBGE. Em uma dimensão mais completa, o censo de 2000 apresenta a distribuição da população com mais precisão, mostrando a população rural e a urbana. Como em todo território nacional, a população está concentrada na cidade. Assim, Ananás não é diferente: em 2000, a população urbana era de 8.396 habitantes, ao passo que a população rural se encontrava com 2.116 habitantes, totalizando 10.512 habitantes, segundo dados do IBGE (2009).

Apesar de a cidade ter um contingente populacional baixo, catalisa um forte componente ideológico de identificação em que os grandes fazendeiros advindos no momento da política implementada pelo Estado, sobretudo na década de 1960, com o compromisso desbravador, impõem suas leis e mandos acobertados pelos militares. Isso acelerou o processo de transformação da população rural e dos novos imigrantes de baixa renda com mão de obra assalariada, cujo local de residência passou a ser a cidade, porque esses trabalhadores foram expropriados pelos grandes proprietários de terras.

A cidade de Ananás não foi diferente da região do Bico do Papagaio. Apesar de não oferecer infraestrutura à sua população, os trabalhadores buscaram a cidade como refúgio para viver. O trabalho na cidade torna-se difícil, pois no município a base está no setor primário. Contudo, a cidade é o refúgio desses trabalhadores vindos do campo, os quais ficam na periferia e se tornam trabalhadores temporários para a abertura de novas fazendas ou para a limpeza de pastos para a implantação da pecuária. A vida que levam na cidade de Ananás é simples, constroem suas casas com madeiras e palhas no chão batido, e muitas vezes o terreno é ilegal. Assim vão criando ruas desordenadas, com residências bem peculiares, conforme Figura 7.

FIGURA 7 – RUA COM CASAS DE MADEIRA, COBERTURAS DE PALHAS, NA CIDADE DE ANANÁS, LOCAL DE RESIDÊNCIA DOS TRABALHADORES DO CAMPO, VÍTIMAS DE TRABALHO ESCRAVO
FONTE: O autor, jun. 2008

Conforme a Figura 7, a infraestrutura das ruas onde residem os trabalhadores vindos principalmente do campo apresenta péssimas condições. Algumas casas não têm energia elétrica, ainda utilizam o candeeiro, o chão batido, sem saneamento, nem rede de esgoto, falta de calçamento, enfim, são condições apenas para sobreviver. No Tocantins, mesmo em cidades maiores, como Araguaína, é comum encontrar bairros periféricos com essas características.

Em pesquisa feita na periferia da cidade de Ananás, verificamos que todos os residentes entrevistados vieram do campo. Além de sua geração, a cidade foi o local que encontraram para sobreviver, pois não havia nenhuma condição de ficar no meio rural devido à expulsão dos fazendeiros. Muitos eram posseiros, outros migrantes que vieram em busca de trabalho e acabaram formando famílias e permanecendo no lugar. Ananás é uma cidade em cujo redor se encontram as grandes fazendas, seja no seu município, seja em outras regiões de fronteira, como o Pará. De certa maneira, os fazendeiros utilizam a mão de obra do trabalhador que vive em sua periferia. Este município possui um ambiente rural com características patronais, em que o dono da terra utiliza uma mão de obra contratada, apresentando às vezes o assistencialismo, como moradia, alimentação, transporte etc. Outras vezes, a relação é distante, sem nenhum vínculo com os contratados, pelo fato de estes serem recrutados por meio dos chamados gatos, para trabalharem temporariamente nas fazendas.

Os trabalhadores temporários vivem de pequenos trabalhos que realizam na cidade, os chamados bicos, para sobreviver. São recrutados para trabalharem nas grandes fazendas para realizarem os serviços necessários por meio de um contrato feito pelo gato, em sua maioria não cumprido.

O emprego dos trabalhadores na região do Bico do Papagaio, especialmente em Ananás, depende dos grandes fazendeiros na região, que, em determinada época, necessitam de mão de obra barata, necessária para expansão dos negócios. Como apresenta O Plano Diretor de Desenvolvimento Sustentável do município de Ananás, em relação ao trabalho feito pelos pequenos trabalhadores rurais que vivem na periferia da cidade, ou em pequenos povoados do município:

> Alguns moradores de pequenos povoados existentes no município (São João e São Raimundo) são contratados por atravessadores de mão-de-obra, conhecidos como 'gatos', para realizarem serviços como a limpeza do pasto, concerto de cercas e outros eventuais reparos. Esses serviços são caracterizados pela informalidade e sazonalidade nas grandes propriedades rurais (ANANÁS, 2003, p. 68).

Como podemos observar na citação do Plano Diretor de Ananás, os trabalhadores contratados para as fazendas agropecuárias vivem em pequenos povoados ou na periferia da sede do município, em condições de péssima infraestrutura, o que caracteriza a pobreza ou a extrema pobreza, resultado da política brasileira pautada na grande propriedade. São esses trabalhadores vindos do campo para morar nesses pequenos núcleos urbanos que estão disponíveis para trabalhar nas fazendas, vulneráveis à situação de práticas de trabalho escravo por dívida. Na região do Bico do Papagaio, precisamente Ananás, a prática de trabalho escravo tem sido frequente, com índices elevados, como apresenta a lista de cadastro do Ministério do Trabalho e Emprego, em que há um número significativo de trabalhadores vítimas de tais atrocidades. A Tabela 2 mostra os números de trabalhadores envolvidos na denúncia e os libertados, os fazendeiros que têm praticado essa forma análoga à escravidão, como prevê o Código Penal Brasileiro.

TABELA 2 - DADOS ESTATÍSTICOS DO MUNICÍPIO DE ANANÁS COM PRÁTICAS DE TRABALHO ESCRAVO POR DÍVIDA E OS ÓRGÃOS DE FISCALIZAÇÃO DE 2004-2008[9]

Proprietários	Data da denúncia	Trabalhadores na denúncia	Data de fiscalização	Trabalhadores libertados	Órgão de fiscalização
Joaquim Carlos Sabino dos Santos	12/06/2006	09	12/06/2006	15	DRT
Joaquim de Faria Daflon	17/02/2006	25	17/03/2006	201	GM
Joaquim de Faria Daflon	28/01/2005	41	-	-	-
Joaquim de Faria Daflon	21/05/2003	160	29/05/2003	72	DRT
Joaquim de Faria Daflon	17/06/2003	43	17/06/2003	42	DRT
Marco Antonio B. de Andrade	21/05/2003	70	04/06/2003	-	DRT
Marcos Antonio Barbosa de Andrade	28/02/2007	30	15/03/2007	08	DRT
Marlon	17/08/2006	30	-	-	-
Onofre Marques de Melo	01/11/2008	11	10/12/2008	10	GM
Total Geral	Proprietários 05	-	419	-	348	-

Observação: Significados das siglas apresentadas no quadro: GM- Grupo Móvel; MPT- Ministério Público do Trabalho; DRT- Delegacia Regional do Trabalho; PF – Polícia Federal; PC- Polícia Civil.

FONTE: BRASIL, Ministério do Trabalho e Emprego. Disponível em: <http://www.mte.gov.br>. Acesso em: jun. 2009.

---

[9] Esta lista encontra-se desatualizada, uma vez que alguns proprietários não se encontram na lista de transparência apresentada no Quadro 4, mas representa as práticas de trabalho escravo durante tal temporalidade.

Na Tabela 2, apresentam-se os proprietários envolvidos e o número de trabalhadores na denúncia e fiscalizados, além do órgão executor da inspeção de práticas de trabalho escravo no município de Ananás. Essa Tabela 2 nos chama atenção pelas várias vezes que um proprietário persiste no trabalho escravo, mesmo com a autuação do Diretório Regional do Trabalho e Grupo Móvel da Polícia Federal. Os números apresentados mostram o quanto a prática de trabalho escravo se torna comum para os proprietários que continuam com práticas de relações trabalhistas contrárias às leis. Um exemplo é o proprietário Joaquim de Faria Daflon, autuado nesse período demonstrado no mapa, sempre com práticas de trabalho irregulares em sua fazenda, Castanhal. A Fazenda Castanhal possui 8.000 ha com cerca de 8.000 cabeças de gado, segundo o Relatório de Fiscalização do Ministério do Trabalho e Emprego (2006).

Nesse relatório, apresenta-se toda a inspeção contatada pelo Grupo Especial de Fiscalização Móvel desde 2003 até a última em 2006, demonstrando as irregularidades. Nem sempre o número de trabalhadores sazonais apresentados pelo capataz é verídico. Isso demonstra que, em 2006, a denúncia registrada na fazenda eram 25 trabalhadores, no entanto foram encontrados 229 trabalhadores, destes, 201 irregulares com prática análoga à escravidão, conforme apresenta o relatório. Esses números de trabalhadores na denúncia, com os trabalhadores libertos, sobretudo na propriedade especificada, a Castanhal, são diferentes. Mediante a expansão da fazenda, existem frentes de trabalho distantes uma das outras, nem sempre o trabalhador que denunciou sabe da totalidade de trabalhadores com as mesmas situações de trabalho. Os obstáculos para a fiscalização são bem comuns, principalmente quando o gato, o capataz ou até mesmo o fazendeiro sabe por intermédio de seus interlocutores que o Ministério do Trabalho e Emprego, Grupo Móvel de Fiscalização, Polícia Federal estão fazendo vistoria nas fazendas com irregularidade de trabalho. Esses funcionários da fazenda ou mesmo o fazendeiro escondem trabalhadores, dificultam a entrada dos agentes do Ministério do Trabalho, como apresenta o relatório da Fazenda Castanhal:

> Chegando na porteira, removemos o cadeado e adentramos ao acesso ao local de trabalho, onde a pouco mais de 1km, encontramos os trabalhadores, efetuamos as entrevistas e notações de seus dados pessoais e das condições em que foram contratados, local de aliciamento, constatando que foram aliciados pelo 'gato

Grande' e que, da mesma forma que no local anterior, havia apenas um pequeno alojamento que servia de cozinha e cantina mantida pela fazenda e os trabalhadores encontravam-se alojados em currais de gado, totalmente inadequado. [...] concluímos que o obstáculo foi colocado propositadamente, momentos antes, após nossa chegada à fazenda, a fim de dificultar o acesso ao local de trabalho (BRASIL, Ministério do Trabalho e Emprego / Delegacia Regional do Trabalho do Tocantins, 2006 . p. 27-28).

Da mesma maneira que os trabalhadores fazem os seus relatos das más condições de trabalho, de alojamento e alimentação, o Ministério do Trabalho comprova tais denúncias em suas inspeções, conforme destaca o relatório:

> Todos aliciados por 'gatos' sob promessas não realizadas, alguns receberam apenas pequenas quantias em dinheiro por ocasião do aliciamento que denominam de 'abono', mas nenhum jamais recebeu salários, alimentando-se precariamente, quase sempre com puro arroz e feijão, alguma carne encontrada estava em estado precário, bebendo água estragada dos córregos onde bebem o gado, fazendo necessidades fisiológicas ao relento, alimentando-se nos locais de roçadas ao relento, sem recebimento de salários, com fornecimento em cantinas superfaturadas, mantidas pela fazenda e administradas pelos 'gatos', sem fornecimento de nenhum equipamento de proteção individual, descontando-se como fornecimento da cantina as botinas (EPI), retidos sem recursos para sair da propriedade, sem anotações em suas CTPS e sem registro no Livro de Registro de Empregados ou outro sistema permitido, em situação degradante e sem garantias de direitos fundamentais (MINISTÉRIO DO TRABALHO E EMPREGO/ DELEGACIA REGIONAL DO TRABALHO – TO, 2006, p. 28).

Esse relatório nos esclarece de forma precisa o que seja essa prática de trabalho escravo por dívida, com os elementos que o caracterizam, como a ausência ostensiva de salário, as más condições de trabalho e alimentação, a violência, a falta de liberdade, dentre outros. A Tabela 3 mostra 419 trabalhadores na denúncia, enquanto o número de libertos chega a apenas 348. Muitas vezes, os órgãos não fiscalizam o local, ou demoram a fazê-lo, devido a outras denúncias registradas anteriormente. Quando o Ministério ou Grupo Móvel chega até a propriedade, não se encontram os trabalhadores que foram denunciados, apenas algumas comprovações, como os barracos.

O Quadro 4 mostra os proprietários na lista suja, os trabalhadores libertados e as fazendas em que foram resgatados pelo grupo móvel da Polícia Federal ou do Ministério do trabalho.

Empregador	Nome da Fazenda	Ramo da atividade	Nº de trabalhadores libertados
E.C.I. Empresa de Invest. Partic. E Empreendimentos Ltda	Zona Rural de Ananás	Pecuária	22
Gerson Joaquim Machado	Fazenda São Mariano III	Pecuária	08
Gurupi Participações S/C ltda (Atual M a x i m u s ' s Participações S.A)	Fazenda Léguas de pedras	Pecuária	29
Joaquim Carlos Sabino dos Santos	Fazenda Nossa Senhora Aparecida	Pecuária	09
Joaquim Faria Daflon	Fazenda Castanhal	Pecuária	201
Marco Túlio Andrade Barbosa	Fazenda Sertaneja	Pecuária	32
Marcos Antonio A. Barbosa	Fazenda Guanabara	Pecuária	08
Total: trabalhadores libertados	-	-	308

QUADRO 4 - PROPRIETÁRIOS NA LISTA SUJA DO TRABALHO ESCRAVO NO MUNICÍPIO DE ANANÁS – TO, 2004-2008[10]
FONTE: BRASIL, Ministério do Trabalho e Emprego. Disponível em: <http://www.mte.gov.br>. Acesso em: jun. 2009.

Os números apresentados no Quadro 4 demonstram trabalhadores que foram resgatados entre 2004 a 2008 no município de Ananás. Esses números estão no cadastro do Ministério de Trabalho e Emprego, que criou a portaria 540 de 15 de outubro de 2004, indicando os infratores flagrados em exploração de trabalhadores em condição análoga ao trabalho escravo. Como podemos perceber, o município de Ananás tem sido o local que mais tem escravizado trabalhadores na região do Bico do Papagaio, como também em relação ao estado do Tocantins nesse

---
[10] Esta lista encontra-se desatualizada, é mais uma referência das práticas de trabalho escravo no período especificado.

período. De 2004 a 2008, a autuação, em sua totalidade, chega a mais de 300 trabalhadores, proprietários na lista suja. Esse dado revela o quanto o município tem se propagado em termos de vítimas de trabalho escravo em nível regional. Se formos considerar os números de vítimas de trabalho escravo no Tocantins, segundo cadastro do Ministério do Trabalho e Emprego (TEM), o estado apresenta, em 2008, 645 trabalhadores resgatados, ao passo que o município de Ananás, segundo os dados apresentados, representa mais de 40% de trabalhadores envolvidos desse valor total, como apresenta o Quadro 4, com cerca de 308 pessoas escravizadas resgatadas, embora em uma temporalidade de quatro anos.

Os números apresentados no Quadro 4 são constituídos a partir de uma forma metodológica em termos temporais de 2004 a 2008, em que os resultados são por meio de fazendas autuadas nesses anos correspondentes. Assim, esse resultado mostra o quanto o trabalho escravo tem se estendido e crescido, sobretudo em regiões isoladas, com dificuldades de comunicação como acesso às rodovias ou povoados, cidades etc. Os números obtidos pelo Ministério do Trabalho e Emprego caracterizam os dados existentes de libertações de trabalhadores que foram vítimas da condição análoga ao trabalho escravo.

No entanto, esses dados em nível de localidade buscam respostas sobre onde estão inseridos os trabalhadores em seus aspectos sociais e econômicos, com suas características peculiares. Se formos compará-los em termos de Brasil, perceberemos as diferentes realidades, seja em termos socioeconômicos, pela distinção de cada estado, seja em seus aspectos físicos, quando pensamos nas extensões de terra que denominam a representação em cada região do país.

Esses números fazem parte das estatísticas nas diferentes regiões do país, como já foi abordado anteriormente, demonstrando a geografia desigual e, diríamos, combinada que acaba formalizando o conflito e a violência, chegando ao desaparecimento de trabalhadores, ou seja, levando-os a morte. É a demonstração da oligarquia brasileira que se veste de outras formas para tentar confundir a sociedade, usando de neologismo, no caso, o agronegócio, que na verdade é a forma autêntica da agropecuária capitalista, que explora o trabalhador, chegando a escravizá-lo.

É a superexploração contida na prática de trabalho escravo contemporâneo, a forma mais cruel de que os fazendeiros têm se utilizado em determinadas regiões do país, sobretudo na região da nova fronteira agrícola, em que a concentração em termos de ocorrências tem sido bastante elevada. Essa forma de trabalho escravo contemporâneo é a negação do próprio direito que está assegurado na constituição brasileira. Assim, é necessário saber quem são os trabalhadores que atravessam fronteiras para serem escravizados em regiões distantes e distintas.

3.3 Os trabalhadores escravizados: a segregação no lugar e as suas histórias de vida

Compreender as práticas de trabalho contemporâneo é conhecer os trabalhadores em seus aspectos socioeconômicos, por meio de suas histórias contadas. É reconhecer a negação do Estado em não adequar políticas que fortaleçam os trabalhadores rurais em termos de recursos para serem produtivos, principalmente os que têm pequenas parcelas de terras, que também se aventuram em busca de trabalho, além daqueles trabalhadores que vivem de maneira mortificante nas periferias da cidade.

Além disso, a negação vem do próprio trabalhador em relação a si como sujeito dono de sua força de trabalho, pelo fato de que este está alienado ao discurso de quem o contrata. Silva e colaboradores discutem a perda de referências sociais dos trabalhadores vítimas do trabalho escravo por dívida, o que os leva a negarem-se como sujeitos. Assim, retratam:

> Este fenômeno se estende à negação do sujeito enquanto ser, em um processo onde, ao não ser absorvido como portador de força de trabalho, o trabalhador também perde sua identidade de pessoa com direito a ter direitos (SILVA; MARTINS; MELO, 2007, p. 120).

A perda da identidade do trabalhador se dá pela naturalização dos fatos. Confrontado com problemas como as adversidades do trabalho, a pobreza, a miséria, a violência e a morte, o trabalhador recorre a suas crenças e aceita o infortúnio, transferindo a responsabilidade à vontade de Deus a ao destino premeditado de sua vida.

A verdade é que o trabalhador deve obedecer a quem o domina. Submete-se a fazer os serviços associados à sua força de trabalho nas fazendas onde está confinado, sem receber salário, como foi combinado pela palavra de quem o contratou. Alguns trabalhadores reivindicam como forma de protesto, não aceitam as imposições; outros, no entanto, ficam calados com medo das represálias que poderão sofrer. Eis um impasse: uns têm a coragem de fugir e denunciar, outros permanecem, e caso venham fugir não denunciam os maus tratos sofridos. Trata-se da luta pela própria sobrevivência. Como afirma Figueira (2004, p. 293), retratando a questão da dominação em que se encontram os trabalhadores aliciados:

> A dominação pressupõe o engano da vítima em um encontro desigual: um, armado, o outro, desarmado; um, protegido e, às vezes, favorecido por funcionários do Estado, o outro, só. Chegar à fazenda não significa alcançar o lugar conhecido, o espaço do acolhimento. Pode ser o aumento do desconforto expresso no ritmo e nas condições de trabalho, na moradia precária, na parca alimentação, na distância do local de origem, no isolamento da mata, na saudade dos que ficaram, no tratamento recebido.

Esse cenário retratado por Figueira mostra que os trabalhadores sempre estão sob a mira dos que lhes dominam. Não se trata de um caso isolado, é a mais pura realidade de uma situação que a sociedade desconhece ou tenta não perceber o que ocorre em sua volta. Em todas as regiões do país onde se encontram vítimas de prática de trabalho escravo, as pessoas vivem uma situação de não mais deterem o controle sobre si; dependem, diríamos, em parte, da vontade de quem os comanda, que muitas vezes esconde sua forma arbitrária de ser para alienar cada vez o trabalhador ao seu domínio. Ainda diante dessa arbitrariedade dos que ordenam, Figueira (2004, p. 293) enfatiza:

> Estes podem ocultar sua arbitrariedade, simulando generosidade, através de gestos que exigem inclusive reciprocidade de 'favores' e, desta forma, os aliciados executam as tarefas com mais docilidade e certa anuência. Um desses mecanismos de domínio por parte dos empreiteiros, nos anos 1970 e 1980, foi, em determinado momento do trabalho, liberar uma pequena parcela do pagamento dos peões e os brindar com um presente. Os homens eram levados à cidade para o encontro com mulheres e com a bebida. Sob o pretexto de que, ao beberem, causavam transtornos, a polícia os prendia. A ação policial era combinada com o empreiteiro, que viria 'socorrer' os trabalhadores, 'pagar sua fiança', libertá-los

e levá-los consigo. Iam para a fazenda com mais uma dívida, a da fiança, e ainda agradecidos por terem sido salvos.

Assim, podemos perceber como os contratantes, sejam os fazendeiros, sejam seus capatazes, enganam os trabalhadores por medidas perversas para tentar esconder a verdade por trás de seu objetivo, que é manter o trabalhador endividado para ter a sua força de trabalho gratuita. Os contratantes ainda se sobressaem como salvadores, protetores. Diante da ingenuidade de alguns trabalhadores, acaba prevalecendo a palavra dos que dominam.

Mesmo com as ameaças e as atrocidades dos proprietários ou dos gatos, existem trabalhadores que fazem denúncias aos órgãos competentes, como o Ministério do Trabalho e Emprego, por não suportarem os maus tratos, a falta de salário e a ausência de liberdade. A coragem dos trabalhadores renasce a partir de sua própria necessidade de buscar o direito que lhes é negado pela arbitrariedade dos que comandam, dos que determinam e criam suas próprias leis para com isso produzir o capital, como fator essencial nas fazendas agropecuárias no norte tocantinense e acima de tudo na fronteira do país.

Para pensar como vivem os trabalhadores escravos, é oportuno observar suas denúncias ao Ministério do Trabalho e Emprego na cidade de Araguaína como uma forma de lutar pelos seus direitos, como também denunciar os fazendeiros, além de libertar os companheiros que ficaram presos e não tiveram a coragem de sair do trabalho, fugir ou mesmo denunciar. Como podemos observar nesta reclamação de um dos trabalhadores ao Ministério do Trabalho e Emprego do Tocantins, na Agência de Atendimento do Trabalho em Araguaína – TO:

> *O reclamante informa que além dele são aproximadamente uns vinte e sete (27) trabalhadores CTPS assinada, e as CTPS estão retidas, informa que estão alojadas em baixo de uma lona, bebem água poluída, alimentação péssima. O gato que compra bota, roupa de serviço, e desconta nos salários dos trabalhadores. o reclamante informa que adoeceu no serviço, pois caiu quando estava trabalhando e não teve socorro. Sendo que o mesmo não tem condições de trabalhar e ainda está doente. Atenção as CTPS dos trabalhadores todas estão retidas com o fazendeiro (reclamação trabalhista, 2007).*

Conforme o documento em que está inserida a reclamação do trabalhador, percebe-se a falta de compromisso dos que contratam, em uma forma de desrespeito à própria vida humana, com atitudes nefastas apoderando-se do trabalho alheio. Observa-se que o direito de ir e vir é negado, a maneira de manter o trabalhador de forma subumana é por meio da apreensão do documento conforme relato, as condições de infraestrutura do alojamento, alimentação e a água de beber é de péssima qualidade. É uma forma de persuadir os subordinados de que eles não têm direito de sair das fazendas por estarem devendo o abono, as ferramentas, alimentação, o local onde fica aliciado etc. Os trabalhadores são castigados, ameaçados, fazendo com que estas formas de crueldade fortaleçam a coragem para a fuga, além de perceberem que nunca conseguirão livrar-se da dívida que é instaurada.

A fuga é o único meio de não ressarcir o que lhes cobram, que é a dívida adquirida enquanto permanece na propriedade, cobrada pelos contratantes, para ser paga por meio da força de trabalho. Esses trabalhadores fogem à noite, muitas vezes com fome, andam milhares de quilômetros em busca da sua liberdade. Como aponta Breton (2002, p. 229):

> Desaparecem na calada da noite, caminhando não raro vários dias na floresta adentro, sozinhos, apavorados, famintos e com os pés em chagas. Seu primeiro desejo é fazer contato com a Polícia Federal, na qual eles vêem sua virtual salvação. Às vezes conversarão com o pároco local, com o sindicato dos trabalhadores rurais ou com a CPT. Se chegarem a fazer os contatos certos, talvez consigam a ajuda do Grupo Móvel de Fiscalização do governo federal, que existe exatamente para este fim: verificar as acusações de trabalho escravo, garantir que os trabalhadores sejam pagos e punir os escravizadores, porque a escravidão não é apenas uma prática detestável: é crime.

É diante da fuga para fugir dos maus tratos ou da morte que encontraremos o trabalhador com suas histórias de vida, contando sua saga em uma dimensão que constitui o sofrimento e a desilusão. Alguns retornam para o seu lugar de origem, outros são submetidos ao isolamento efetivo, econômico e geográfico, não tendo perspectiva alguma, como os peões de trecho, que são submetidos às humilhações e à violência nas fazendas, praticamente a troco de alimentação. No entanto, o direito de igualdade e de liberdade é de outro e não do sujeito que se torna escravo, a sua própria vida depende de suas ações por meio da força de trabalho para os dominadores para poder existir como pessoa.

Para pensar na questão de igualdade, liberdade e o processo de escravidão, a Declaração Universal dos Direitos Humanos, em sua resolução 217, de 10 de Dezembro de 1948, em seus artigos, proclama:

> Artigo I: Todas as pessoas nascem livres e iguais em dignidade e direito. [...]
> Artigo III: Toda a pessoa tem direito à vida, à liberdade e à segurança pessoal.
> Artigo IV: Ninguém será mantido em escravidão ou servidão, a escravidão e o tráfico são proibidos em todas as suas formas.
> Artigo V: Ninguém será submetido à tortura, nem a tratamento ou a castigo cruel, desumano ou degradante (ONU, 1948).

Observa-se o inequívoco da Declaração Universal dos Direitos Humanos em relação às pessoas, ao ser humano que vive em sociedade. No entanto, os trabalhadores escravizados têm negados seus direitos devido à imposição dos que possuem elementos de poder vinculados aos meios de produção, criando uma barreira social ante o desenvolvimento do sujeito que permanece no mundo da submissão.

Para pensar essa relação entre os trabalhadores vítimas de prática de trabalho escravo e os proprietários de terras, é necessário entender o capitalismo como sistema que é constituído da propriedade privada, e por sua vez necessita da força do trabalho, em uma dimensão em que a acumulação do capital se estabelece como fator preponderante. Nos termos de Marx, apesar de a propriedade da força de trabalho estar na massa da humanidade, esta tem se expropriado a si própria para servir à acumulação do capital.

Essa realidade da expropriação e da própria exploração do trabalho responde ao que tem sido o trabalho escravo contemporâneo, no contexto da desvalorização da força de trabalho, do aumento da jornada de trabalho e de outros elementos contraditórios que são implementados pelos proprietários com suas trapaças para adquirir a renda além do necessário em cima do trabalho do outro para a produção do capital.

No que se refere à realidade em que se encontram os trabalhadores escravizados, mesmo não tendo um sistema de assalariamento, é necessário compreender esta questão a partir da teoria do salário, como apresenta os *Grundrisse* da obra de Marx, discutido por Rosdolsky. Assim, encontraremos as jornadas de trabalho e a força de trabalho, mesmo sabendo que muitas questões não responderão à contradição do trabalho escravo por dívida nos dias atuais, por exemplo a dívida, os maus tratos dos trabalhadores, enfim, as perdas das referências sociais. Assim, Rosdolsky (2001, p. 62), discutindo *O Capital* de Marx nos termos da questão do salário, enfatiza:

> No mundo real, o capital se esforça por incrementar sua própria valorização, de um lado, mediante a redução do salário para um nível abaixo do valor da força de trabalho, e, de outro, mediante o prolongamento acima do normal da jornada de trabalho (o que equivale a uma desvalorização da força de trabalho). [...].Nos Grundrisse, pela mesma razão, 'o prolongamento brutal da jornada de trabalho para mais além de seus limites naturais' - que inclui, entre outras coisas, a prática do trabalho noturno e a incorporação de mulheres e crianças à população trabalhadora.

Rosdolsky, discutindo Marx, mostra a contradição do sistema capitalista em buscar a acumulação por meio da força de trabalho do proletário, constituindo de uma forma clara a divisão de classes, os trabalhadores e os donos dos meios de produção. A discussão de Rosdolvsky, no entanto, volta-se sobre o proletariado, o que está na indústria, no comércio, e não sobre os trabalhadores do campo. Mesmo assim, é pertinente pensar como as relações de trabalho e as relações salariais acontecem no campo, partindo dessa concepção dos trabalhadores do meio urbano. Nesse caso, percebe-se que não há distinção no que diz respeito às jornadas de trabalho, do pagamento da força de trabalho, da participação das mulheres e crianças no trabalho forçado.

Contudo, para os trabalhadores escravos por dívida, a contradição e a desigualdade do sistema são bem mais amplas do que apenas as jornadas de trabalho ou o ganho pelo serviço prestado nas fazendas, porque para essa categoria de trabalhadores não existem direitos sociais, ou melhor, são ignorados no cotidiano da relação com o próprio trabalho. É nesse contexto que se observa a magnitude dos sujeitos propícios a se tornarem trabalhadores escravos.

Com a expansão da fronteira, verifica-se, segundo dados da CPT (2007), o aumento de trabalhadores vítimas de prática de trabalho escravo, principalmente nas regiões norte e centro-oeste, sem descartar as outras regiões onde ocorrem também estas práticas. Outro sujeito que aparece também nas atividades mais propícias de trabalho escravo é o boia-fria, que não está descartado a se tornar um trabalhador escravizado, já que este é também uma peça descartável na atividade que vende sua força de trabalho. São essas as dificuldades enfrentadas por esses sujeitos que enfrentam o dia a dia na comoção do silêncio, nas lembranças da experiência imposta no cotidiano do trabalho.

Para entendermos quem são esses trabalhadores, é necessário ouvir as suas histórias, por meio dos relatos de vida. Assim, podemos perceber a gravidade de um problema que ainda enfrentamos nesse país desde a época do Brasil colônia. A cidade de Ananás no Tocantins é o local que tem apresentado um maior índice de vítimas de trabalhadores escravizados no estado. Acredito na hipótese de que esse índice é motivado pela proximidade com o Pará, onde se encontram os maiores números de trabalhadores escravizados. Além disso, esses trabalhadores vivem na pequena periferia da cidade, são os mais vulneráveis aos chamados dos gatos, diante da falta de trabalho no município, que tem como atividade principal a pecuária de corte. Para compreender melhor a participação dos trabalhadores na cadeia de trabalho escravo contemporâneo, é mister observar por faixa etária esses sujeitos que são obrigados a aceitar o regime de trabalho oferecido pelos aliciadores, conforme Tabela 3.

TABELA 3 – TRABALHADORES ESCRAVIZADOS POR FAIXA ETÁRIA NO MUNICÍPIO DE ANANÁS – TO

FAIXA ETÁRIA	NÚMEROS DE TRABALHADORES
55-64	02
45-54	07
35-44	10
25-34	04
18-24	07
TOTAL	30

FONTE: Trabalho de Campo, jun. 2007, 2008, 2009. Org. Alberto Pereira Lopes

A Tabela 3 mostra a distribuição por faixa etária dos trabalhadores que se submeteram às práticas de trabalho escravo por dívida, em sua precariedade, resignados na submissão de condições desfavoráveis à sua própria vida. A faixa etária que tem mais trabalhadores escravizados é a que fica entre 35 a 44 anos de idade, como apresenta o quadro acima. Pela própria dificuldade de se inserir no mercado de trabalho devido à falta de qualificação profissional, o que lhes resta é o trabalho forçado, na labuta do dia a dia na luta pela sobrevivência.

A faixa etária que vai de 45 a 54 anos de idade apresenta sete dos trabalhadores vítimas da prática de trabalho por dívida. São trabalhadores já com uma idade mais avançada, mas são obrigados a se submeter a esse tipo de trabalho por não ter alternativa. O aspecto desses trabalhadores é de cansaço, de sofrimento, o que lhes mostra uma idade irreal devido a esta se sobrepor à idade real devido ao grau de envelhecimento que aparentam.

Os jovens também estão presentes, segundo a Tabela 3, com sete dos trabalhadores entrevistados, abrangendo uma faixa etária que vai de 18 a 24 anos. Isso mostra a falta de oportunidades e de qualificação. Eles não podem ingressar no mercado, diante da pobreza a que estão submetidos. A faixa etária que vai de 25 a 34 representa quatro trabalhadores, seguida daqueles com uma idade que vai de 55 a 64 anos, apresentando 2 dos trabalhadores pesquisados com essa faixa de idade que continuam trabalhando de forma precária. A Tabela 3 mostra três gerações bem definidas, distribuídas em suas faixas etárias, um retrato de trabalhadores que vivem os mesmos dramas, as mesmas dimensões da desigualdade e da injustiça social. Trata-se de um pequeno diagnóstico diante da amostragem, mas que permite retratar a vulnerabilidade dos trabalhadores que sofrem com a degradação do trabalho nesse país continental em seu território, mas também nas desigualdades sociais e econômicas.

Esses elementos da sujeição vão sendo repassados de geração para geração. O pai que não teve condições de educar o filho, de ter uma residência, um pedaço de terra para dar sustentação à família, ou seja, direitos sociais e econômicos, o único meio de trabalho são as propriedades privadas com as condições já retratadas. Portanto, a degradação do trabalho vai se solidificando, passando de pai para filho, formando uma corrente de desigualdade. São pessoas ignoradas pela sociedade, que finge que não os enxerga; quando os veem, ignora, porque parte dessa sociedade se utiliza da fragilidade do próprio sujeito que perdeu suas referências sociais.

A condição de submissão em que se encontra o trabalhador – por seu grau de pobreza, pela falta de entendimento analítico sobre as relações de trabalho imposta pelos contratantes, pela falta de escolaridade e outros elementos – o obriga a aceitar as atrocidades, o desrespeito, as formas de dominação, sem uma reação coletiva de denunciar tais atos, ficando no confinamento da desilusão. A ação desses sujeitos só acontece no momento em que o grau de violência chega ao extremo, fazendo com que as denúncias sejam efetivadas, não pela ação coletiva, mas por um indivíduo que se sentiu ameaçado e fugiu, denunciando a fazenda, beneficiando os que ficaram, como aponta os registros do Ministério do Trabalho e Emprego em Araguaína:

> *O reclamante informa que são 03 trabalhadores todos sem CTPS assinadas, que estão abrigados em um barracão precário, alimentação péssima, bebem água poluída, bebem de uma represa. Informa ainda que os trabalhadores trabalham todos os dias inclusive aos domingos, trabalham manuseando veneno sem nenhuma proteção. (reclamação trabalhista, 2007).*

Essa denúncia retrata um pouco as ações de resistência desses trabalhadores, que podemos definir como uma luta isolada, mas que tem uma repercussão positiva no contexto da ação dos órgãos que lidam com a erradicação de trabalho degradante, principalmente o trabalho escravo por dívida. Na verdade, trata-se de resistências pontuais que atingem poucos trabalhadores, devido ao medo e às represálias. Um dos grandes motivos que faz esses trabalhadores silenciarem no que se refere à luta pelos direitos trabalhistas é o medo de não serem mais contratados para trabalharem nas fazendas.

A pouca qualificação e o baixo grau de escolaridade repercutem nas reações desses sujeitos no que se refere à busca de ajuda, nas denúncias contra a barbárie dos fazendeiros, dos aliciadores, das falsas promessas e da dívida adquirida, o que tem sido um entrave para a luta por seus próprios direitos. A Tabela 5 mostra o grau de escolaridade dos trabalhadores vítimas de práticas contemporâneas de trabalho escravo no município de Ananás, que é um dos fatores de dificuldade de clareza dos fatos. O sujeito é levado a ser subordinado às relações de trabalho que lhe são impostas pelos fazendeiros.

TABELA 4 – GRAU DE ESCOLARIDADE DOS TRABALHADORES VÍTIMAS DE PRÁTICAS DE TRABALHO ESCRAVO POR DÍVIDAS- ANANÁS – TO

Grau de escolaridade	Número de trabalhadores por série
Analfabeto	07
Primário completo	02
Primário incompleto	09
Ginásio Completo	01
Ginásio incompleto	05
Colegial completo	03
Colegial incompleto	03
Total de entrevistados	30

FONTE: Trabalho de Campo, 2007/2008/2009. Org. Alberto Pereira Lopes.

A metodologia utilizada para a construção da Tabela 4 foi por meio dos relatos dos trabalhadores no momento da entrevista. A Tabela 4 mostra essa realidade do grau de educação desses trabalhadores, a qual serve como parâmetro para se pensar como neste país a injustiça social permanece atrelada às formas de vida de milhares de homens e mulheres que vivem em situação calamitosa.

A Tabela 4 demonstra o número de sujeitos cujos direitos foram tirados, especificamente a educação. Não tiveram condição de permanecer na escola porque precisavam trabalhar, conforme alguns dos entrevistados relatam. Percebe-se que o número de analfabetos corresponde a sete trabalhadores. Trata-se de um número bastante significativo, principalmente se formos somar com aqueles que têm apenas o primário incompleto, que na verdade são semianalfabetos, totalizando 16 trabalhadores nessa situação. O número de trabalhadores que apresentaram o primário completo é pequeno nessa amostragem, somando apenas dois. Da mesma forma, os trabalhadores que estudaram o ginásio representam um total de seis. Nem todos concluíram as séries que vão da 5ª à 8ª do primeiro grau. Como podemos observar, apenas um concluiu o ginásio, enquanto cinco trabalhadores não terminaram seus estudos. O colegial representa seis trabalhadores com a mesma característica das demais séries relatadas, alguns estudaram o primeiro ano, outros o segundo, e alguns concluíram, ficando assim: três finalizaram o curso, enquanto os outros três não terminaram. O colegial vai do 1º ao 3º ano do segundo grau. Esse é um quadro da situação social que vivenciam estes trabalhadores, que não tiveram a oportunidade de estudar e são obrigados a se submeterem à violência não apenas física, mas também à violência da moral e da falta de alternativa de vida, ou talvez, de um sonho mais concreto. Assim relata um dos trabalhadores sobre a importância de estudar:

> *O que falo sempre é que meus filhos já estão crescidos, já estão na escola, e eu falo para eles direto para se interessarem bem, para estudarem para não passar o que eu passei, porque hoje ainda eu sou um cabra novo, mas já sofri muito. Fui para a fazenda muito novo, assim sem juízo, quando estava estudando minha mãe pelejou para eu ficar no colégio, mas adolescente é assim, quando bota o impulso para um lugar aí não tem jeito. Aí sai do colégio e fui para a fazenda. Isso me prejudicou muito porque passei dez anos fora do colégio, voltei agora para terminar. Terminei com muita dificuldade, mas terminei. E falo para meus filhos não seguirem esse exemplo porque apanhei muito na vida. É sofrido trabalhar em fazenda dos outros novo, sem experiência nenhuma, ir atrás por necessidade para dar de comer a família, não é mole não. (G. N. dos S., jan. 2009).*

O relato desse trabalhador acima mostra o seu grau de consciência sobre a importância da educação para sair da dominação dos proprietários de terras, da alienação a que muitos estão submetidos por falta de oportunidade de estudo. É essa dificuldade de formação educacional que torna os trabalhadores presas fáceis para o trabalho degradante. A educação é um direito social que poderá erradicar o trabalho forçado, o trabalho degradante e a peonagem. Afinal, é por meio da formação do sujeito que se constrói a cidadania.

Devido ao grau de dificuldade dos trabalhadores em exercer o direito à educação, o sonho é limitado a um pedaço de terra para retirar o sustento da família. Os sonhos desses sujeitos são algo simples, é fazer com que o Estado implemente de fato a reforma agrária tão sonhada, como aborda um dos trabalhadores quando foi perguntado sobre o porquê de trabalhar em fazendas distantes do local de residência.

> *Diante da precisão, nós não temos terra pra trabalhar, por isso vamos atrás de serviço, entendeu? O que nós estava querendo era o negócio dessa terra aí que era sair para nós, mais até agora nada. Nós estamos precisando só disso da terra pra nós trabalhar, porque*

> essa terra aqui é arrendada, aqui é só três anos e já ta quase morrendo já. (F. S., jun. 2008)

Como relata o trabalhador, o sonho talvez esteja contido nesse desejo de ter um local para o seu trabalho e sustento da família, que é de fato a criação do assentamento, que para este homem representa a melhoria da situação em que sobrevive, como a fome, o subemprego, ou até mesmo o emprego temporário que o condiciona para o trabalho escravo. Figueira (2004, p. 302), discutindo sobre os sonhos dos trabalhadores vítimas de trabalho escravo, descreve:

> Acalentam-se de qualquer forma sonhos, e muitos desses são circunscritos ao espaço da possibilidade. Aquilo que para uns é apenas uma realidade banal, para outros pode ser horizonte de vida. Dá-se o passo, mesmo no sonho, às vezes, conforme o tamanho das pernas. Ou, pelo contrário, sonha-se o 'impossível', principalmente quando se é jovem ou quando se vive uma situação especial. As situações tensas e difíceis são diversificadas, como são diversificadas as respostas dadas pelas pessoas. Nessas situações, alguns reagem a cada momento de forma diferente. E mesmo a alteridade, que é mais intensamente sentida por uns, não o é por todos.

É por essa possibilidade que o jovem ou ainda o mais velho ainda têm suas esperanças em ter algo concreto. Não adianta viver teoricamente de liberdade, como está pautada a constituição do país, na Declaração Universal dos Direitos Humanos, se a liberdade é apenas uma abstração, dependendo do grau de confinamento recebido nos serviços prestados nas fazendas. Para alcançar a liberdade, é preciso fugir do confinamento devido à coerção que poderá sofrer dos fazendeiros, como apresenta este trabalhador em sua fala:

> *Teve deles que fugiram. Teve um que fugiu porque devido à falta de condição para vir embora. Tava devendo, não tinha outro apelo e a sujeição tava grande. A sujeição era como eu lhe falei agorinha, negócio de mantimento que ninguém num tava aguentando mais. Nessa situação nós tava numa turma de trinta homens. Muitos fugiram e não foi pego pelo gato (F. S., jun. 2008).*

Essa é uma realidade presente nas vidas desses trabalhadores que buscam o trabalho em propriedades privadas, firmando contrato que nunca é cumprido pelos fazendeiros, gerentes ou os próprios aliciadores.

O fato é que seguram a carteira do trabalhador como forma de prendê-lo, para que este não fuja e termine o serviço nas condições de trabalho que eles estabelecem. A apreensão da carteira é uma atitude enganosa do contratante, assim como o contrato é uma farsa. Como argumenta este trabalhador a respeito do contrato e de sua liberdade, ao ser perguntado sobre que tipo de contrato era firmado, e se havia liberdade de ir e vir:

> Antes num tinha contrato, ia trabaiava, quando chegava num fim do mês tinha o acerto. Agora não, eles leva o trabaiador para trabaiá diz que é de carteira assinada. Quando eles sai da fazenda fica com a carteira, como ficou, dois meses precisando dessa carteira levaram para Araguaína e nunca deram conta dessa carteira, e hoje se a gente não tiver carteira, fica difícil arrumar serviço. Não tinha liberdade (F. S., jun. 2007).

Outro trabalhador argumenta sobre o seu direito de ir e vir:

> Só tinha liberdade de ir. Uma comparação nós tava num serviço aqui, enquanto nós num terminasse aquele serviço nós não podia sair. Depois que terminasse o serviço e pagasse as contas tudo, aí é que nós saía, mais enquanto não pagasse aquelas contas e enquanto não terminasse um serviço, num saía não (P. O., jun. 2007).

As falas demonstram o cerceamento desses trabalhadores e sua fragilidade social. Trata-se de algo promovido pelo próprio capital, em que os fazendeiros utilizam a mão de obra necessária e pagam o quanto desejam, ou não pagam nada, como no caso o trabalho escravo. Está explícito na fala do trabalhador que a dívida é adquirida no serviço. Além de trabalhar para o fazendeiro, ainda fica devendo, o que acarreta o cerceamento da própria liberdade.

Muitos fazendeiros vivem em outras regiões, e os serviços em suas fazendas são designados para o gerente. Esses fazendeiros não querem se envolver com problemas relacionados às relações de trabalho entre os trabalhadores e os seus empregados. Conforme Figueira (2004, p. 303) relata sobre a relação entre o proprietário, trabalhadores e empreiteiros:

> Enquanto a relação próxima e pessoal entre os prepostos e o trabalhador pode degenerar até em violência física, a relação entre o proprietário (ou a direção da empresa que, normalmente, tem sede em outra região) e o trabalhador pode ficar na esfera do 'alheamento'. O dono se interessa apenas pelo resultado da empreita,

não lhes interessam os 'detalhes' das relações com os peões, não presencia os mecanismos de controle, não assiste às sessões de violência física e não determina que matem os fugitivos. Se seus prepostos o fazem, nada sabe nem gostaria de saber. Diversos proprietários de terra alegaram, quando acusados, desconhecer notícias de abusos ou violência perpetrados por seus empreiteiros ou 'fiscais'.

É importante ressaltar que nem sempre é assim, o dono também pode ser o mandante direto, e quando não, fica no abstrato da violência sofrida pelo trabalhador, manda seus capangas para resolver tais problemas para não se envolver diretamente e fica por trás da irregularidade que é a prática de trabalho escravo. É diante da contradição do capitalismo que os fazendeiros retiram do trabalhador aquilo que lhe pertence, que é a força de trabalho, em uma forma perversa e desumana, tornando o que é alheio sua propriedade. Assim, os maus tratos e a falta de seriedade têm sido grandes problemas que esses proprietários de terras incorporam, demonstrando as formas mais cruéis de poder e dominação sobre o outro.

Em tempos contemporâneos, observa-se a alta tecnologia. Alguns estudiosos apontam um mundo pós-moderno, com a biotecnologia, com os robôs, a descoberta de elementos primordiais para a vida da humanidade, como as células-tronco, a descoberta de novos medicamentos para Aids, câncer, entre outras descobertas. No outro extremo, encontra-se a contradição, em que muitos trabalhadores vivem em sistema de confinamento, obrigados a obedecer às ordens, a sobreviver das migalhas pagas pelos fazendeiros por sua força de trabalho, se é que são pagas. Esses trabalhadores vivem extremamente do subemprego. Em um dia se trabalha por alguma hora; nos outros dias fica-se parado, ou se trabalha temporariamente em fazendas, virando depois peça descartável.

Na verdade, vivenciamos um mundo das contradições e da incerteza, um mundo que se globaliza para alguns, com a concentração da riqueza, e outro, em que vive uma população globalizada da pobreza e da miséria. É nesse sentido que Chossudovsky (1999), discutindo a Globalização da pobreza, retrata as formas perversas e contraditórias do capitalismo em seu processo acumulativo, constituindo crises em todas as nações. A partir dessas reflexões, observa-se a origem da exclusão social em que vivem os trabalhadores movidos pela dominação, tornando-se vítimas das atrocidades dos que alimentam a contradição e a desigualdade do sistema capitalista, ou seja, os donos dos meios de produção.

Pensar o trabalho por dívida no Brasil ou no mundo é examinar teoricamente a sua origem, as relações com que são vivificadas entre o aliciado e o aliciador, é compreender essa forma de exclusão social em que vivem as vítimas de práticas de trabalho escravo contemporâneo, associadas ao analfabetismo, à ausência de escolaridade, à falta de moradia, à falta de emprego, à falta da terra etc. Todos esses elementos são primordiais para as condições favoráveis para originar a condição análoga ao trabalho escravo, como tem conceituado o Código Penal Brasileiro. Essa condição de escravo – que tem crescido no Brasil, sobretudo nas regiões da chamada fronteira, mas também no coração do capitalismo agrário, como São Paulo, com a atividade da cana-de-açúcar – nos evidencia a contradição do próprio sistema. Para refletirmos sobre a reinvenção do trabalho escravo no Brasil, é preciso ter em mente que:

> A escravidão contemporânea não é um desvio, portanto, e sim mais uma aparente contradição do capital que utiliza formas que parecem negar a sua própria natureza, ignorando assalariamento e o contrato social estabelecido entre tomadores e vendedores da força de trabalho (SAKAMOTO, 2007, p. 111).

É diante dessa contradição engendrada pelo sistema capitalista que os trabalhadores vítimas de tais atos, sobrevivem em suas localidades com suas histórias de vida, na verdade, a aflição determinada por todo um processo excluso e de crueldade que tem sido experienciado no decorrer da caminhada em muitos serviços prestados nas fazendas, e estas têm sido autuadas com práticas de trabalho escravo. Em Ananás, essas histórias são claras e precisas desses trabalhadores em relação à violência que acontece no interior das fazendas, o que compreende desde a falta de assistência médica até o ato de crueldade, levando à negação do ser social. As falas desses trabalhadores vítimas dizem com objetividade o que significa essa negação. Ao perguntar sobre a assistência médica, caso viesse adoecer, o trabalhador responde com precisão:

> *Num era não, porque um que eu vi lá foi muito mal tratado, um cidadão de idade já, ficou mais de uma semana doente lá, e eles com a moto não deu assistência pra deixar pelo menos na beira da estrada pra ele pegar o carro da linha, ele num veio deixar. Ele tava muito gripado e*

> com febre, e aconteceu para todo mundo ver. Aí eu e nós expliquemos uns pros outro: oi, vocês estão vendo como é o negócio aqui? Ele ficou a semana no barraco de lona preta, até um dia que ele aguentou e saiu caminhando até a beira da estrada pra pegar o carro pra vir embora. Ele pagou só os dias que ele trabalhou mesmo, mais os dias que ele ficou parado não, e nem deu assistência (J. P. B., jun. 2007).

A violência física também é retratada nas falas dos trabalhadores – uma coisa antiga que vem desde os tempos do Brasil Colônia na legalização do trabalho escravo –, a qual atravessou dois séculos, chegando ao século XXI com força, em uma dimensão em que o trabalhador do campo ainda encontra-se em relações servis de trabalho e da dependência pessoal difundidas entre essa população pobre que se encontra no campo, sem esquecer a cidade. Para ressaltar essa questão, o trabalhador na cidade de Ananás, ao ser perguntado sobre a questão da violência, nos remete a um episódio vivenciado no século passado:

> Mais cheguei a ver violência, cheguei a ver nego apanhando. O gato o nome dele é até Raimundão, uma fazenda aqui em Araguaína nós trabalhemos lá, tinha o Raimundão e o Anjo, os dois sócios que trabalhava nessa fazenda. numa fazenda do caminho de Araguaína que passa no pé do morro, e do pé do morro a gente entra para Santa Fé. O Anjo se o camarada não fosse trabalhar ele atirava na perna. Teve um trabalhador que não quis trabalhar ele atirou na perna que torou a perna de revólver. Passou fogo e torou a perna dele. Não teve nadinha não, não teve negócio de polícia ir lá, eram tudo valente, fazendeiro e tudo. Isso foi na década de 1977, ah era (J. P. B., jun. 2007).

Esse relato mostra o quanto o poder do fazendeiro estava alicerçado a um regime militar que se apoiava na repressão e na falta de liberdade. O açoite, a crueldade servia de lição para aqueles que desrespeitassem as ordens do fazendeiro, caso o trabalhador reagisse às condições de vida que lhe eram impostas, este era visto como subversivo. Portanto, a repreensão estava na ordem do dia, o fazendeiro tinha um aliado forte que lutava contra o comunismo, que era o próprio governo federal, qualquer manifestação dos trabalhadores do campo e da cidade era motivo de suspeita de subversão. A polícia não tinha poder de ir contra os poderosos, porque estes apoiavam as medidas do Estado, reprimiam os camponeses e trabalhadores rurais. Caso a polícia fosse resolver qualquer conflito em relação à posse de propriedade entre os fazendeiros e trabalhadores, a medida era adversa.

Para nos embasar a respeito dessa questão da violência do trabalho escravo na década de 1970, Martins (1997, p. 89) argumenta sobre a atuação das instituições jurídicas e dos próprios fazendeiros:

> Na verdade, as instituições da justiça e da polícia foram severamente debilitadas, quando não se tornaram abertamente coniventes com a escravização dos trabalhadores e com a expulsão de camponeses da terra, como é de tradição em muitas e remotas regiões do país. A grande propriedade sempre foi um enclave sujeito a critérios próprios de direito, embora ilegais; lugar do reino do arbítrio do senhor de terras, que se torna, por isso mesmo, ainda hoje, senhor de consciências e de pessoas.

No entanto, o trabalho escravo nessa época se expandia nas regiões brasileiras, mesmo com denúncias de religiosos. Esse sistema na verdade se fortaleceu por meio da imposição dos senhores donos de terras, que também migraram de uma região para outra, sendo beneficiados pelo próprio Governo. Podemos perceber como as falas dos trabalhadores rurais que foram vítimas de trabalho escravo têm uma história que passa de geração à geração, e que, na verdade, a herança que tem para deixar para a geração futura, filhos e netos, é a herança da pobreza e da submissão. É uma herança do trabalho árduo, porque estes são peças descartáveis, são sujeitos que vivem na abstração do próprio Estado, exclusos dos seus próprios direitos sociais.

No município de Ananás, esses trabalhadores têm objetivado suas histórias e suas trajetórias em uma concepção de tristeza, mas também de aceitação, como se fosse o destino traçado por Deus, o que dificulta na luta dos seus próprios direitos, por meio da denúncia às instituições competentes. Esses trabalhadores, segundo levantamento que fizemos, vivem de pequenos serviços, em que seus rendimentos mensais para a família não passam de R$ 200,00 mensais por mês. Se formos levar em consideração a renda dessa população como critério exclusivo para o Índice de Desenvolvimento Humano, percebe-se o quanto são vulneráveis esses trabalhadores à miséria e à extrema pobreza.

É importante frisar que esses trabalhadores pesquisados que se encontram em Ananás, nessa situação calamitosa, não são totalmente do estado do Tocantins. Estes vêm de várias regiões do país, empurrados pela falta de emprego em seus lugares de origem, como podemos observar na Tabela 5.

TABELA 5 - A ORIGEM DOS TRABALHADORES RESIDENTES NO MUNICÍPIO DE ANANÁS – TO, VÍTIMAS DO TRABALHO ESCRAVO

Local de origem	Números de trabalhadores
Bahia	02
Ceará	01
Maranhão	08
Pará	01
Pernambuco	01
Tocantins	12
Outros	05
Total	30

FONTE: Trabalho de campo, jun. 2007/2008/2009. Org. Alberto Pereira Lopes

A Tabela 5 mostra a diversificação migratória de trabalhadores em busca de trabalho no município de Ananás, que depois de muito tempo trabalhando na região acabam formando famílias e permanecendo no lugar. Alguns vêm com a família e ficam à mercê da própria sorte de conseguir um trabalho, e constroem seus barracos nas periferias das cidades, em terrenos baldios. Em Ananás, observam-se ruas de casas de taipa ou de palha, mostrando a extremidade da pobreza humana. Levando em consideração os dados apresentados na Tabela 5, observa-se que os estados do nordeste são os que mais têm migrado em direção à fronteira do país, destacando-se o estado do Maranhão, com cerca de oito trabalhadores que se encontram no município e que foram vítimas de práticas de trabalho escravo por dívida. Os demais estados do nordeste, incluindo Ceará e Pernambuco, somam em torno de dois trabalhadores.

Os outros, na Tabela 5, representam estados da federação com índices menores de migração em direção à região, como Espírito Santo, Goiás e Minas Gerais, que correspondem a cinco dos trabalhadores presentes no município e que foram escravizados. Trabalhadores de outros municípios do Tocantins também se encontram em Ananás, com cerca de 12 trabalhadores; isso demonstra o quanto a expansão da fronteira em direção às áreas menos desenvolvidas tem sido um dos fatores importantes para a prática de trabalho escravo. Ananás tem tido um dos maiores índices de trabalhadores escravizados, mediante a sua situação de sítio, por este fazer limite com o estado do Pará, além das fazendas serem isoladas no sentido de uma atuação dos órgãos que lidam com a questão da ilegalidade do trabalho, como Ministério Público, Promotoria Pública e Polícia Federal.

Todos esses órgãos encontram-se a mais de 240 km de distância; situam-se na cidade de Araguaína, e para autuarem fazendas com trabalho ilegal é necessário haver denúncias de trabalhadores ou entidades que lidam com a questão dos direitos humanos, como a CPT ou Centro de Direitos Humanos, cujas sedes também ficam nessa cidade.

Essas adversidades de informações, muitas vezes, dificultam que se saiba de fato os números reais de trabalhadores que foram vítimas de trabalho escravo, uma vez que estes temem por sua própria vida e assim não denunciam. São enganados pelas falsas falas daqueles que os dominam. Ainda tratando dos migrantes, conforme a Tabela 5, estes têm uma maior dificuldade de falar abertamente, pois têm medo de não voltar para o lugar de onde vieram, deixando algum ente querido, ou ainda estar na fase de adaptação ao estranho, às formas como são tratadas as relações de trabalho que se estabelecem entre patrão e empregado, que talvez sejam bem diferentes do seu lugar de origem.

Mesmo já vivendo no lugar, esse medo do estranho, do novo é algo que deixa o trabalhador que veio de outros lugares na condição de compreender tais relações e se adaptar, ou talvez, pode tornar-se uma pessoa que trabalha para a confiança do proprietário. Todas essas questões são conjecturas possíveis, pois a figura do gato, por exemplo, nem sempre se trata de um trabalhador nativo do lugar; pode ser também um migrante de alguma outra região do país. Tornou-se, então, explorador da força de trabalho daquele que tem a sua mesma condição, tendo sido escolhido para atender às determinações do patrão, no caso, do trabalho como aliciador. Podemos perceber essas complexidades na afirmação de Figueira (2004, p. 305) em relação à chegada do migrante ao novo lugar:

> Migrar implica entrar em um universo em que há carências, perplexidades, o novo invade, e é necessário adaptar-se ao estranho. Mas também é mais do que isso, é troca, aprendizado e intercâmbio com outros de novas formas de concepções. Rompe-se com a mesmice de uma vida com fronteiras limitadas e, no risco, aprende-se, alarga-se e se dilatam as fronteiras do próprio ser. Ou

não. Aquele trabalhador que se desinstala do conforto de uma cultura que tem como referência e se integra a uma outra comunidade também sofre rupturas que podem fragmentá-lo.

Percebem-se nessa afirmação as mudanças que o migrante sofre ao romper com um tempo limitado ou com um espaço limitado. Tratava-se de sua própria vida adaptada ao seu mundo de cultura, da certeza que condicionava sua vida cotidiana. Ao romper com tudo isso, o novo é uma incógnita; inexiste a certeza de uma vida adaptada, apenas a incerteza do que virá. Se a ruptura do limite construído do seu lugar em relação às suas relações sociais, culturais ou econômicas pode ser vista como uma atitude corajosa por se aventurar em locais desconhecidos, pode também acarretar a própria fragmentação de uma esperança que não se concretizou. O trabalhador se torna presa de novas formas de exclusão, como o trabalho escravo. Figueira (2004, p. 305) mostra esta questão com clareza, ao discutir as novas relações sociais que os migrantes encontrarão em seu novo lugar:

> De fato, os resultados de um processo difícil de adaptação não são iguais para todos. Há os que aprendem mais, ao sofrer o engano e o fracasso; os que saem feridos e se recompõem aos poucos; os que se adaptam, podendo, em alguns casos, se inserir na lógica da exploração, e então o universo de seu sonho passa pela transformação em outro eu, transmuta-se em fiscal ou gato, repetindo com outros aquilo que sofreu. Dependendo do grau de desajuste, em vez de 'surtar', viver o grau máximo da 'alteridade radical', deslocados dos seus, do universo conhecido e dominado, sucumbir com o 'esfacelamento de seu eu', [...] esse trabalhador, transmutado, pode identificar-se com o agressor e assumir a agressividade do outro.

É nesse mundo da incerteza que o trabalhador migrante vai em busca de resolver aquilo que lhe aflige, que é a falta de trabalho para a sua sobrevivência. Assim, não importa o que vai fazer, o que lhe vai ser oferecido. Nesse momento, perde-se toda uma referência construída no seu lugar para se adaptar às novas formas de relações, entre oprimidos e opressores, em uma cultura da brutalidade e da crueldade.

É diante dessas complexidades que o trabalhador tem se inserido talvez em uma forma que jamais imaginaria, deixando para trás relações contrárias àquelas convividas no seu cotidiano, para se adequar ao que lhe fora oferecido. Trata-se de "aprender a regra" da luta pela sobrevivência, excluindo-se do sistema. Uns transformam-se em escravo; outros reproduzem a cultura da violência, tornando-se pistoleiros, gatos – o preço da sua referência de moralidade se perdeu na poeira do caminhar.

Outro elemento importante para compreendermos as relações sociais entre trabalhadores escravizados e os dominadores são as mulheres que retratam suas vivencias na ausência dos maridos. As mulheres desses trabalhadores são personagens em suas histórias de vida, pois são essas que seguram o peso da responsabilidade, seja por ficar com as crianças, seja pelo trabalho que exercem na ausência dos maridos para alimentar suas crias e a si próprias. Suas falas são retratadas diante da angústia com a saída do marido na luta pela sobrevivência.

3.4 A mulher, o gênero e a sua história na cadeia da escravidão por dívida

Não poderíamos deixar de fora a presença da mulher na consolidação dos seus direitos na sociedade, em todo seu processo de formação, muitas vezes sendo submissas, outras protagonistas de lutas, algumas como aliciadoras integradas com o gato, outras como companheiras, ou ainda como aliadas dos seus próprios maridos, como as mulheres vítimas indiretamente do trabalho escravo por dívida, as quais fazem parte desse triste fado.

A categoria gênero feminino nos condiciona a pensar a história de luta e organização das mulheres que vem se construindo ao longo da história da humanidade. Os tabus, os preconceitos vão se extinguindo, graças às iniciativas que as mulheres têm propagado para serem respeitadas, buscando o que lhes é de direito, o respeito, a igualdade de gênero, que sempre lhes foram renegados, subestimadas aos homens diante da sociedade. Uma sociedade que reproduziu divisores de águas, ficando com o homem o poder patriarcal, substituindo as organizações comunitárias em uma sociedade primitiva, para ser concebida a individualização do trabalho em uma sociedade moderna. A mulher exercia no período medieval um papel de submissão em relação ao homem, limitando-se à produção de valores, enquanto o gênero masculino estava acima dos valores exercidos pelas mulheres. Os valores submetidos às mulheres estavam destinados à procriação, às atividades do lar, à educação e a cuidar dos filhos.

Nessa análise, a categoria gênero não poderá ser construída como fator preponderante ligado ao sexo. Por mais que pensemos a mulher como gênero, que se concebe pela sua fragilidade como categoria de análise na história da humanidade, sobretudo nas mentalidades conservadoras em que há uma desvalorização das atividades femininas como algo natural, e a superioridade masculina como parte da natureza humana. Essa concepção de gênero não é objeto de estudo do nosso trabalho, mas há uma necessidade de compreensão para concebermos o papel da mulher na sociedade, em seus períodos históricos, sobretudo a mulher que vivencia o trabalho degradante. O gênero como categoria de análise torna-se complexo no momento em que os conceitos são distorcidos, mediante a questão de utilizar uma acepção mais biológica ligada à questão do sexo, ou em sua definição substituir a palavra mulher por gênero.

Telles (2006, p. 40) esclarece:

> Gênero é um conceito de ordem política [...]. Com seu uso, aplicado nas áreas acadêmica e política, em sindicatos e nos diversos movimentos sociais e ONGs, o termo passou a ter um conteúdo bastante amplo, ora dando-lhe uma idéia mais abstrata e genérica, ora considerando tanto a opressão feminina quanto as necessidades de transformar as mulheres em protagonistas de sua própria história.

Nessa concepção, observa-se que o gênero não diz respeito apenas à questão da mulher, mas é uma categoria que permite a realidade do dia a dia, das relações sociais entre os sexos, os conflitos e as contradições. Como podemos observar no conceito de Telles (2006, p. 44): "Gênero traz uma característica relacional. Não trata apenas das mulheres, mas inclui as relações entre as próprias mulheres, entre os próprios homens, assim como as relações entre mulheres e homens." Nesses termos, percebe-se que as lutas das mulheres pelos seus direitos se condicionam desde a essência da reprodução da vida, como também na luta pela igualdade da espécie humana, seja no que diz respeito ao homem, seja no que diz respeito à mulher.

A categoria gênero decifra a forma pedagógica de entender as formas hierárquicas da supremacia masculina, de compreender todo o processo de submissão e opressão que foi o legado da história da humanidade em relação à mulher. Não se trata do feminismo, que é mais específico na organização feminina por seus direitos, em relação à igualdade, à autonomia e à própria justiça. O gênero é uma forma mais ampla que compreende as relações sociais entre os sexos.

A participação da mulher na sociedade é resultado de fatores significativos, como seu posicionamento mediante a opressão, a violência, a discriminação, sempre subordinada ao homem em toda a sua existência. Mediante a sua limitação de direitos e da sua própria subordinação ao homem, as temporalidades não foram capazes de apagar esse fado. No período medieval, a participação das mulheres nas decisões era limitada. Do ponto de vista jurídico não existia igualdade, esta estava subordinada aos caprichos do homem. Mas nem por isso a mulher deixou de lutar pelo respeito e por sua integridade, haja vista a luta contra a obrigatoriedade de não poder casar e ainda ter que pagar o dote para obter um marido. Para a mulher camponesa, as dificuldades eram maiores, pois esta tinha que trabalhar para conseguir o dinheiro que necessitava para o seu casamento.

> Não era raro que uma mulher para obter um dote tivesse que se submeter a servidão ainda maior chegando mesmo a prostituir-se para obter o dinheiro necessário. Somente por volta da segunda metade do século XIV, diante dos efeitos de uma monstruosa crise econômica, a mulher foi banida do mundo do trabalho e reclusa ao lar, o que acabou perdurando em alguns países até os primórdios do século XIX. (BAUER, 2001, p. 29).

O que podemos perceber é que, mesmo com a participação da mulher nas atividades de trabalho – fossem as camponesas que se envolviam nas casas dos senhores, nas atividades agrárias, fossem as que viviam na cidade –, estas eram submetidas ao domínio do homem, que as ordenava. No regime patriarcal, foi dado ao homem o privilégio da palavra, do domínio sobre as mulheres, do destaque na administração familiar e na riqueza dos bens que estavam ao seu alcance. A mulher se destacava em sua relação com as atividades domésticas, sendo que sua posição era limitada e submissa mediante ao destaque do homem como responsável geral da família. A palavra final era sempre do homem em relação aos negócios ou se tratando de problemas familiares.

O século XIX talvez tenha sido um marco na consolidação dos direitos das mulheres, na luta pela liberdade, quando a burguesia se destacava contra a monarquia. A burguesia, com seu lema lendário "liberdade, igualdade e fraternidade", conseguiu estabelecer novas relações no mundo. Com sua ascensão, abriu caminho para a solidificação do sistema capitalista. A mulher, nesse momento, tem um papel fundamental, no sentido de intensificar sua atividade política, a difusão de suas ideias, além de reivindicar melhores salários e condições de trabalho satisfatórias.

Tais avanços, como a ascensão da mulher ao mercado de trabalho e a difusão de suas lutas no mundo moderno, foi um momento crucial, porém não deixaram de existir a discriminação e o preconceito. Com a Revolução Industrial e o desenvolvimento da tecnologia, novas máquinas e novas relações de trabalho trouxeram profundas transformações econômicas e sociais. Contudo, a condição social da mulher não mudou, pois não houve uma participação em massa da produção industrial, com exceção das trabalhadoras das fábricas têxteis, pois sua atividade principal estava pautada no serviço doméstico, na confecção de roupas etc.

> Com o advento da Revolução Industrial, a incorporação da mulher no mercado de trabalho consolidou, em função da ideologia sustentada historicamente, preconceitos sobre o sexo feminino na esfera do trabalho: salários mais baixos para as mulheres, designação para tarefas consideradas menos qualificadas, aceitação da dupla jornada de trabalho para mulher – trabalho doméstico e trabalho remunerado –, massa de reserva para o capital industrial, etc. (ROSSINI, 1988, p.159)

A mulher, apesar de ser doméstica, foi transformada em mão de obra barata para o sistema capitalista, sendo que o seu salário era aviltado em relação ao homem. O trabalho da mulher foi redobrado para dar sustentação a casa. Além de ser responsável pelos afazeres domésticos, trabalhava como operária nas fábricas. Lênin, tratando sobre a relação de trabalho entre homem e mulher com o desenvolvimento da indústria mecanizada na Rússia, mostra o rompimento do sistema patriarcal e de dependência pessoal. Acrescenta que:

> Precisamente esta ruptura com as tradições caducas uma das condições substanciais que criaram a possibilidade e originaram

> a necessidade de regular a produção e de submetê-lo ao controle social. Falando particularmente da transformação das condições de vida da população pela fábrica, é necessário advertir que a incorporação de mulheres e adolescentes à produção é um fenômeno progressivo em sua base. Indubitavelmente a fábrica capitalista põe estas categorias da população operária em uma situação particularmente difícil. É necessário reduzir e regular a jornada, assegurar condições higiênicas de trabalho etc., porém seria reacionária e utópica a tendência a proibir por completo o trabalho industrial às mulheres e adolescentes ou manter um regime patriarcal de vida que excluísse este trabalho (LENIN, 1980, p. 15).

O sistema patriarcal em sua história mostrou-se discriminatório em relação à mulher, porque o homem alcançou uma posição de grandeza no que diz respeito à organização familiar, a mulher estava submissa aos afazeres domésticos. No entanto, as mudanças que ocorreram nos sistemas econômicos de produção foram significativas para a emancipação da mulher no mercado de trabalho. Mesmo com o modo desigual da produção e reprodução, a sua voz propagou-se em todo o mundo. No entanto, a sua situação como operária e doméstica é diferente de outro grupo de mulheres donas dos meios de produção juntamente com seus companheiros. Diante dessa questão, Rossini (1988, p. 160) argumenta:

> A consolidação do capitalismo significou para as mulheres diferentes situações, isto é, as condições criadas para a mulher rica são diferentes daquelas para as mulheres da classe operária. O capitalismo não trouxe à mulher tempo livre, nem lazer, apenas o aumento da exploração da sua força de trabalho. Também as crianças foram submetidas ainda mais à exploração: famílias inteiras expulsas do campo, vivendo em condições precárias nas 'cidades' e transformadas em mão-de-obra barata.

A oportunidade da mulher ao trabalho sob o novo sistema caracteriza-se pela desigualdade de oportunidades em relação ao homem, pela jornada de trabalho dupla e exaustiva, salários inferiores, fato este que tem sido determinante em relação a sua atuação no sistema produtivo, como mão de obra barata, e de reserva para reprodução do capital. Izumino (2004, p. 78), em seu estudo "Justiça e violência contra a mulher", argumenta:

> É fácil verificar ainda hoje que este estigma continua sendo responsável pelas diferenças salariais entre homens e mulheres que ocupam o mesmo cargo e desempenham as mesmas tarefas, além de dificuldades de ascensão profissional e seu condicionamento a favores sexuais, atitudes que muitas vezes escancaram o preconceito de cunho sexista com que as relações entre homens e mulheres se desenrolam na sociedade brasileira.

Essa desigualdade de gênero ocorre em todas as classes sociais, o homem usando a sua forma machista de inferiorizar a mulher na condição de submissa ou do sexo frágil. Tem buscado formas de lhe aprisionar, amedrontar, de utilizar o seu domínio como a chantagem para adquirir o seu próprio desejo, seja pelos interesses pessoais ligados a questão de sua ascensão, seja pelo sexo, diminuindo a mulher ao objeto de desejo.

A dominação masculina tem se utilizado de armas contraditórias para persuadir a mulher de maneira equivocada, para mostrar a sua força como forma de superioridade. Assim, acontece com a mulher operária, com a mulher executiva, ou com a mulher camponesa. Esta última é mais vulnerável às formas de preconceitos e machismos diante a sua própria condição, baixo nível econômico e social, sujeitando-se a aceitar o que lhe é concedido, em troca do trabalho que lhe dê o sustento.

A vulnerabilidade em aceitar a forma machista ocorre devido ao baixo grau de qualificação profissional. Sem estudo, é agredida em sua moralidade como mulher, como ser humano. O homem, por sua vez, tenta diferenciar valores de um com o outro, por meio da força ou no grito. A mulher camponesa que deixa seus filhos e vai desempenhar tarefas fora do âmbito doméstico tem sido vítima das atrocidades do machismo que perdura ainda em uma sociedade cheia de preconceitos e desigualdades sociais, com vícios históricos como a superioridade do homem sobre a mulher, como se estivéssemos ainda no regime patriarcal do sistema medieval.

Diante do aspecto de inferioridade que tem se propagado no campo, podemos observar nos dias atuais a mulher que vai servir aos peões nas fazendas e é vítima dos desagrados dos gatos, querendo possuí-la como se fosse seu dono, desrespeitando e agredindo com sua atitude machista. Em entrevista, algumas mulheres nos revelaram a dominação de quem as contrata, para sua ascensão profissional na cadeia do trabalho degradante, em especial no Tocantins, como no caso os aliciadores.

> [...] tinha o gato queria tomar conta da mulher, queria governar como se a mulher fosse dele, que a mulher ficasse por conta dele, tudo isso tinha caso dessa forma aí. Botava ela para trabalhar e depois queria que a mulher ficasse sendo dele. Muitas delas não aceitavam, mas tinha delas que aceitavam. Caso elas não quisessem era ameaçadas de demissão, botar para ir embora, emprego naquele tempo era difícil (F. S., jan. 2009).

> Eu tenho uma irmã que trabalha nas fazendas como cozinheira, e nunca recebeu de um empreiteiro de Xambioá. Esse povo da minha família são os esmorecidos ninguém faz nada, ela mesmo ficou traumatizada. Ela ficou dois meses trabalhando para ele e nunca que recebeu. O gato ainda falava para ela: engraçado tu fica me cobrando mais tu tá comendo a minha custa aqui dentro. Aí ela falou: mas o nosso combinado não foi pela comida, é para você me pagar (L. A. da S., jan. 2009).

Como aparece no depoimento, a mulher é vista como objeto de desejo, diante da submissão em relação aos que têm o controle de manipular e ameaçar, porque está com o aliciador, o chamado gato, o ganha pão de que a vítima necessita. O opressor se utiliza dessas armas para impor a sua forma cruel de dominação, não apenas física, mas também a dominação da vontade ou da incerteza de quem é vítima. Muitas são obrigadas a aceitar pela necessidade do trabalho que lhes dá o sustento à sobrevivência e das crianças que estão aguardando sua chegada para saciar a fome, como tem acontecido na fronteira agrícola do país. A mulher, mesmo sendo ameaçada de perder seu trabalho, muitas vezes seu maior bem e da sua família, não deixa se levar pela atitude sarcástica do gato. Assim relata:

> Mais muitas vezes o gato se conformava também, aí ele via que a mulher não queria nada [...] eu tenho conhecimento é porque aconteceu com o meu cunhado assim. Lembra da Hilália? A Hilália cozinhou para eles, aí a Hilália não quis aceitar os paleios dele. Aí saiu do serviço, veio embora, cozinhou lá uma temporada. Aí não quis aceitar os paleios dele. Ela disse mesmo para comadre Lourdes para minha irmã, que não ficou lá por isso (F. S., jan. 2009).

Estamos diante de uma divisão social do trabalho que marca a apropriação do outro, do desvalido em relação aos que estão sendo favorecidos pela força de trabalho dos outros, como no caso o aliciador em relação ao peão. O aliciador incorpora um poder que não é seu, pois o seu trabalho depende dos trabalhadores, e estes são vítimas de uma forma indireta dos seus patrões, utilizam medidas para não aparecerem no contexto das relações trabalhistas. O aliciador obtém poder, em uma relação extremamente peculiar ao seu próprio trabalho, sendo este vítima de sua própria condição degradante do trabalho. De fato, são as cercas que dividem não apenas as terras, mas dividem uma desigualdade social e econômica. De um lado, estão os desvalidos; do outro, os donos dos meios de produção. Mas também as cercas estão divididas em sua forma abstrata na relação de quem manda e quem é mandado, dos que dizem favorecer o trabalho, mas na verdade retiram o trabalho do desvalido, além do tempo e do seu ganho. Assim é o trabalho escravo por dívida que tem ocorrido nas fazendas deste país, explorando e expropriando o trabalhador do seu lugar, mediante a expansão da propriedade.

Nesse contexto da expropriação, encontraremos as mulheres que estão condicionadas a ficar no seu lar, morando nas periferias das cidades, lugar que encontraram para sobreviver. Muitas estão no seu silêncio, observando o que passa com seus maridos, aprisionadas nas suas próprias casas, esperando notícias de quem foi à luta pela sobrevivência. O cotidiano é a companhia que se encarrega de dar esperança do novo dia, enfrentando os obstáculos da ausência do companheiro, tendo que cuidar das crianças, da casa, das compras, da escola. A responsabilidade aumenta à medida que fica sozinha, a única opção é buscar ajuda da família ou dos vizinhos quando necessita, seja por parte da saúde das crianças, seja pela alimentação quando falta na residência.

> *Quando meu marido sai fica difícil. É porque falta as coisas e a gente não tem como comprar, porque só o homem que compra. A gente não tem ficha no comércio. Ontem mesmo eu fui ao comércio e o homem não me vendeu não. A minha mãe ajuda um pouco quando ele vai para as fazendas, dava um pouco, e a mãe dele também. As despesas de água e luz, ave-maria, uma vez ficou um ano sem pagar água aqui (L. M., jan. 2009.).*

> *Ah, a gente vai na casa dos vizinhos, na casa dos pais, pega uma coisa ali e dali, até um dia o marido chegar. Igual nós tamos mexendo numa horta, vende um pezinho de alface, de cheiro verde e vamos complementando o que tá faltando. Faltou o óleo a gente complementa e compra o óleo, trás as verduras para casa para gente se alimentar (M. A., jan. 2009).*

A dependência da mulher que convive com o homem que trabalha nas fazendas é comum diante da sua própria condição de mãe, de ficar com as crianças para o companheiro ir trabalhar. Não têm outra opção, são mães ainda com idade entre 18 e 30 anos em média, e com filhos ainda bem pequenos, que precisam de auxílio e proteção.

Essas mulheres são vítimas do acaso da sociedade, mas na verdade são batalhadoras porque são elas em quem o marido deposita toda a responsabilidade familiar para trabalhar nas fazendas. Um problema a ser enfrentado também por essas mulheres é a realidade presente no cotidiano das jovens serem mães com idade precoce, sobretudo as de baixa renda, por não terem uma educação preventiva da família e mesmo da escola que não tem uma preparação nos rincões desse país. Essa é uma realidade presente na vida das esposas dos trabalhadores vítima da escravidão, em que as filhas se tornam mães solteiras muito cedo, porque falta a informação, a capacidade familiar de instruir as crianças, os jovens e adolescentes em relação à educação sexual dos seus filhos, mediante o grau de educação ser muito baixo ou não existir das famílias.

Estamos diante de situações complexas na totalidade da relação entre homens e mulheres. As discussões retratadas estavam dentro de uma categoria de gênero, enfocada na superioridade masculina em relação à mulher. Agora a discussão está no contexto de uma vivência que envolve os dois segmentos e que são vítimas da mesma forma do trabalho escravo. O homem de uma forma mais direta sente o peso do trabalho forçado e por dívida nas fazendas onde trabalha. A mulher é vítima indireta pelas privações por que passa, mesmo em sua casa, como a falta de notícias dos seus maridos, a necessidade alimentícia, o trabalho e a responsabilidade dobrada.

A desigualdade entre homem e mulher perdura em relação ao trabalho e, no que condiz à determinação do chefe da família, ainda encontra-se pautada na figura masculina. Podemos perceber quando a mulher é entrevistada, a figura masculina para ela é a segurança, seja física, seja das responsabilidades de sustento da casa e da confiança dos comerciantes. A mulher, ao pedir alguma coisa na mercearia na ausência do marido, desperta desconfiança, pois os comerciantes veem a mulher apenas como donas dos seus lares, além da falta de autorização do marido, para que a mulher possa fazer a sua pequena compra. Veja-se este depoimento:

> Assim, às vezes quando falta as coisas, a gente compra fiado, porque sempre eu trabalho nas casas como doméstica. Aí comprava no comercial, tinha uma parenta minha que já comprava lá, aí ela financiou para eu comprar lá. Aí eu comprava na ficha dela. Comecei comprando de 30 Reais, depois aumentei para 40 Reais, como eu pagava direitinho, o dono do estabelecimento disse, agora vou fazer a sua ficha (L. M., jan. 2009).

A vida das famílias trabalhadoras vítimas do trabalho escravo por dívida é de precariedade, residindo nas periferias das cidades, resultado de uma expulsão do campo onde viviam. Essas famílias são vítimas de um desenvolvimento do capitalismo que significou a expropriação, um preço muito alto nas suas vivências. A migração para a cidade resultou no aumento das despesas, como água, luz, aluguel, gás, alimentação, até então o alimento era retirado da atividade de subsistência. Como afirma Rossini (1988, p. 172):

> A intensa migração para a cidade acabou por resultar na urbanização da sua reprodução. A família operária, com baixos rendimentos, tem como alternativa a morada da pobreza e o local quase sempre é a periferia das cidades.

Essa migração de famílias de trabalhadores rurais para a cidade nem sempre resultou em outras atividades de serviços, permaneceu o homem trabalhando nas fazendas, agora com mais intensidade diante das despesas que ficaram mais altas, mesmo na periferia das cidades. A alternativa do homem é ir em busca de serviço nas fazendas para honrar seus compromissos no que diz respeito às despesas da casa ou às suas dívidas no comércio. Antes de sair, sempre deixa um abono em torno de R$ 50,00 a R$ 100,00 ou o rancho (isto é, feira), para a família, mas dependendo do tempo que irá ficar, de 30 dias até seis meses, essa pequena quantia se acaba, e a mulher fica na responsabilidade de alimentar os filhos. A falta de alternativas de trabalho leva a mulher à luta para não deixar os filhos com fome, como esta mãe expõe:

> *Já passei muita fome, é ruim demais não ter comida. Essa semana mesmo, esses meninos pedindo merenda, esperando ele na sexta-feira e ele não veio. Aí tinha um quintal para rastear, fui e rasteei e ganhei 5 Reais, aí fui comprar coisas para eles lancharem. Aí ele chegou na outra sexta à tarde, fui comprar uns trenzinhos. Mas já chegou dia de não ter nada só a água no filtro (emociona), só água. A gente sai nas casas das pessoas, arruma um pouquinho de arroz ou qualquer coisa, toma emprestado, para dar pelo menos para as crianças. Ainda bem que a gente tem muito vizinho bom, que arruma pra gente (L. A. S., jan. 2009).*

O conflito enfrentado por essas donas de casa na ausência do marido é algo bem presente nas falas delas. Não se trata de respostas mecânicas, mas revela as experiências de vida, que muitas vezes são reprimidas por quem ouve o seu clamor, ou invisíveis para os que não querem enxergar a realidade da desigualdade social, ou da estratificação das classes sociais. Ignoram a situação que cada família vive, e utilizam a fraqueza do outro para explorar, como os próprios donos de fazendas, não apenas, mas também os que têm certo poder aquisitivo.

É nesse dilema de desigualdade que o sistema capitalista se reproduz, em cima da exploração do trabalhador, do operário, do camponês, do trabalhador rural, da mulher em todas as suas atividades. Como afirma Lenin (1980, p. 82): "O capitalismo combina a igualdade formal com a desigualdade econômica e, portanto, social". É nesse processo degenerativo que vivem as famílias expropriadas, as quais, indiretamente, se tornam escravas do seu cotidiano.

Assim são as mulheres que de certa maneira se tornam vítimas da exploração dos fazendeiros em relação aos seus próprios maridos, quando estes se ausentam, e elas assumem a responsabilidade. Talvez se trate de um trabalho invisível para quem está de fora, mas para quem está dentro, a escravidão do lar é real. A mulher fica presa aos seus afazeres, subordinada ao retorno do seu companheiro, porque de certa forma, não tem como trabalhar e deixar as crianças sozinhas. Mas o seu trabalho no lar é redobrado porque ela tem de cuidar dos filhos, da alimentação e do lar.

A exploração que o trabalhador sofre na fazenda se estende até a sua família, sobretudo no trabalho da mulher, como doméstica. Esta fica sem liberdade de buscar novos horizontes, devido à própria prisão que é imposta pela própria forma que se encontra, cuidando dos filhos e da casa, enquanto o companheiro encontra-se no trabalho da fazenda. A sua manifestação é silenciosa, suas angústias, seus desejos e sonhos são para si, ou para suas amigas, que se tornam diferentes da mulher camponesa e da mulher operária, que lutam por melhores condições de trabalho e pela igualdade social em relação ao homem. Lênin (1980, p. 83), tratando da luta das mulheres operárias em suas manifestações e organizações feministas na Rússia, considera:

> A tarefa principal do movimento operário feminino consiste na luta pela igualdade econômica e social da mulher e não somente pela igualdade formal. A tarefa principal é incorporar a mulher ao trabalho social produtivo, arrancá-la da 'escravidão do lar', libertá-la da subordinação – embrutecedora e humilhante – ao eterno ambiente da cozinha e dos quartos das crianças.

Essa manifestação da mulher operária ou camponesa é algo comum nos nossos dias, é uma luta consolidada com princípios históricos que resultou em alcances excepcionais em relação à presença feminina em quase todas atividades. No que diz respeito à mulher que é aprisionada em seu lar mediante a própria situação convivendo com o trabalho degradante, forçado e por dívida do marido, a sua manifestação encontra-se reprimida no seu cotidiano, no seu olhar, na história de vida que a acompanha, nas reclamações dos seus maridos a respeito do trabalho que presta nas fazendas, sendo mal tratados e explorados. A vida dessas mulheres é marcada pelo sofrimento, em relação à sua privação, mas também pelas suas preocupações no que diz respeito ao trabalho do marido, do cuidado com as crianças, que em sua maioria ainda são menores. As mães entrevistadas em sua maioria têm crianças de colo, de 8 anos, 12 anos, por exemplo. A mãe, se quiser trabalhar fazendo outra atividade além de doméstica enquanto o marido fica fora, tem de deixar seus filhos com alguém de confiança, como argumenta D. Filomena:

> As crianças eu deixava com uma tia minha, que é minha mãe de criação, ou deixava com a tia do João que é Maria. Que era uma velhinha que não andava saindo de casa. Isso não era de ser a semana toda não. Nós quebrava coco dois dias pra comprar as coisas que estava mais precisando, aí não podia deixar os meninos sozinhos mais os outros não. Tinha que deixar um dia dois só para

> *arrumar as coisas de ir suprindo as necessidades. A gente já sofreu muito nessa vida, trinta e dois anos de casado já passamos por muito aperto. (F. S., jan. 2009)*

É essa insegurança que também traz medo e atormenta as mulheres que ficam viúvas temporárias dos seus maridos enquanto estes estão nas fazendas. Além de serem domésticas, elas correm atrás do pão de cada dia, trabalhando nas casas, capinando muros, quebrando coco babaçu para tirar o óleo para a alimentação ou vender as amêndoas. Essa é uma alternativa nas vidas dessas mulheres, quando encontram alguém para ficar com as crianças, mas nem sempre é assim, tornam-se prisioneiras da sua própria história. Como relata D. Filomena na época em que seu marido trabalhava nas fazendas até a década de 1980:

> *Eu quebrava o coco para vender, quebrava o coco para tirar o óleo para comer e para fazer o sabão para lavar roupa, ainda tinha tempo para fiar a coberta (F. S., jan. 2009)*

Recuperar as histórias de vida dessas mulheres nos remete à real história do trabalho escravo por dívida nas fazendas, o que remonta não aos dias de hoje, mas a uma época de consolidação da grande propriedade, sobretudo no norte do país, com os investimentos do governo Federal que favoreceram os empresários para investirem na mais nova fronteira agrícola do país, a partir da década de 1960. Assim D. Filomena retrata o trabalho escravo antes do Brasil assumir a sua existência, em 1995:

> *O trabalho escravo para mim é quando o trabalhador vai para uma fazenda e quando ele sai não tem direito a nada, ele não é bem tratado para mim. E nessa época que o João trabalhava desde a década de 1970, naquele tempo já era trabalho escravo e nós num sabia, nós não tinha conhecimento, porque os barracos que ele ficava era de palha, de lona, no meio do mato, bebendo água de represa, de grota, sem nenhuma higiene, esse era o trabalho escravo só que nós não tínhamos conhecimento. Pra hoje, para norma de hoje, que a gente já ouviu explicado, naquele tempo já existia, já era trabalho escravo, mas só nós não tinha conhecimento (F. S., jan. 2009).*

Diante da fala dessa mulher que criou os filhos à base de muito trabalho com o pé na estrada, observa-se como a falta de informação atrapalha as pessoas a reivindicarem seus direitos por meio da denúncia, perante os maus tratos que eram comuns nas fazendas da Amazônia.

Os homens compartilhavam as suas angústias às esposas, estas podiam fazer muito, como ainda continuam no seu próprio silêncio, mas sabem do perigo que acompanha cada saída dos seus companheiros que têm destino às fazendas. Assim, relatam o medo de ficarem sozinhas em casa com os filhos e o medo de notícias desagradáveis.

> *É difícil ficar sem o marido da gente. Porque com ele aqui, a gente dorme mais assossegada porque a casa não tem segurança, quando ele tá em casa a gente dorme mais à vontade. E quando ele vai para a fazenda a gente fica preocupada, o que pode acontecer. Lá saiu para a fazenda já é motivo de preocupação (M. A., jan. 2009).*

Há um sentimento de medo e de desesperança, porque muitas delas não sabem o paradeiro dos seus companheiros. Ao saírem, estes deixam apenas o abono que é recebido no momento do aliciamento, nem mesmo sabem a localização onde vão trabalhar, o gato faz a sua propaganda do trabalho, da quantia da empreita em que o trabalhador irá se arriscar em locais desconhecidos. O trabalhador se empolga com tanta promessa de melhoria de trabalho e acaba aceitando, deixa a família em busca do sonho. A mulher e os filhos ficam à espera de alguma notícia, já que o marido não sabia o local de trabalho. Uma das mulheres entrevistadas fala sobre esta ausência sem um local determinado:

> *Eu não visitava meu marido porque eu não sabia nem para onde era que ele ia. Saía daqui pegava o carro, ou saía de pé mesmo pegava o carro ali na frente e desaparecia em rumo as fazenda. Quando vinha uma pessoa com 10 dias, às vezes vinha um conhecido aí ele mandava recado para dizer como estava. Aí eu também mandava as notícia daqui de casa. Às vezes eu tinha preocupação. E também me preocupava quando faltava os mantimentos e ia comprar para quando ele chegar pagar. Aí no mesmo sentido eu pensava: eu não vou tirar, porque assim como ele pode tirar um saldinho bom para pagar, pode também não tirar. Aí terminava não tirando também. Muitas vezes chegava com pouco dinheiro, mas ficava alegre assim mesmo. Muitas vezes o que ele trazia só dava para pagar o comércio, né. Aí fazia outra compra de novo. (M. A., jan. 2009).*

Podemos observar a vida simples das famílias que são exploradas por aqueles que trabalham para os donos dos meios de produção, ampliando a renda da terra em cima do trabalho não pago do outro. As mulheres tornam-se vítimas nesse contexto mediante a situação peculiar em que cada uma vive. Além da necessidade de alimentação básica que essas mulheres têm, o local da residência é também muito simples e sem nenhuma segurança.

Esta é a estrutura das residências das famílias que são vítimas do trabalho escravo por dívida: casas de taipa no chão batido, cobertas com palhas de palmeiras. O conforto, talvez o maior, seriam alguns eletrodomésticos como geladeira ou fogão a gás, mas nem sempre é assim, muitos dos eletrodomésticos são improvisados para se adequar às necessidades do dia a dia de cada família. São famílias que ganham insuficiente para consumir muitas vezes o necessário de uma moradia digna. Portanto, nem todas as residências têm geladeiras, fogões a gás, liquidificador, ventilador etc. Isso devido à má remuneração, ou seja, o que essas famílias ganham dá apenas para a alimentação de forma bem reduzida no que diz respeito à totalidade de calorias necessárias para o organismo do ser humano. A alimentação básica está no feijão, arroz e farinha, e nem sempre esses três produtos estão disponíveis. As alternativas de utilização de utensílios são sempre comuns nas residências, improvisam determinados objetos, além de construírem fogões à lenha, forno, pilão, adequando às necessidades das famílias, conforme Figuras 8 e 9.

FIGURA 8 – FOGÃO A GÁS REUTILIZADO PARA SERVIR DE FOGÃO A CARVÃO
FONTE: O autor, jan. de 2009

FIGURA 9 – FORNO DE FAZER BOLOS, BEIJUS, BROAS ETC., NA RESIDÊNCIA DE UMA DAS FAMÍLIAS VÍTIMAS DE TRABALHO ESCRAVO POR DÍVIDA.
FONTE: O autor, jan. 2009

Da mesma forma que improvisam os utensílios domésticos, a residência é uma mera improvisação, sem nenhuma segurança, conforme já citado. As casas apresentam uma estrutura praticamente desconfortável com problemas de infiltração, como apresentam as Figuras 8 e 9.

Essa é uma situação de deploração em que vivem as famílias nas periferias das cidades. São homens e mulheres que sobrevivem com o mínimo por meio da venda de sua força de trabalho, demonstrando um grau de pobreza e miséria devido aos altos índices de concentração de renda para uma minoria; enquanto para outros há o aumento das desigualdades sociais e econômicas. Na verdade, essa forma de exploração compromete a vida do trabalhador, dos membros da família que se encontram no limite da própria existência. Martins argumenta sobre essa exploração da força de trabalho dos trabalhadores vítimas do trabalho escravo por dívida, da qual o capitalista extrai a mais-valia.

> Estamos, na verdade, em face de uma situação de superexploração. O capital pode extrair mais-valia além do limite determinado pela reprodução da força de trabalho, pagando aos trabalhadores salários insuficientes para a recomposição de suas forças físi-

cas após a jornada de trabalho, ou após o pagamento do salário. Nesse caso, o salário pago, sendo insuficiente, compromete a sobrevivência do trabalhador e/ou dos membros de sua família (MARTINS, 1997, p. 101).

É diante dessa superexploração que vivem os trabalhadores. Suas histórias estão pautadas na falta de compromisso, no descarte do seu trabalho, na condição de ser mau tratado, na desvalorização como ser humano, na escravização, além de outras modalidades degenerativas. As mulheres participam dessas histórias porque são protagonistas de uma vida marcada pela dor e sofrimento, como argumentam em seus depoimentos. Sabem do perigo que seus maridos enfrentam, tanto no contexto do trabalho forçado, na exploração, como também no da violência física marcada pelo desaparecimento do seu ente querido, como já aconteceram muitos casos de trabalhadores que foram para fazendas e não voltaram vivos. As mulheres são, desde a década de 1970, ou talvez antes disso, as vitrines de desabafo dos seus próprios maridos. Assim argumentam:

> *Eu ficava preocupada, será que ele vai voltar? Porque para o rumo do Pará as estradas são péssimas, muitas vezes saía daqui num ônibus com 50 homens, trabalhar naquelas matas, que lá só entrava quem tinha negócio. E tinha delas que só entrava de avião. O gato despejava lá dentro igual a um bando de boi, só ia buscar depois de três meses (M. L. da S., jan. 2009).*

Como conselheiras, sempre dizem para seus companheiros não entrarem em confusão nos lugares desconhecidos.

> *Eu dava conselho para marido porque muitas vezes no acerto, uns tiravam um tanto e outros tiravam outro e iam reclamar para o gato, e este se zangava. Eu falava para ele quando acontecer essas coisas você saia de fininho não se envolve, mesmo que seja com você não vá brigar. Venha de boa, que a vida da gente é a melhor coisa. Muitas vezes quando ele me dizia que ia trabalhar com fulano, às vezes a gente já sabia quem era o gato. Aí eu falava não Antonio Carlos vê se tu arruma outro que esse não vai dar certo. Sempre nós fomos combinando um com o outro. Por que a gente sabe, tem muito gato bom, e outros ruins (M. L. da S., jan. 2009).*

A fala da mulher demonstra o perigo que é trabalhar nas fazendas, a sua própria consciência é marcada pelo medo, pelo perigo, tanto do percurso, como também do retorno ao local de origem, isso diante das histórias que são contadas e da concretização da violência e morte que acontecem no trabalho onde estão os peões nas fazendas. A figura do gato é marcada pela forma de apropriação da força do trabalho, da forma de tratar o trabalhador, isso faz a diferença na hora do contrato. A presença da mulher é marcante em relação à sua interferência na aceitação do serviço, como demonstrou a fala acima. O acesso às fazendas por meio de avião não significa o conforto para o trabalhador; isso se dá devido às dificuldades de acesso, como falta de estradas, rodovias, distância de aglomerados urbanos, cidades etc. Trata-se de mais um ingrediente para aprisionar o trabalhador.

> *O meu esposo já foi de avião para o Pará e só saía se fosse de avião. Uma vez ele chegou lá, nós quase fica louca aqui, porque chegaram lá pensando que era uma coisa legal, tinha era pistoleiro dentro das terras. Esse povo ficaram ainda um mês. O gato enganou disse que tinha era pistoleiro vigiando eles, e não pagou nada. Esse povo quase endoida, fizeram foi fugir dentro das matas, caminharam não sei quantos dias para achar a cidade mais próxima que foi Marabá. Vieram quase pedindo esmola, quem tinha aliança vendeu para poder chegar em casa (M. B. de S., jan. 2009).*

Essa é uma realidade muito frequente, sobretudo neste século; esse fato colocado acima aconteceu há seis anos, é algo recente. A notícia, ao chegar à residência, deixa a família apreensiva, como na fala da mulher "nós quase fica louca". Isso demonstra o medo do que poderá acontecer com os fugitivos, pela memória de chacinas, mortes possíveis, quando são capturados pelos gatos e seus capatazes. Assim, essas mulheres continuam com as histórias que acontecem no interior das fazendas, lugar de trabalho dos seus maridos, tornando-se vítimas das garras dos gatos, que são os intermediários dos fazendeiros.

Outra forma da participação da mulher na cadeia do trabalho escravo contemporâneo são as donas de pensões, que têm uma ligação muito próxima com o aliciador. Elas são pagas pelo serviço prestado pela hospedagem, bebidas, alimentação, além de serem donas de bordéis, lugares de divertimento para os gatos e os peões que irão servir com sua força de trabalho para os que estão no topo da cadeia do trabalho escravo. São mulheres que participam diretamente da cadeia do trabalho escravo por dívida, porque vivem da prestação do serviço, os seus clientes são os trabalhadores que são aliciados de várias regiões do país, como Maranhão, Piauí, Pará, Tocantins e outros estados.

As donas de pensão têm consciência do perigo que correm com o trabalho que executam. Escondem trabalhadores que servirão de mão de obra degradante para os donos de fazenda, além de serem ludibriadas pelos seus clientes. Essas mulheres, que se encontram em várias regiões do país e que servem aos aliciadores, têm uma visão do trabalhador da mesma forma de quem alicia, são como forma de escudo para concretizar a corrente da escravidão. Assim, opinam sobre quem trabalha nas fazendas, os trabalhadores. Veja relato de uma dessas mulheres em entrevista feita por Breton (2002, p. 123), em seu trabalho sobre a escravidão moderna na Amazônia brasileira:

> 'Problemas? Olha, todo trabalho tem seus riscos, não é? Já tive peões que me passaram a perna e não pagaram a conta. De vez em quando um gato não paga e eu perco dinheiro. Mas eu nunca vou atrás deles. A polícia não faria nada mesmo e metade dos peões não tem nenhum documento. Não passam de vagabundos. Mas hoje em dia não se vê o número de peões que a gente costumava ver. Até mesmo a floresta, já não derrubam mais como antigamente. O governo não deixa. Então não há mais a demanda para aquela imensa força de trabalho. Ainda existem empregos, mas só coisa pequena, e eu acho que não compensa manter a pensão aberta'.

Esse relato mostra o quanto há uma ligação entre as mulheres donas de pensões com os gatos, e como estas têm uma visão ampla do trabalho escravo a que os peões são submetidos, como a questão de documentos que muitos não possuem, e quando estes possuem são apreendidos. Da mesma forma que os aliciadores tratam os trabalhadores, a sua concepção não foge à regra. Para ela, os trabalhadores não passam de vagabundos. É a forma maculada que tenta passar o peão, mas ao mesmo tempo cai na contradição, demonstra que o trabalhador é responsável pelo trabalho de desmatamento da floresta para a formação de fazendas, porque está em jogo o seu trabalho, o seu lucro em cima dos trabalhadores.

É o encontro e o desencontro na sua visão, diante dos fatores que justificam a diferença, de um lado os donos dos meios de produção, do outro os que sacrificam a sua força de trabalho – o trabalhador, para reproduzir o capital. É nessa dinâmica que as mulheres donas de pensões têm sua parte na organização da cadeia, ganham no momento em que existem aliciadores, e estes contratam trabalhadores que no primeiro momento são hospedados em suas pensões para depois seguir o caminho das fazendas. De certa maneira, há um desencontro entre os sujeitos que formam a cadeia do trabalho escravo, porque são diferentes, no sentido da degradação de um para concretizar a existência do outro, do que domina, subjuga e explora. Talvez seja essa visão da mulher que lida com os chamados peões, estes têm de obedecer às ordens, caso isso não ocorra são chamados de preguiçosos e vagabundos.

A relação de proximidade entre as mulheres donas de pensões e os aliciadores e os trabalhadores são claras, porque cada um depende do outro. O aliciador que precisa de trabalhadores e um lugar para hospedar, estes por sua vez que precisam do serviço, comida e hospedagem e muitas vezes são contatados pelas mulheres donas de pensões para serem entreguem ao aliciador, e assim a corrente vai se formando. Como afirma Figueira (2004, p. 183):

> Neste mundo de desencontros e perigos, as mulheres jogavam um papel relevante. Ora, as mulheres de pensões, bem como as de 'ambiente', normalmente mantinham estreito vínculo com os aliciadores. As primeiras, porque estes lhes 'compravam' os trabalhadores, tornando-se fontes de lucros. As segundas, porque indicavam peões para os gatos e gatos para os peões. Mas as relações entre elas e os seus hóspedes, em contrapartida, podiam ser, não apenas de utilização mútua, mas carregadas de afeição.

É com base no lucro que é formada a relação entre as mulheres que lidam com hospedaria e os aliciadores. O sujeito que é a fonte de lucro é o trabalhador, tanto para as mulheres donas de pensões, os gatos e os fazendeiros. Mas podemos perceber que estes podem tornar algo mais afetivo, de envolvimento entre as mulheres de ambiente, que são aquelas que trabalham para a sua proprietária, e no tempo de hospedagem do peão pode haver relacionamento amoroso.

Nessa dinâmica da cadeia do trabalho escravo, percebe-se a diferença entre a mulher que trabalha para os aliciadores, lucrando com a degeneração do trabalhador e a mulher que vive em sua casa com seus filhos na luta com o seu marido para sobreviver. Uma está inserida na cadeia do trabalho degradante diretamente, servindo para o trabalho dos aliciadores, enquanto a outra se encontra reclusa em sua residência à espera de notícias do marido que foi tentar a sorte. Esta tem uma relação indireta porque sofre as consequências da violação dos direitos dos seus maridos, como a falta de pagamento do trabalho realizado, que afeta diretamente nas despesas da casa, como já abordamos anteriormente. Essas mulheres se diferenciam das mulheres de pensão porque se tornam também vítimas das agressões moral e física, tão comuns nas fazendas.

A violência é retratada nas falas de quem sabe o que é ser vítima do trabalho escravo; os acusados ficam na impunidade. Assim continua a sua informação e sua visão do trabalho:

> *Aqui teve muitos de Ananás que foram pro Pará e morreram. O marido de Genésia foi mexendo com derrubada pra lá, caiu uma tora de árvore na cabeça deixou a mulher e quatro filhos. Aqui tem muito pai de família que morreu no Pará, o filho de Lino né, semi--casado deixou a mulher grávida. Tem gente de cadeira de roda como o Heleno, uma galha caiu no espinhaço dele e apartou, hoje vive de cadeira de roda, hoje é aposentado. Mas esses nada receberam dos fazendeiros. Eu acho que a região que mais deu escravizado foi Ananás. Porque aqui não tem emprego, num tem oportunidade de nada meu filho. [...] Aqui as pessoas que têm condições não dar valor ao trabalho das pessoas de jeito nenhum. É por isso que aqui não vai pra frente, é só por causa disso. Porque trabalho escravo não é só em fazenda, é qualquer trabalho se o patrão não tratar a pessoa bem, eu acho que é trabalho escravo (M. B. de S., jan. 2009).*

O relato dessa mulher mostra o quanto a injustiça em relação aos trabalhadores é como algo rotineiro no município de Ananás. São situações em que os trabalhadores foram vítimas e os acusados permaneceram com as mesmas atividades do dia a dia. A morte e o maltrato são elementos para dissuadir outros trabalhadores, é a imposição de quem reage com poder. A ignorância, o preconceito, a discriminação estão na dinâmica de quem viola os direitos trabalhistas. Não estamos diante de uma escravidão pautada na etnia, estamos diante da escravidão que se dá pela pobreza, miséria e pela vulnerabilidade do trabalhador ao recrutamento, e complacente com as más condições de trabalho, isso diante da falta de alternativas concretas.

As mulheres demonstram a consciência do trabalho escravo por dívida, porque se tornam vítimas da mesma maneira. Têm a consciência de que o trabalho escravo não acontece apenas em uma atividade, mas em várias atividades, a partir do momento em que os direitos trabalhistas são desrespeitados, conforme os relatos. São relatos vivenciados, como afirma esta mulher a respeito da exploração de sua família pelo fazendeiro.

> *Nós passamos 5 anos trabalhando numa fazenda, quando saiu o homem não deu direito a nada, nem o último mês de serviço eles num deram. O homem botou ele para fora alegando que ia vender a fazenda, e o que ia comprar talvez não quisesse ele trabalhando porque ia derrubar tudo. Aí o fazendeiro trouxe uns papéis para ele assinar, depois que ele assinou o fazendeiro disse que ele tava assinando como abandono de serviço. Aí ele não recebeu direito nenhum. Ele não foi atrás porque ficou com medo, porque no tempo que nós trabalhava para esse fazendeiro, ele soube que ele já tinha matado um. Ele falou que não ia mexer porque o homem era perigoso. Eu perguntei se ele tinha ameaçado. Ele falou, essas coisas não é bom nem falando para a mulher. Mas eu senti que ele estava com medo. Durante esses cinco anos nunca recebeu nem férias nem décimo terceiro, ele recebia novilha. E depois por fim nada, ficou foi dois meses sem pagar. Depois de 4 anos deixados para trás foi que ele assinou a carteira, só tinha um ano assinada, aí deu baixa como abandono de serviço na carteira. Voltou a trabalhar nas fazendas porque não tem outro jeito, não estudou, só fez o pré, porque teve que parar de estudar para ir trabalhar (L. A da S., jan. 2009).*

As histórias dessas mulheres vêm de gerações em gerações, dos pais e avós, desde criança escutam falar em todos os que formam a cadeia do trabalho escravo por dívida, são as mesmas histórias, são os mesmos sujeitos, são as mesmas angústias sofridas no dia a dia. Assim relata:

> *Sempre meus pais trabalhou de roça, e é essa mesma história, esse mesmo sofrimento que estou falando para você. Quando eu passei cinco anos morando numa casa dentro de buracão, a casa velha caindo, o homem não dava assistência. Olhe tinha dia que a gente ficava sem jantar porque ele ficava três meses sem fazer pagamento. Então é esta mesma história dos meus pais e dos pais do meu marido, até dos meus avós, muito sofrimento, muita necessidade. Ele fala pros meninos sempre: olhe meus filhos vocês têm que estudar muito, enquanto o pai dar conta de trabalhar, porque eu não estudei porque meu pai não deu para me dar estudo (L. A. da S., jan. 2009).*

O relato citado demonstra o início do trabalho escravo por meio das histórias contadas por gerações anteriores. É a continuidade da reprodução da força de trabalho ao capital que submete o trabalhador à sujeição de serviços forçados e degradantes, devido ao atraso social e econômico em que vivem. No entanto, há uma preocupação bastante peculiar que é a incerteza do marido em relação ao amanhã. Até quando o companheiro tem condições de lidar com o trabalho que tem submetido o trabalho forçado nas fazendas? É uma incógnita, pelo fato de as histórias se repetirem, como consequência da pobreza. Há uma reprodução da força de trabalho forçado, que é passada de pai para filho, que é diferente da reprodução camponesa que pode acumular dinheiro, como produto do trabalho familiar e, assim, assegurando seu processo de reprodução ampliada do camponês, como afirma Oliveira (1987). No caso dos trabalhadores escravizados não existe a possibilidade de acumulação de dinheiro, existe é a exploração da força de trabalho e do resultado desse trabalho em forma de dinheiro que também é extorquido pelos aliciadores, gatos ou os próprios proprietários de terras.

As mulheres têm consciência de todas as situações a que estão submetidas, porque mesmo em suas residências vivenciam e acumulam experiências em um contexto da submissão em que vivem. Ao serem perguntadas quais seriam os sonhos, a resposta é imediata: um pedaço de terra para viver e tirar o nosso sustento. Isso demonstra que o local onde moram não é o essencial, a vinda para cidade torna-se como uma obrigação por não terem onde morar no campo. A alternativa está na esperança da reforma agrária que ainda esperam e acreditam. Portanto, a mulher tem um papel fundamental na luta contra o processo degenerativo de trabalho no campo, já que é vítima, assim como os seus companheiros. Para isso é necessário denunciar, e não apenas, mas reivindicar do Estado um plano que erradique o trabalho escravo, e que seja colocado em prática com alternativas de trabalho para aqueles que são vítimas das atrocidades no campo.

3.5 O retorno ao trabalho escravo: vidas dilaceradas

A reincidência do trabalho escravo demonstra o quanto há um problema social no país. A cidadania desses trabalhadores tem sido afetada por falta de mecanismos de identificação social de setores da sociedade que têm operado de maneira ineficaz, como a família, a escola, as associações de moradores, as igrejas etc. Falta uma consciência política e social da própria sociedade, que tenta transferir responsabilidades apenas para o poder público, sendo que a sociedade, sobretudo sua parcela que tem um maior poder aquisitivo, age como se estivesse no regime colonial, ainda permeada por múltiplas formas e concepções de obediência e servidão.

Não que os governos Federal, Estadual ou Municipal não tenham suas responsabilidades em relação aos mecanismos de erradicar o trabalho escravo ou qualquer outro tipo de violência que tem ocorrido no país. Pelo contrário, é necessário construir uma consciência política por meio da educação, além de criar projetos sociais e econômicos capazes de inserir a população que vive marginalizada na perspectiva de torná-los cidadãos politizados, conscientes e racionais no sentido da reivindicação dos seus próprios direitos. Se determinado grupo não estiver organizado, consciente de suas reivindicações da luta contra injustiça, sobretudo os trabalhadores vítimas do trabalho escravo por dívida, esse grupo irá permanecer no mesmo processo da cadeia que o leva a se tornar escravo. Martins (1999, p. 144) argumenta esta questão:

> A verdade política não está nos grupos que reivindicam ou nos grupos (ou no Estado) a que se dirigem as reivindicações. A verdade política está no processo político, no embate, no confronto de projetos e possibilidades históricas. Por isso, só age politicamente quem é capaz de reivindicar mas, também, tomar consciência do lugar social e histórico da reivindicação e das possibilidades históricas de seu atendimento e superação. A questão do trabalho escravo não escapa dessa realidade.

A história nos mostra o quanto as injustiças e as violações têm sido uma prática no Brasil em relação ao cidadão, em que os capitalistas, proprietários de terras em sua maioria sobrepõem todas as formas de dominação e poder. O cidadão que tem sido vítima do trabalho escravo contemporâneo, por mais que esteja consciente de denunciar as formas mortificantes, requer uma solução. Não se trata apenas de a justiça obrigar o responsável pelas práticas de escravidão a pagar os direitos trabalhistas e aplicar multa. A solução está na integração desse cidadão à sociedade, no sentido deste sentir-se inserido na cidadania, com acesso aos serviços básicos.

A legitimação da denúncia tem sido o foco do problema do trabalho escravo e tem repercutido em toda imprensa nacional e internacional, mas nem por isso o retorno ao trabalho escravo tem sido eliminado. A denúncia e as ações impostas pelo governo não têm sido eficazes, apesar de o número de trabalhadores escravizados ter diminuído. No entanto, deixa a desejar o fator da solução quando este é resgatado. Assim podemos perceber alguns relatos de trabalhadores vítimas em relação à denúncia:

> *Pelo menos assim, uma pessoa só se tomar uma atitude, até chegar a dizer pro companheirismo, tem deles que chega a dizer pro gato, pro gerente ou capataz quem seja ta comandando. Aí você sabe como é que é, a gente conhece muita coisa pra trás, que assim, que ver o pessoal mais velho contar e esse povo ninguém pode abrir a boca, tem que ficar calado. Muitas vezes manda puxar o elemento e as ameaças, aí mata as forças. Uma pessoa sozinha para tomar atitude dessa aí, tem que fazer qualquer tipo de plano para tomar uma atitude. Porque se eles descobrirem que a gente fez algum anúncio disso aí, eles vão mandar puxar, ninguém sabe quem foi, aí acabou (I. P. da S., jan. 2009).*

A fala do trabalhador acima nos mostra o quanto é difícil a mobilização, a atitude de um em relação à reivindicação por melhores condições de trabalho, poderá ser para o outro, uma ameaça ao seu próprio trabalho, por isso o processo de aceitar a ideia de alguém é algo de desconfiança no sentido de o outro estar querendo se promover. Com isso qualquer coisa que venha ameaçar o serviço se torna um viés para o trabalhador desprovido de uma consciência política da sua própria realidade denunciar os próprios companheiros aos empreiteiros, em uma espécie de seguridade do seu próprio trabalho, como se ficasse protegido por quem o domina. Veja-se a fala do trabalhador em relação à própria organização de reivindicação:

> *É tinha uns que queria se organizar, mas têm outros que é até contra a gente, sabe. A gente faz uma coisa assim, eles falam: Não rapaz, tu não quer é trabalhar, tu quer estragar tudo. Se tu não trabalhar aqui como é que vamos viver? Olha moço, esse tipo de coisa existe sabe, aí um mata a força do outro né? Esse tipo de coisa tudo existe na fazenda (I. P. da S., jan. 2009).*

Enquanto alguns trabalhadores tentam a organização por melhores condições de trabalho, remuneração, além de outras reivindicações na própria fazenda, outros trabalhadores não aceitam com medo de perder o trabalho, tornando-se muitas vezes aliados de quem determina as ordens.

É a negação da sua própria condição de trabalhador vítima das atrocidades, da degradação do trabalho, nele contido a dívida. É uma condição de submissão aliada à falta de oportunidade dos serviços, como a educação que poderia transformá-lo em um ser humano mais consciente. O que ocorre na cadeia da degradação do trabalho é a limitação da consciência na maioria dos trabalhadores, que são obrigados a aceitar a condição de trabalho que lhes é imposta. Há outro tipo de negação, que é aquela pautada no trabalhador que fez a denúncia da fazenda, e este retorna negando tal ato. Veja-se o relato:

> *Quando eu voltei a fazenda era um outro gato, só que o gato da época da denúncia tava lá, e ele falou pro outro gato que eu tinha sido uns dos denunciantes daquela época. Disse que eu não era um cara de confiança, que eu podia lá denunciar, isso era para ver se tirava eu de lá. Aí o gato me contou. Aí eu disse, não rapaz né do jeito que ele tá contando não, se ele tá contando assim, ele foi o primeiro a escravizar os trabalhadores, sem querer pagar, aí ele acha ruim. E aí num sou eu que vive denunciando não, eu defendi minha tese, né. Aí fiquei trabalhando durante esses seis meses agora, esse cabra tava lá esse mesminho, aí passou (I. P. da S., jan. 2009).*

O relato do trabalhador mostra a negação da denúncia da fazenda para permanecer no trabalho. Foi a reação para a sua sobrevivência. Quando diz "defendi minha tese", o medo estava à sua frente, caso o novo gato seguisse a orientação do seu par, o trabalhador poderia ser demitido. Na pior das hipóteses, poderia desaparecer, como já aconteceu com outros trabalhadores. Nesse caso, o trabalhador tinha a consciência do risco que corria, mediante as histórias que são relatadas por companheiros ou mesmo pela imprensa falada. Eis um relato sobre as ameaças de morte nas fazendas:

> *Agora não, mas já modernizou, mas a gente sempre vê e até em televisão já passou né. Como um tempo desse passou em Paragominas no Pará aqui para baixo, o fazendeiro ferrou o trabalhador com ferro para não pagar, e ter que fugir para não morrer. Essas*

> *coisas a gente passa né. No Brasil quase todo, passa esse tipo de coisa. (I. P. da S., jan. 2009).*

As histórias desses trabalhadores tornam-se comoventes para quem assiste ou escuta suas vozes. Mas a comoção não basta, é preciso uma sociedade mais organizada, que não aceite a degradação do trabalho, que denuncie aos órgãos competentes toda espécie de ameaça à vida humana. Enquanto os escravizadores fazendeiros não forem punidos com penas severas, o trabalho escravo irá permanecer, os trabalhadores irão sempre retornar por lhes faltar alternativa de trabalho, sendo sempre aliciados pelos gatos e pelos que estão, sobretudo, no alto da pirâmide. O relato abaixo mostra a forma de enganação do gato:

> *Os homens da federal entraram lá, viemos para prefeitura e pagou os direitos de tudo. Aí eu voltei lá de novo, o gato me chamou, eu trabalhava de sócio com uns companheiros, aí eles não foram, eu fui sozinho, trabalhei na mesma empreita, quando eu terminei o serviço, o gato falou que não ia me pagar, pois eu tinha trabalhado por um serviço que os outros estavam devendo. Não recebi trabalhei uns 20 dias, vim para rua para ver se ele me dava o meu dinheiro, pelejei para pegar a carteira que tinha ficado lá fazia dois meses presa, até que deram baixa nessa carteira minha, quando precisei para mexer com saúde dos meus meninos, disseram que não tinha dado baixa, voltei fui a um contador gastando dinheiro, aí ele disse que não estava assinada, aí ficou por isso mesmo (G. N. S., jan. 2009).*

O trabalhador aliciado encontra-se preso às armadilhas do aliciador. Todas as formas de trapaças são aplicadas para lhe garantir o dinheiro do trabalho não pago. Assim, ganha o fazendeiro com a mão de obra do trabalhador e ganha o aliciador, que fica com o dinheiro que deveria ser pago ao trabalhador. Nessa cadeia da escravidão, o trabalhador perde pelo tempo de serviço, pela sua força de trabalho e pelo valor que não lhe é pago. O trabalhador se submete ao retorno, como ele mesmo explica, porque precisa. Assim define por que é chamado para trabalhar:

> *Eu aceitei assim, porque o gato selecionou eu para voltar, porque assim, eu sempre trabalhei em fazenda e sempre fui trabalhador. Eu trabalhava muito mesmo, aí ele me convidou para trabalhar de novo. O gato disse: você volta para terminar o serviço que os outros não terminou, mas eu vou acertar contigo direitinho. Eu precisava, e tinha que ir mesmo, se eu não fosse não tinha outro apelo era*

> *fazenda mesmo, o que aconteceu trabalhei para os outros sem receber nada (G. N. S., jan. 2009).*

O relato do trabalhador mostra o quanto este é vulnerável aos chamados do gato, devido à sua condição de pobreza, de necessidade do serviço para sobreviver. Mesmo sendo enganado e violentado, retorna ao trabalho, que o torna sempre prisioneiro de um destino que é traçado por quem o contrata, como os empreiteiros das fazendas. Por mais que saibam da exploração e dos maus tratos, o trabalhador retorna às fazendas porque é lá onde encontram o trabalho. É um risco que corre, mas diante da fome, da indiferença dos representantes da sociedade é obrigado a sujeitar sua própria vida aos rincões da fronteira. Com as denúncias que estão sempre em evidência na imprensa falada e escrita a respeito do trabalho escravo por dívida, os trabalhadores tomam conhecimento do termo 'escravo', e descobrem que são parte dos sujeitos que formam a cadeia da escravidão por dívida. Veja-se o relato de um trabalhador:

> *Eu fiquei indignado sobre esse negócio de escravidão, fiquei mesmo, porque a gente que tá trabalhando dentro da juquira passando por cima de cobra, ainda ser humilhado pelos os outros, isso é uma coisa que todo mundo não acha bom não tem hora que eu tou aqui mas você aqui, mas só eu tô sabendo das coisas. Mas um dia eu penso assim, todos vão ter as coisas, uns mais do que os outros, porque não tem como todo mundo nascer rico, porque se fosse todo mundo rico ninguém ia precisar de ninguém. Mas, tem uns ricos que humilha demais, como esses fazendeiros que faz e acontece com nós e temos que ficar calado, temos precisão (F. F. B., jan. 2009).*

O trabalhador se reconhece como sujeito vitimado da violência e que faz parte de uma sociedade desprovida de direitos. Ao mesmo tempo, outra parte da sociedade ultrapassa o direito que lhe é garantida, no sentido de ir além da lei, violenta e desobedece, como os fazendeiros que escravizam os trabalhadores em uma relação de domínio, mantendo uma concepção cultural histórica de obediência e sujeição. Martins (1999, p. 162) argumenta a respeito do direito do trabalhador vítima do trabalho escravo:

> O núcleo dessa relação escravista está na violência em que se baseia, nos mecanismos da coerção física e às vezes também nos mecanismos de coerção moral utilizados por fazendeiros e capatazes para subjugar o trabalhador. Adicionalmente, ela surge quando o trabalhador, por não receber salário que lhe é devido e

> por estar trabalhando em local que representa confinamento (caso da mata nas extensas fazendas da Amazônia), fica materialmente subjugado ao patrão e impossibilitado de exercer seu direito de homem livre e igual, que está no direito de ir e vir, direito de sair do emprego e ir para outro.

A indignação do trabalhador quando vê seu direito negado se torna individual, porque não existe adesão de outros trabalhadores para reivindicar o que lhes é de direito, como uma boa alimentação, estadia digna, salário pago conforme o acerto, carteira assinada. Trata-se de direitos de cidadão que são extorquidos pelos fazendeiros e seus empreiteiros. A união entre os trabalhadores é dificultada talvez pela origem de cada um; muitos são de outras regiões com valores diferentes, dificultando o poder de mobilização para serem respeitados como seres humanos. Assim o trabalhador argumenta a respeito de sua união com os outros:

> *Nem todos aqueles que não tem fundamento na vida não pensam em união, em agir, como eu tenho uma família. Mas que nem esses peão que ficam 24 horas no ar eles não quer viver dessa forma que eu falei. Querem ser humilhados. Como vejo muitos deles que pegam eles no boteco e jogam dentro da camionete o cabra bêbado para botar para trabalhar. É muita injustiça. Bem aqui teve um gato que humilhou um cara bem aqui, num foi fulano? Eu só olhando. Mas rapaz! A gente dá vontade até de cortar de foice o gato, não vou mentir não, porque a gente é humilhado demais. Mesmo eu falava, tem hora que dá vontade de matar esse bando de coisa. Eu tinha um tio que era gato, eu falei para ele mesmo que era antipático demais. Mas se fizer qualquer coisa fica mais pior ainda. Então o jeito é largar o serviço e vir embora (F. F. B., jan. 2009).*

Outro trabalhador reforça a falta de união:

> *Há falta de união entre os próprios peões. Tinha deles que era unidos, mas tinha deles que fazia confusões. Lá nesse barracão que nós estava tinha dois que queria brigar, aí foi obrigado a transferir, tirarem eles desse barracão e jogaram para outro barracão. Era briga mesmo de peãozada, começavam a discutir uma coisa e outra quando dava fé tavam brigando. Eles começavam a brigar assim, têm uns peões no barracão que adula o gato. Aqueles que adula o gato é tratado bem, e têm outros que num adulam, eu pelo menos nunca adulei gato nenhum e nem patrão. Cabra que queira uma amizade comigo tem que ser na honestidade. Os peões que se zangavam*

> *a maior parte é porque os outros que adulavam os gatos queriam impor, botar em sofrimento. Aí os peões ficavam com raiva, tu tá é puxando o saco do gato, aí começavam a teimar. essas confusões era devido a exploração, uns aceitavam e outros não (J. M., jan. 2009).*

O problema enfrentado pelos trabalhadores nas fazendas em relação à degradação do trabalho mostra em suas falas a desarticulação entre os companheiros nas atividades. A própria condição do trabalho é que favorece esta forma desarticulada entre os trabalhadores, no sentido de se organizarem e reivindicarem melhores condições no trabalho. Isto mostra que o problema se encontra no interior da contratação: há trabalhadores de várias regiões do país e formas distintas de contratos. Uns são contratados para fazer determinado serviço, por exemplo fazer cerca, outros são contratados para fazer o plantio do capim. Além dessas condições contratuais, o empreiteiro determina quem será o chefe de turma, de certa forma, reforça a desorganização dos trabalhadores. Na verdade, se o trabalhador não tiver uma consciência política, este, ao invés de servir aos trabalhadores, servirá ao empreiteiro e ao fazendeiro. Essa é uma das causas da desarticulação, em que as determinações são impostas pelos empreiteiros e geralmente são aceitas pelos trabalhadores. A falta de mobilização dos trabalhadores demonstra o quanto são vulneráveis à degradação do trabalho, sempre retornando para oferecer sua força de trabalho para os fazendeiros.

A reincidência é a condição que lhes resta, mediante a falta de outra atividade, ou oportunidade para a sobrevivência desses trabalhadores. Retornam ao trabalho escravo por que não têm outro meio de vida. Arriscar talvez seja o sentido de cada um, que sai muitas vezes sem destino do seu lugar de origem. Ao serem abordados em condições análogas de escravidão, conforme menciona o Código Penal Brasileiro, os contratos são refeitos e pagos perante a lei trabalhista, mas a condição de trabalhador escravo permanecerá, porque não existe nenhum projeto concreto de integrá-lo à sociedade como cidadão com direitos a serem respeitados.

O trabalho da Polícia Federal é importante, mas fica restrito apenas ao ato da autuação das vítimas do trabalho escravo por dívida, ficando muitas vezes impune o responsável. O trabalhador abandonado fica sem trabalho e sem rumo, de forma semelhante à dos negros quando foram libertos no Brasil Colonial.

O trabalhador, mesmo em condições degradantes de trabalho, retorna porque não há uma esperança de progresso em outro serviço. Ele luta pela vida para não passar fome e pensa no sustento familiar. Os trabalhadores em seus relatos acham positivo o trabalho do Ministério Público Federal juntamente com a Polícia Federal, mas reclamam da falta de apoio após o ato da libertação. Assim relatam sobre o papel da Polícia Federal nas fazendas:

> *Olhe ficou meio ruim. No caso ficou meio ruim pela uma parte, mas por outra ficou até melhor. Sabe por quê? Faço como eles dizem assim, uns faz e outros pagam. Esse negócio da Federal nas fazendas, na época tinha serviço demais, mas tinha muita gente que acertava tudo direitinho, os fazendeiros, né. Agora depois que a Federal entrou, que deram parte, parou metade do serviço, muito mais que a metade. Se você for trabalhar na fazenda, eles perguntam você trabalhou em tal fazenda e por que tu saiu de lá? Se for no caso de denúncia eles não te contratam de jeito nenhum. Aí no caso devido um, os outros pagam. O outro lado bom, era que os fazendeiros andavam muito corruptos, não queriam pagar, agora eles deram moral, hoje eles pagam, até um deputado que foi autuado pagou 30 e pouco mil, ele dava o dinheiro ao seu auxiliar, vinha para rua e não pagava, hoje ficou bom por causa disso. Por conta agora que tem uma lei, se ele botar para trabalhar, eles têm que pagar, você fala com os homens, eles vêm e você vai pagar é tanto (F. F. B., jan. 2009).*

Outro trabalhador argumenta:

> *O que eu digo é o seguinte, é positivo para eles andar e permanecer, porque tem muita sujeição e cativeiro e hoje quase num tem mais. Porque hoje o fazendeiro tá com medo, porque qualquer coisa que ele faça com o peão, o peão liga para Federal e já toma providência. Agora causou bastante desemprego, por uns os outros paga. Cadê os serviços para trabalhar aqui em Ananás, aqui não tem, caça para achar uma diária num acha. Procure um pedaço de terra para botar uma lavoura, não acha. Por que os prefeitos que entram não tomam providencia com os pobres (J. M., jan. 2009).*

A visão dos trabalhadores sobre o trabalho da Polícia Federal é positiva em parte, no sentido do cumprimento da lei em relação aos direitos trabalhistas. Mas as denúncias e a atuação da Polícia Federal nas fazendas trouxeram também o desemprego. Há certa incerteza em relação à presença da polícia. O desejo dos trabalhadores era uma forma mais justa de resolver o problema da escravidão, a autuação da PF é necessária, mas só isso não basta para a erradicação do trabalho escravo. É necessário envolvê-los em programas que atendam às suas necessidades de cidadão. E um dos programas em que os trabalhadores ainda continuam a acreditar é a reforma agrária. Para o trabalhador, ter um pedaço de terra resolveria o problema da sujeição do trabalho nas fazendas. Assim os trabalhadores argumentam:

> A solução era um pedaço de terra para a gente trabalhar nem que fosse pequeno, porque aí o sujeito planta mandioca, planta arroz, aí acaba a fome nesse estado do Tocantins. Aqui não tem chão nenhum para trabalhador trabalhar, o prefeito não libera. O Ananás é cercado de fazendas, é só terra boa, porque eu conheço a Fazenda Medalha, desde menino eu conheço, é terra boa, era para os pobres tá trabalhando, mas cadê? Tudo cercado pelos fazendeiros e os prefeitos que entram tudo apóiam os fazendeiros, aí o povo fica sofrendo (J. M., jan. 2009).

Outro trabalhador relata:

> Mas se você tem um pedaço de terra e trabalha todo dia é outra coisa. Agora do jeito que estou, ficar na rua direto é complicado. Lá na terra eu ia criar galinha, plantar mandioca, plantar batata, ia plantar alguma coisa, porque dentro da terra você vive melhor do que empregado. Aí tem como você vender alguma coisa na feira, você tem o milho verde, a mandioca tudo dá dinheiro. Você trabalha para você e não para ninguém. Tem essa horta comunitária tem gente que fica falando. Eu te pergunto vai pra onde? Pro Pará? Eu conheço que a situação é feia e precária quem vai trabalhar nas fazendas (F. F. B., jan. 2009).

A terra é o patrimônio maior para esses trabalhadores vítimas do trabalho escravo, no momento que houvesse reforma agrária a dependência dos fazendeiros acabaria, com isso não seriam mais obrigados a trabalhar fora do seu lugar de origem, como faz a grande maioria. A visão do trabalhador em relação a Ananás é pertinente, o município não conta com um assentamento, é todo formado pelas grandes fazendas. Talvez seja esse um dos motivos para que haja um número significante de trabalhadores vítimas da escravidão por dívida, já que estes vivem na periferia da cidade em condições de vida limitada. O Estado precisa fazer valer os programas para erradicação do trabalho escravo.

3.6 O Estado brasileiro e suas ações no combate ao trabalho escravo

O Estado em toda história brasileira tem se compromissado com a classe dos poderosos – a oligarquia, na persistência do passado por trás da aparência do moderno, como aponta Martins em seu livro "O poder do atraso". A história contemporânea no Brasil tem sido marcada pela corrida ao crescimento, ao progresso, quando este país tem se deparado com relações políticas em suas nefastas contradições, como se o atraso fosse sinônimo de poder (Martins, 1999).

As contradições estão dentro de um pensamento conservador de alguns políticos que, ao longo da história desse país, têm se compromissado com a classe oligárquica que os representa no Congresso Nacional, como no caso os participantes da antiga UDR (União Democrática Ruralista), hoje representados pela CNA. O que temos visto é a fragmentação dos movimentos sociais. Por mais que se esforcem, a história nos mostra o quanto este país está mergulhado nas contradições. O próprio Estado dificulta as ações em relação aos objetivos dos movimentos sociais, como o MST, cujo objetivo é enfrentar o latifúndio e os seus representantes. Na verdade, quem governa está nas amarras das alianças de partidos que representam não a grande maioria da população brasileira, mas os interesses particulares do poder das oligarquias.

Martins (1999), discutindo a corrupção no país, nos mostra como o seu pensamento é atual para compreendermos toda uma conjuntura de representantes políticos que no decorrer da história estiveram condicionados às armadilhas, aos desvios do dinheiro público para satisfazer as suas próprias particularidades, e não preocupados em representar o povo, que clama por direitos que muitas vezes são negados. Isso demonstra o quanto o Estado é frágil, e como ainda permeia a força de um passado muito presente nas decisões, e de certa maneira nas relações próximas das classes dominantes. Martins (1999, p. 21), enfocando a questão da corrupção e da fragilidade do Estado, enfatiza que:

> A questão, portanto, não está na corrupção em si. Mas na própria definição da corrupção nos episódios recentes, na mobilização popular que ela desencadeou e na crise institucional que produziu. No fim, ela é reveladora da força, mas, também, das fragilidades atuais de um estado cuja constituição resulta da contraditória

combinação de interesses e concepções tradicionais e modernas. Um Estado, enfim, relativamente impermeável às pressões dos movimentos sociais, das manifestações modernas da opinião pública, mas não impermeável às fragilidades da tradição quando subsumida na lógica do moderno.

É difícil imaginar, no Brasil, um Estado forte sem vícios de propinas daqueles que os representam, em que as leis sejam cumpridas de acordo com as normas estabelecidas, e de fato o cidadão seja respeitado em seus direitos garantidos pela lei; que os pobres no Brasil não sejam submetidos ao acaso, à exclusão, à incapacidade de reagir, de lutar contra toda a forma de opressão que tem sangrado a alma de tantos brasileiros que se encontram perdidos no mar da ilusão. Talvez, sonhar com um Estado sem vícios do passado e do presente é pensar na representatividade do seu povo, não apenas servir de apoio à classe dominante que sempre esteve junta na troca de favores, políticos ou econômicos.

A intermediação política sobrepõe os interesses de uma determinada classe sobre a outra, em uma forma bastante peculiar em que os moldes do poder também vão se modificando, se adaptando às novas conjunturas. Penso de acordo com Martins (1999) quando nos revela que o clientelismo político não desapareceu; permanece com novas formas, mas com os mesmos objetivos. É na base dos favores políticos que percebemos as nuanças da relação entre a oligarquia e a sociedade. O vetor primordial dessa relação é a fachada da modernidade e do crescimento, que compõe o discurso político, sobretudo dos governantes, para estabelecer suas ações em prol de determinada classe. É com base nesse clientelismo político que o Estado tem se deparado, quando Martins (1999, p. 29) nos chama a atenção de que este não desapareceu, vem com novas práticas modernas. Assim menciona:

> Minha concepção é a de que o oligarquismo brasileiro se apóia em algo mais amplo do que esse relacionamento – ele se apóia na instituição da representação política como uma espécie de gargalo na relação entre sociedade e o Estado. Não só os pobres, mas todos os que, de algum modo, dependem do Estado, são induzidos a uma relação de troca de favores com os políticos.

Essa indicação expressa por Martins nos mostra o quanto o poder do Estado está voltado para a classe política, que utiliza a máquina pública para se beneficiar, seja do lado da classe trabalhadora marginalizada, seja pela classe burguesa. Martins (1999, p. 29) argumenta ainda que:

> De fato, as indicações sugerem que o clientelismo político sempre foi e é, antes de tudo, preferencialmente uma relação de troca de **favores políticos** por **benefícios econômicos**, não importa em que escala. Portanto, é essencialmente uma **relação entre os poderosos e os ricos** e não principalmente uma relação entre os ricos e os pobres. Muito antes de que os pobres pudessem votar e, portanto, negociar o preço do voto, já o Estado tinha com os ricos, isto é, os senhores de terras e escravos, uma relação de troca de favores [...] (grifos no original).

É diante dessa complexidade de práticas conservadoras que alguns representantes do Estado permanecem com seus mandatos a favor do poder, dando continuidade ao clientelismo e às oligarquias. No campo, atualmente, o poder dos grandes proprietários de terras permanece, como se o passado fosse tão presente na sociedade brasileira que o trabalhador se apresenta para estes poderosos como uma riqueza a ser explorada, no contexto de sua força de trabalho. O proprietário de terra tem tido uma postura de superexplorar o trabalhador de maneira a adquirir a mais-valia que determina a existência entre capital e trabalho. Todo esse processo de exploração feito pelos proprietários de terras em relação ao trabalhador tem um fio condutor que é o Estado, sobretudo na nova fronteira do país, que muitas vezes tem firmado uma política de apoio à classe dominante, como uma espécie de trocas de favores.

Podemos perceber o quanto é complexo a relação entre Estado como instituição e o governo que foi eleito para representar o povo juntamente com os deputados e senadores. É diante dessa relação de jogo político que o país vai sendo governado, nem sempre os problemas de denúncias – exploração de trabalhadores, mortes no campo, massacre de populações tradicionais – são apurados de maneira clara ou correta, porque existe um certo interesse político por trás que acaba fragmentando a ação. O Estado, como instituição, passa a ser conivente com a situação.

Assim pensamos como Martins (1999) tem visto o Estado em suas determinações políticas para a sociedade brasileira, de tal forma que tem agradado, sobretudo, a classe conservadora que de certa maneira permanece com novas estratégias de manutenção do poder, alienando parte de uma população marginalizada nos rincões deste país. Martins (1999, p. 143) enfatiza sobre a herança da política brasileira:

> Penso que isso decorre do fato de que no Brasil o Estado oligarquizado (muito mais o Congresso que a presidência) é extremamente poderoso e tem com a sociedade uma relação colonialista. A sociedade brasileira tem sido colônia de dominação (e de exploração) do Estado brasileiro. Nem mesmo as esquerdas se interessam por essa deformação. O que elas esperam é 'tomar' o Estado para continuar desenvolvendo a mesma política colonial com a população, ainda que em nome dos pobres.

Essa realidade de favorecimento do Estado às classes dominantes deste país tem se propagado em quase todos os estados, repercutindo de forma negativa, como a criação de formas de exploração dos trabalhadores em que estes são submetidos a horas de exaustão de trabalho, surgindo a escravidão por dívida neste país. Nas denúncias de entidades como a CPT, esse problema vem desde a ditadura militar, e só então as autoridades construíram planos para acabar com a má repercussão do país internacionalmente. As ações não foram imediatas, alguns parlamentares são contra algumas medidas tomadas pelo governo federal, alegando a não existência desse mal que assola a sociedade brasileira.

A escravidão contemporânea tem avançado no território nacional de maneira bastante particularizada. Ainda há impunidade dos crimes contra os direitos dos trabalhadores, como também vulnerabilidade do trabalhador em se enganar por promessas fraudulentas para garantir sua sobrevivência em trabalhos longe de seu local de origem, sendo vítimas da superexploração comandada pelos aliciadores, já discutido neste trabalho.

O Brasil, apesar de várias denúncias que estavam sendo feitas por organizações não governamentais, entidades sindicais de trabalhadores, organismos internacionais como as Nações Unidas e OIT, só veio reconhecer que existia trabalho escravo em 1995, criando estruturas de combate a esse crime. Destacam-se, para esse fim, o Grupo Executivo para o Combate ao Trabalho Escravo (GERTRAF) e o Grupo Especial de Fiscalização Móvel, que estava subordinado à Secretaria de Fiscalização do Trabalho, cujo objetivo destinava-se a diagnosticar e dimensionar o problema, assegurando o sigilo absoluto na apuração das denúncias, além de possibilitar o levantamento preliminar de dados para análises, permitindo um planejamento do próprio Estado em tentar conter o avanço da degradação do trabalho (VILELA ; CUNHA, 1999).

As ações do Estado em conter esse mal foram motivadas pelas pressões da sociedade, como também da imprensa, as quais exigiam medidas urgentes para o combate do trabalho escravo que desrespeita os direitos do homem e ameaça a sua própria vida. É importante frisar que o Brasil reconheceu em 08 de março de 2004, perante as Nações Unidas, a existência de um número estimado de 25 mil trabalhadores escravos no país, segundo a OIT.

Diante das denúncias e da mobilização dos organismos nacionais e internacionais, o governo brasileiro deu prosseguimento às discussões, lançando em 11 de março de 2003, pelo presidente Luiz Inácio Lula da Silva, o Plano Nacional para Erradicação do Trabalho Escravo, que comporia a Comissão para Erradicação do Trabalho Escravo (CONATRAE), criada em 1 de agosto de 2003, com metas a serem executadas para o combate ao trabalho escravo, como apresenta no Relatório da Organização Internacional do Trabalho de 2007, sobre o Trabalho escravo no Brasil no século XXI.

Segundo o relatório da OIT sobre o trabalho escravo no Brasil, a criação da CONATRAE tem como objetivo:

> promover a atuação integrada entre todas as instituições nacionais que defendem os direitos humanos e apóia a articulação de esforços entre organizações governamentais e não governamentais nos âmbitos federal, estadual e municipal. Estimula-se a discussão do problema nos Estados onde é maior a incidência de trabalho escravo, seja na utilização dessa mão-de-obra de forma ilegal, seja no aliciamento de trabalhadores (OIT, 2007, p.19).

Conforme o objetivo da CONATRAE, as ações, mesmo tendo sido feitas de maneira eficaz, ainda deixam a desejar no sentido de inserir o trabalhador no mercado de trabalho, ou promover uma reforma agrária no campo. Faz-se necessário que de fato as diretrizes sejam estabelecidas de forma clara, e o trabalhador não seja obrigado a usar a terra como mercadoria de valor, como tem acontecido nos atuais assentamentos rurais. Apesar do êxito da fiscalização com base em denúncias e de o Brasil ter sido reconhecido pelos órgãos internacionais de buscar a abolição do trabalho escravo, ainda há um número significativo de aliciamento de trabalhadores em todas as regiões, conforme dados da CPT (2008).

As medidas tomadas pelo governo brasileiro ainda não foram suficientes para conter o trabalho escravo no Brasil. Mesmo assim, o Estado tem se esforçado em erradicar, enfrentando as dificuldades no campo econômico, no social e, sobretudo, político, porque enfrenta alguns parlamentares que não admitem esta vergonhosa situação de parte da população brasileira.

Uma das medidas tomadas foi a criação da Lista Suja, (hoje chamada Lista da transparência) com base no cadastro de Empregadores da Portaria de 15 de outubro de 2004. Essa lista contém os nomes dos fazendeiros que foram autuados em suas fazendas com trabalhadores em condições degradantes de trabalho. Nesse momento, é aplicada multa pelo Ministério do Trabalho e Emprego; o nome do fazendeiro vai para a lista suja, e só é retirado com a resolução do problema. O nome poderá ficar na lista suja por dois anos. Passando desse período, a terra é desapropriada para fins de reforma agrária (SAKAMOTO, 2004).

Os fazendeiros que estiverem na lista da transparência ficam impossibilitados de receber qualquer tipo de crédito em agências públicas de financiamento, como Bancos ou outras instituições financeiras. A retirada do nome depende da situação da fazenda, que fica sendo monitorada pelo Grupo Móvel do Ministério do trabalho e Emprego, juntamente com a Polícia Federal. Se durante o período de dois anos não tiver reincidência do crime e pendências trabalhistas, o nome é retirado do cadastro. De 2013 a 2015, a lista da transparência apresenta com 421 fazendeiros conforme Quadro 4. Mesmo com as denúncias e com a ação do governo federal, o trabalho escravo continua em evidência, devido à expansão capitalista em direção à nova fronteira, mas também em regiões onde se encontra a degradação do ser humano, que serve como mão de obra barata para a acumulação primitiva do capital daqueles que se dizem donos da terra – os fazendeiros.

Nem sempre esses fazendeiros estão na lista da Transparência[11] por não serem autuados. Quando o são, resolvem os direitos trabalhistas e pagam as multas aplicadas. No Quadro 5, apresenta os proprietários na lista da Transparência e os números de trabalhadores envolvidos por Estado da Federação.

---

[11] A lista suja foi suspensa em 22 de Dezembro de 2014 pelo Supremo Tribunal Federal, sendo revogada em maio de 2016.

UF	INCLUÍDOS	%	ESCRAVOS RESGATADOS
PA	180	42,8%	2063
MG	45	10,7%	1034
TO	28	6,7%	7
MA	23	5,5%	196
GO	17	4,0%	286
SP	17	4,0%	212
MT	13	3,1%	134
SC	12	2,9%	83
PR	11	2,6%	75
MS	11	2,6%	61
RJ	10	2,4%	158
RO	7	1,7%	76
CE	7	1,7%	148
PI	6	1,4%	85
RS	6	1,4%	69
AC	6	1,4%	20
AM	5	1,2%	43
PE	5	1,2%	82
ES	4	1,0%	77
AL	4	1,0%	122
BA	1	0,2%	44
AP	1	0,2%	3
RR	1	0,2%	1
PB	1	0,2%	21
TOTAL	421	100,0%	5100

QUADRO 5 – PROPRIETÁRIOS NA LISTA DA TRANSPARÊNCIA NOS ESTADOS BRASILEIROS 2013-2015
FONTE: CPT; Ministério do trabalho e Emprego (MTE), dez. 2016. Org. Alberto P. Lopes

No Quadro 5, apresenta-se uma realidade que tem sido muito frequente nas chamadas regiões de fronteira, como se o trabalho escravo fosse forma cultural de um povo que, sem muita condição de sobrevivência, é sujeito a enfrentar o que lhe prometem. Isso acaba se tornando verdade: a sua força de trabalho não tem valor para os proprietários no momento do acerto. O valor está condicionado à execução do trabalho, porque da força do trabalhador são criados os meios de produção, como no caso a abertura de novas fazendas. O valor da força de trabalho do trabalhador é inexpressivo diante da condição que lhe é imposta pelos donos de propriedades. São essas formas em que o trabalhador é determinado a uma condição por meio das falsas promessas e do domínio instaurado pelos aliciadores.

O que observamos diante dos resultados do Quadro 5 é a expressiva quantidade de trabalhadores escravizados para trabalharem na abertura de fazendas, no roço das pastagens, na construção de cercas, em que a remuneração desse trabalho é ínfima, além das condições de trabalho degradante, alimentação de péssima qualidade, locomoção proibida, dormitório em barracão de lona a céu aberto. Essa condição não é esperada pelos trabalhadores quando saem de suas localidades com o objetivo de trabalho bem remunerado, e nem das promessas que lhes foram repassadas pelo o aliciador. O que de fato percebemos diante desse quadro é que as denúncias são formalizadas pelos próprios trabalhadores quando não estão satisfeitos pelas formas de trabalho que lhes são repassadas, além de um trabalho que não se torna remunerado, por conta da dívida que se instaura em toda uma cadeia construtiva feita pelo contratante ou aliciador.

O crescimento dos integrantes na lista suja revela o quanto ainda é incipiente a ação do Estado em conter tal atrocidade, mas também revela a importância da ação do Grupo Especial de Fiscalização Móvel, no sentido de denunciar os responsáveis pelo ato de desumanidade, tornando-se públicos os nomes de cada escravocrata. O Grupo Móvel tem essa difícil tarefa de resgatar os trabalhadores vítimas, como aplicar os rigores da lei aos infratores.

> O Grupo especial de Fiscalização Móvel é treinado para que suas ações sejam resguardadas por um sigilo absoluto e tenham um caráter eminentemente repressivo. A presença dos agentes da Inspeção do Trabalho e da Polícia Federal tem geralmente grande repercussão junto à comunidade local, chamando a atenção para um problema que, então, passa a perturbar ou sensibilizar as pessoas. (VILELA; CUNHA, 1999, p. 37).

Apesar de todo esse esforço do Estado em tentar conter esse ato desumano, nenhum dos envolvidos no crime da escravidão foi punido, apenas seus nomes encontram-se na Lista da Transparência. Quando se resolve o problema, volta-se à normalidade, como se nada tivesse acontecido. Talvez haja falhas na ação do Estado em resolver isso de forma mais severa, aplicando os rigores da lei do Código Penal Brasileiro em seu artigo 149, já exposto neste trabalho. A OIT, no relatório de 2005, intitulado "Uma aliança global contra o trabalho escravo", retrata o trabalho forçado, que inclui todas as formas degradantes de trabalho, e enfatiza a falta de punição mais rigorosa estabelecida pelo Estado aos envolvidos:

> Mesmo quando reconhecido pela legislação nacional, é muito raro alguém ser punido pelo crime de impor o trabalho forçado. E quando casos de trabalho forçado são processados, as sanções muitas vezes são leves para a gravidade do crime (OIT, 2005, p.19).

Com base no 2º Plano Nacional para a Erradicação do Trabalho Escravo, em linhas gerais, a ação está voltada para a erradicação do trabalho escravo contemporâneo como prioridade do Estado brasileiro, por meio dos Poderes Executivo, Legislativo, Judiciário e Ministério Público. Nesse sentido, o plano prioriza ações que se destacam como ações de enfrentamento e repressão, ações de reinserção e prevenção, ações de informação e capacitação, ações específicas de repressão econômica (BRASIL, 2008).

Nas ações de enfrentamento e repressão do Plano, segue em seu parágrafo 29: "Buscar a aprovação de mudança no artigo 149 do Código Penal, elevando a pena mínima de 2 para 4 anos para o crime de sujeitar alguém a trabalho análogo de escravo". (BRASIL, 2008, p. 17). O parágrafo 31 diz respeito aos processos que se encontram em tramitação no poder judiciário, onde se lê: "Acompanhar os processos que versam sobre a utilização de trabalho escravo, que se encontram tramitando no Poder Judiciário, atuando no sentido de sensibilizar juízes, desembargadores e ministros para o problema" (BRASIL, 2008, p. 17).

As ações desenvolvidas pelo plano de erradicação do trabalho escravo têm boas intenções, mas ainda continuam insuficientes para acabar com esta forma de desrespeito à pessoa humana, que é a superexploração. Ainda nenhum envolvido foi julgado, preso, desapropriado de sua propriedade para fins de reforma agrária. No que diz respeito às ações de reinserção e prevenção, em seu parágrafo 32, o Plano destaca:

> Implementar uma política de reinserção social de forma a assegurar que os trabalhadores libertados não voltem a ser escravizados, com ações específicas voltadas a geração de emprego e renda, reforma agrária, educação profissionalizante e reintegração do trabalhador (BRASIL, 2008, p. 18).

Por mais que no plano esteja estruturada a reinserção social dos trabalhadores vítimas do trabalho escravo, essas ações não são executadas de maneira eficaz, porque o retorno ao trabalho nas fazendas tem sido a única alternativa de sobrevivência desses trabalhadores. Estamos de acordo com Vilela & Cunha (1999, p. 38), quando trata das fugas e da reincidência ao trabalho escravo.

> As raras fugas bem-sucedidas não garantem a libertação definitiva do trabalhador, que, por falta de alternativa de trabalho e renda, volta a se submeter às condições anteriores de escravidão, na mesma ou em outra localidade. Mesmo com a orientação, as recomendações e ações de Fiscalizações Móvel, e com insistente trabalho de conscientização dos trabalhadores por parte dos agentes da Comissão Pastoral da Terra e de alguns sindicatos de trabalhadores rurais, é quase inevitável o reinício do ciclo.

Essa afirmação dos autores acima mostra o quanto ainda hoje persistem as condições de trabalho degradante mediante a falta de alternativas de trabalho, embora esteja subentendida no plano de ação do governo federal a inserção do trabalhador em ações sociais para que não voltem à escravidão. A luta contra a escravidão tem repercutido em todo cenário nacional, fazendo com que as autoridades se manifestem e se posicionem quanto a um problema que afeta camadas de famílias que sobrevivem de maneira catastrófica por não haver reconhecimento do seu próprio trabalho pelos contratantes. Nesses termos, com o reconhecimento do Brasil sobre a existência de trabalho escravo, o Senado criou o projeto de lei número 203/2003, que propõe aumentar o valor das multas por trabalhador encontrado em regime de escravidão nas fazendas, com pena mínima para o escravocrata de cinco anos, embora não haja ainda previsão para a sua aprovação (ONG Repórter Brasil, 2009).

Encontra-se na câmara a PEC (Proposta de Emenda Constitucional), que propõe mudanças na propriedade que for autuada com trabalho escravo, sendo expropriada sem indenização. Essa Proposta de Emenda Constitucional (PEC) de número 438 foi apresentada em 1999 pelo ex-senador Ademir Andrade –PSB/BA, sob o número 57/99. Em primeira instância a proposta estava destinada à nova redação do Artigo 243 da Constituição Federal, que trata do confisco de propriedades em que forem encontradas lavouras de maconha. A nova proposta estende a desapropriação de propriedade sem direito à indenização, em casos de mão de obra escrava (ONG Repórter Brasil, 2009). A PEC de número 438/2001 prevê que as propriedades confiscadas sejam destinadas para o programa reforma agrária. Essa emenda encontra-se em trâmite no senado federal, conforme destaca o relatório da OIT no Brasil (2005).

No senado, a PEC ficou durante dois anos até ser aprovada em primeiro turno em 2003. Na câmara encontra-se parada desde 2004. Foi aprovada no primeiro turno, devido à comoção popular, ocasião em que houve o assassinato de quatro servidores do Ministério do Trabalho e Emprego no estado de Minas Gerais. Em maio de 2012 a PEC do Trabalho escravo foi aprovada pelo Senado Federal. A PEC prevê a expropriação de propriedades em que for flagrado trabalho escravo e sua destinação para reforma agrária ou uso social. No entanto, membros da bancada ruralista, insatisfeitos com a decisão, tentam dificultar a aplicação da lei, alegando que é preciso uma definição mais clara sobre a definição de escravidão na lei. Essas são as dificuldades enfrentadas por aqueles que lutam contra a escravidão por dívida no Brasil, encontram barreiras pela bancada ruralista no Congresso Nacional, que tenta retardar, propondo mudanças no texto a fim de a lei não ser regulamentada, permanecendo assim as atrocidades no campo deste país.

O plano de ação é um projeto que busca integrar todas as instituições nacionais que defendem os direitos humanos, no sentido de promover as ações para a repressão dos traficantes de trabalhadores vítimas de trabalho escravo. Diante da necessidade de articular organismos governamentais e não governamentais, os estados vieram ao encontro das propostas já inseridas pelo Governo Federal, lançando planos para conter a escravidão por dívida, sobretudo o Pará, Maranhão, Piauí e Tocantins, como aponta o Relatório da OIT sobre o Brasil (2007).

O Tocantins, um dos estados com maior índice de trabalho escravo, aderiu a essas ações em 2007, ano em que o governo cria, mais especificamente em 27 de abril, o ATO n.º 2.565/DSG para composição da COETRAE (Comissão de Erradicação do Trabalho Escravo do Estado do Tocantins), criada em 02 de maio de 2007. O Plano Estadual para Erradicação do Trabalho Escravo no Tocantins foi criado sob o Decreto número 3223 de 28 de novembro de 2007. O plano apresenta dados da CPT de denúncias, de fiscalização, de trabalhadores libertados, conforme Plano (2007). O plano segue as diretrizes do Plano Nacional, como ações de prevenções, ações de repressão, ações específicas de inclusão social. A COETRAE, segundo o Plano de ação do Tocantins (2007), é instância responsável pela gestão e monitoramento das diretrizes. .

Todas essas medidas tomadas pelo governo do Tocantins se deram à custa de muitas lutas, sobretudo organizadas pela CPT diante das denúncias e da intensificação da Policia Federal nas fazendas. A CPT foi a articuladora e autora do Plano de Erradicação do Trabalho Escravo no Tocantins. Veja-se o relato de um dos membros da CPT:

> *Nós intensificamos a mediatização dessa situação, realizamos um importante seminário com o CDH (Centro de Direitos Humanos), "O Tocantins contra o trabalho escravo". Esse seminário foi determinante, porque no mesmo ano a gente articulou desde Brasília a vinda da CONATRAE em Palmas, o Ministro, não só em Palmas mas vieram até aqui em Araguaína. Isso acuou, vamos dizer assim, as autoridades do governo, e viu se não fizesse nada até o agronegócio estava correndo risco, o pior que afeta o negócio do mercado para o boi gordo e da soja. Então isso fez com que o governo anunciasse para dar satisfação, não por convicção, mas para dar satisfação ao mercado e ao Governo Federal que estava num processo de aliança. Aí onde se comprometeu: não, nós vamos lançar um plano e criar uma COETRAE, e até mais aprovar uma lei combatendo o trabalho escravo no Tocantins, vedando contratos, financiamentos e empresas que estão na lista suja. Então isso foi considerado um avanço. Nós ficamos no pé do governo. O governo nos convidou para elaborar o plano, fomos os principais artesãos da COETRAE/TO, depois demorou quase dez meses para o governo sancionar esse plano para sair no Diário oficial. E aí cadê a publicação do plano. O governo alegava não ter dinheiro. Então a CPT firmou o compromisso que publicaria, e o publicou usando os recursos da entidade, deu mais uma visibilidade grande no ano passado no festival da abolição (F. X., jan. 2009).*

Como podemos perceber, as ações advindas do governo do Tocantins não foram de forma espontânea, na qualidade de acreditar, de intensificar, de fazer com que este Plano seja executado de forma coerente. Talvez essa dificuldade de erradicação do trabalho escravo no Tocantins esteja em quem representa o seu povo desde a sua criação como estado da federação. Dito de outro modo, as oligarquias permanecem, sobretudo no campo da política. Há também a cadeia de formação da política no Tocantins: o deputado que é fazendeiro, o senador que é fazendeiro, o poder executivo, e assim sucessivamente – todos articulados com a bancada ruralista. Parte desses se dizem representantes do povo tocantinense, mas têm tratado seus trabalhadores de modo deplorável, e ainda têm a coragem de falar que a situação em que vivem esses trabalhadores é de ordem cultural, como se alguém gostasse de viver na miséria e na falta de liberdade.

Em se tratando de denúncias de parlamentares, podemos perceber as dificuldades que existem para que se faça valer de fato a lei. Os próprios autores que fazem as leis desse país são julgados por seus atos ilícitos com denúncias de escravizar trabalhadores, mas acabam sendo absolvidos, o que demonstra a fragilidade do Estado de aplicar o rigor a quem convém, sobretudo contra os pobres e trabalhadores. Veja-se esta denúncia de um dos membros da CPT sobre um parlamentar tocantinense:

> [...] na época ele foi obrigado a pagar o direito trabalhista desses trabalhadores que foram resgatados em sua fazenda no município de Piçarra no Pará, e depois o Ministério Público do Trabalho, fez também uma denúncia para ele pagar também uma multa por danos morais e coletivos. Foi aplicado uma multa que não me lembro agora, num valor altíssimo e no final das contas ele conseguiu reduzir acho que para pagar 60 ou 80 mil reais, eu não sei certeza. Mas eu sei que ele baixou para 90% o valor da multa que foi estipulada para ele pagar. Também foi feita uma denúncia contra ele no Supremo Tribunal Federal para responder criminalmente este crime de trabalho escravo. Sabe-se que este é um processo demorado, e tá para o Supremo julgar se aceita ou não a denúncia. Foram tomados esses encaminhamentos, mas nos preocupa porque nunca tivemos um escravagista mesmo sendo senador preso por prática de trabalho escravo. (E. R. C., ago. 2008).

A erradicação do trabalho escravo no Brasil e, sobretudo, no Tocantins, parte da incerteza, da falta muitas vezes de compromisso dos parlamentares com o povo que o elegeu. Falta uma definição objetiva das instâncias que lidam com a questão do trabalho escravo, para de fato aplicar a lei, para integrar o trabalhador à sociedade com ações preventivas para que este não retorne a esse mal que tanto aflige a parte marginalizada de uma sociedade.

3.7 O papel das entidades na batalha contra a escravidão por dívida

O papel das entidades no combate ao tráfico de pessoas, na luta contra a escravidão por dívida, é relevante, no sentido da denúncia, da orientação dos trabalhadores, como também nos projetos de integração social para que estes trabalhadores não retornem às fazendas em condições de degradação do trabalho. Trata-se de entidades como CPT, Sindicatos dos trabalhadores Rurais, Centro de Direitos Humanos, ONG Repórter Brasil e Organismos internacionais, como a OIT, as quais têm ajudado o Ministério Público do trabalho e a Justiça do Trabalho a tentar acabar com a escravidão por dívida no Brasil. Essa ajuda parte por meio das denúncias dos trabalhadores às entidades, uma vez que surge uma confiança dos trabalhadores mediante ao trabalho de conscientização e organização que tem sido feito ao longo do tempo, sobretudo pela CPT, com estratégias de luta pela posse da terra.

A CPT foi a primeira entidade a denunciar a existência de trabalho escravo no Brasil. A denúncia partiu de frei Henri, na década de 1970, época em que a ditadura militar reprimia fortemente os intelectuais e aqueles contrários ao Estado. Foi uma época em que o campo no Brasil estava em evidência pela Guerrilha do Araguaia, movimento de defesa a reforma estrutural no campo, e que tinha como objetivo a revolução para pôr fim ao militarismo e implantar o socialismo. Nesse ínterim, surge a CPT (em 1975), que de certa forma tinha seus interesses de conter o comunismo e ter uma participação mais efetiva nas comunidades do campo. A sua importância se dá pela respeitabilidade que tem a Igreja Católica perante o Estado, porque os dois sempre caminharam juntos nas relações de poder. Como afirma Sader (1986, p. 203) em relação à posição da Igreja na região do Bico do Papagaio:

> A ação da Igreja na área sempre foi ambígua, pela presença de elementos conservadores do clero que apóiam a abertamente os grileiros, e dos que justamente com a Comissão Pastoral da Terra se posicionam ao lado dos posseiros e pequenos lavradores. A ação da CPT e dos setores progressistas da Igreja desagrada empresários, fazendeiros, autoridades. Calúnias, difamações pela imprensa local ou nacional, ameaças, prisões, tocaias, são as armas utilizadas contra eles. O assassinato (tantas vezes anunciado) do Pe. Josimo Moraes Tavares em maio de 1986 comprova a afirmação.

Com todos os problemas enfrentados – com a Igreja conservadora, o Estado, os fazendeiros, os empresários ou os políticos – a CPT consegue uma nova estratégia de lidar com as adversidades, principalmente pela vitalidade dos movimentos sociais no campo, que de certa forma tinham suas bases em Partidos de esquerda, sobretudo os comunistas. Nessa perspectiva, a Igreja começa a trabalhar com a ideia de pobre e pobreza, diferente da ideia dos partidos de esquerda, contrários à acumulação capitalista e à expansão do capital, conforme Martins (1986, p. 69) analisa:

> A Igreja começa a trabalhar o problema não na perspectiva da acumulação, mas na perspectiva da distribuição. É isso que vai marcar toda a posição dela até hoje, trabalhar com a idéia do pobre e da pobreza, e não com a idéia de acumulação que é o que está presente muitas vezes na posição dos partidos políticos de oposição, os partidos de esquerda em geral. [...] A igreja parece nesse momento muito preocupada com os direitos das pessoas, aparece muito preocupada com o fato de que existem direitos consagrados na lei, e direitos que não são respeitados na prática. Isso aparece praticamente em todas as discussões, inclusive naquela que diz respeito ao respeito à propriedade, que era justamente o que justifica a posição da Igreja antes de 1964 na defesa da propriedade.

É com o discurso contra a violência, contra as dificuldades sofridas pelo trabalhador no campo, pelos posseiros, pelos expropriados das barragens, pelo indígena e por tantos outros movimentos afetados pelos proprietários de terra que a Igreja passa a mobilizar e organizar os trabalhadores, assumindo que não era um partido político, mas tinha a responsabilidade de conscientizar as pessoas, sobretudo no campo.

> E com esse setor da Igreja empenha-se pela luta de direitos humanos, dignidade de condições de vida e de trabalho, justiça social,

> leva avante valores importantes para a atuação de uma política de luta pela manutenção do campesinato, através de uma valorização política do cotidiano. Não é um catolicismo de fachada, mas um catolicismo militante, que se modela no dia-dia, nas relações de vizinhança, na solidariedade entre companheiros, no reconhecimento da igualdade de direito à terra a todos que nela trabalham (SADER, 1986, p. 203).

A Igreja passa a ter uma posição contrária à do Estado, que é a manutenção da propriedade capitalista que expropria milhares de trabalhadores. A sua posição é a denúncia do processo de desumanização do homem no campo e na cidade, e os seus representantes assumem esta luta entendendo que a questão agrária é uma questão política, como enfatizou D. Pedro Casaldáliga em depoimento a CPT, conforme cita Martins (1986).

A CPT nasce no processo de organização dos movimentos sociais no campo. Na verdade, assume o papel dos partidos de esquerda que vinham fazendo um trabalho de base. Essa entidade religiosa é criada no momento crucial na história deste país, afetado pela ditadura militar. Seu objetivo era ouvir os necessitados, os pobres, os desvalidos, falando a mesma língua. É diante dessa reciprocidade entre trabalhadores e CPT que a confiança assume um papel primordial, fazendo com que as denúncias de maus tratos, de luta pela terra sejam efetivadas. A entidade torna-se respeitada perante os meios de comunicações e as instâncias de ordem pública. No que concerne ao trabalho escravo, esta tem feito um trabalho de grande relevância, contribuindo com seus dados para as Instituições responsáveis pela punição dos envolvidos e pela libertação das vítimas.

> A Comissão Pastoral da Terra (CPT) foi uma pioneira nas denúncias sistemáticas, contínuas, alicerçadas em provas contundentes. No início isolada, a CPT parecia falar para as pedras, mas, aos poucos, a partir do início dos anos de 1990, outras organizações abraçaram a causa e, uma década depois, o número de organizações e pessoas preocupadas e trabalhando pela erradicação do trabalho escravo cresceu significativamente. O assunto faz parte da pauta do governo e da própria imprensa (FIGUEIRA, 2004, p. 106).

A CPT tem se expandido em todas as regiões brasileiras. No Tocantins sua sede fica na cidade de Araguaína. Ali a entidade tem construído um trabalho de conscientização na luta pela terra para os trabalhadores que estão sendo vítimas da expropriação e da violência que impera em quase todos os municípios, sobretudo os que ficam ao norte do estado. O trabalho da CPT tem sido o de denunciar e prevenir, conforme menciona seu membro em seus relatos:

> *A CPT tem trabalhado, a primeira coisa é denúncia, embora tem existido muitas críticas em relação apenas à denúncia. Mas tentamos trabalhar a prevenção desses trabalhadores que é um dos pontos principais, orientar os trabalhadores dos seus direitos, evitar que vão para as fazendas para serem escravizados. Mas uma forma concreta de erradicar é um projeto que temos em Ananás em parceria com o CDH (Centro de Direitos Humanos), trabalhamos com um grupo de famílias egressas do trabalho escravo que trabalham com uma horta comunitária, produzindo para manutenção da família e o excedente é vendido na feira na cidade. [...] Esse é um ponto positivo que nós achamos para evitar que essas famílias sejam escravizadas, para terem uma alternativa de emprego algo que elas tenham vocação de fazer. Ananás é uma referência com esse projeto de horta comunitária, e que essas famílias deverão ser assentadas pelo INCRA. A gente conseguiu junto ao INCRA listar essas famílias para serem assentadas em uma fazenda no município e na região de Ananás. Então, são passos pequenos, mas são ações que acreditamos que poderá acabar de ver com o trabalho escravo aqui no Tocantins. (E. R. C., jun. 2008).*

O trabalho da CPT é um trabalho de risco dos seus membros, porque o Tocantins foi criado com uma estrutura agrária formada por grandes fazendeiros, cheios de vícios e mandos com apoio e troca de favores que existem com determinados políticos, os quais são muitas vezes os próprios proprietários que escravizam e determinam as leis ao seu modo. Assim, as ameaças a entidades e membros de partido de esquerda sempre foram comuns nesta região. As mortes de trabalhadores, de religiosos têm sido estampadas na imprensa do país desde a década de 1970 até os dias atuais. Os representantes da CPT são alvo do ódio e da ameaça feita pelos proprietários de terras, os quais os veem como representantes da discórdia e do atraso no desenvolvimento da agropecuária. Essa é a visão do grande proprietário de terra em relação às entidades que são ameaçadas, conforme argumenta um de seus membros:

> *Já tivemos várias ameaças em relação às denúncias de trabalho escravo, principalmente em 2002 quando nós começamos a questionar a forma em que vários trabalhadores estavam sendo levados*

> *para as fazendas e a forma como esses trabalhadores chegaram em seus municípios que não era uma forma digna. Tivemos muitos casos de trabalhadores que saíram de Ananás e Angico e voltaram mortos. Por esse motivo começamos a receber fortes ameaças, de mandarem recados, de ficar avisando para parente, para alguém que nos conhecia, e falava o fulano de tal já está contratando pessoas só esperando a hora certa para tirar vocês do caminho. Então ameaças desse tipo que nos fizeram. Agora deu uma acalmada, mas o período de 2002 a 2005 foi bem quente, e tivemos que tomar precaução no sentido de nos afastar do estado para poder evitar talvez uma tragédia, um assassinato. Então, nada nos impediu de continuar denunciando essa prática que é tão atual aqui no Tocantins. (E. R. C., jun. 2008).*

A sensibilidade da CPT em tentar extinguir a barreira da escravidão por meio de suas ações torna-se arriscada no momento em que o Tocantins sempre está em evidência com os números de trabalhadores que sofrem ameaças ou que foram mortos pelos capangas a mando dos fazendeiros, como aconteceu em Ananás em 2002. Essas medidas são uma forma de intimidar as entidades que lidam com as lutas sociais no campo. Demonstram o quanto, na última fronteira, a lei é feita por quem tem dinheiro, ficando a pessoa humana reduzida ao nada, como diz a coordenadora do Ministério do Trabalho e Emprego em Araguaína em entrevista: *"Os bois são muito mais bem tratados do que o ser humano nas fazendas aqui no Tocantins"* (V. R., jun. 2008).

Na verdade, a fala da coordenadora denuncia o poder do grande proprietário. A pobreza e a falta de alternativas para o trabalhador caminham lado a lado, fazendo com que estes sejam uma fonte de renda para o proprietário, no momento da sua mão de obra e do tempo empregado do seu trabalho na fazenda. A CPT tem um papel fundamental para que o crime e a discriminação com a vida humana sejam eliminados. No entanto, mesmo sendo erradicados, permanecerão na nossa história.

A cidade de Ananás no Tocantins tem sido devastada com trabalhadores vítimas da escravidão, uma vez que o município é um verdadeiro latifúndio. Além dos trabalhadores serem vítimas das atrocidades dos fazendeiros, muitos chegaram a ser mortos, como um dos coordenadores da CPT nos revela em entrevista:

Ananás foi campeão não somente praticamente do trabalho escravo, mas como ponto de exportação de trabalhador para o Pará. Às vezes a gente fala que trabalho escravo é feito pelo seu aliciamento em seu local de origem ou lugar de destino. Ananás em alguns anos foi campeã nessas duas categorias origem e destino. Tanto é que a importância de Ananás nos revelou aqueles cadáveres que haviam trazido da Terra do Meio. Um ou dois gatos de Ananás e Riachinho trouxeram de volta 07 cadáveres de trabalhadores. Primeiro chegou dois, depois dois e assim sucessivamente. Nessa época eu participava da primeira Comissão Nacional que o Fernando Henrique acaba de criar para elaborar medidas emergenciais de combate ao trabalho escravo, devido ao aparecimento de denúncias nos órgãos internacionais. Aí eu fiz uma nota dizendo a situação grave de cadáveres vindos das fazendas em Ananás. E não foi feito nada, isto em abril. Em junho chegaram mais três cadáveres, aí eu estava em reunião e disse vocês querem quantos cadáveres para resolver o problema? Aí o Procurador da República, que estava na reunião, me mandou para o Procurador Geral, entregamos a denúncia. Em quinze dias o Mário Lúcio, Procurador do Trabalho na época, foram a Ananás juntamente com a Polícia Federal, numa blitz de dez mandados de prisões contra dois fazendeiros, cinco gatos e três pistoleiros. E desses dois fazendeiros um se chamava branquinho, Ademir Nunes, uma figurona de Ananás, que agora sumiu, era dono dos parques de diversões, estava envolvido com a máfia do boi, grileiro da Fazenda do Meio. A partir daí ele ficou foragido, procurado acabou se entregando, achando que ia aliviar o destino dele, viu que a coisa era séria, fugiu depois de 15 dias da cadeia de Marabá no Pará. Ficou foragido por mais de um ano, foi encontrado em Fortaleza seu estado de origem, com esquema de arma poderosa, foi capturado e levado para Marabá, lá um juiz corrupto federal substituto liberou de imediato. Ele espalhou ameaça de morte contra o Procurador, contra mim, Silvano, Edmundo, contra o trabalhador que tinha alimentado a informação. O trabalhador foi colocado no programa de proteção à testemunha e Mário Lúcio sofreu um atentado em Palmas e foi retirado da Procuradoria e transferido para Cuiabá, e nossos colegas foram afastados um ano, trabalhando na região onde não havia risco, eu andei com proteção durante um ano. Foi por isso que o CDH foi para Ananás para ter uma outra cara, e não a CPT. O CDH nos auxilia muito nisso. (F. X., jan. 2009).

O relato de F. X. nos mostra o trabalho da CPT como instrumento de denunciar os conflitos e as injustiças sociais que ocorrem no campo. Nesses termos, a CPT, além da denúncia, é entidade que busca alternativas para que o trabalhador seja livre da opressão e da degradação do trabalho. A denúncia exposta por frei Xavier mostra o quanto a entidade tem buscado caminhos de mediações dos conflitos para que o trabalhador compreenda as dimensões do confronto. E não apenas isso, mas, sobretudo, tenta mostrar o perigo que o trabalhador sofre quando atende o chamado do aliciador para trabalhar nas fazendas. As mortes são enunciadas, mostrando que o latifúndio permanece com suas oligarquias e sua própria lei, que é a eliminação de pessoas que tentam ultrapassar o seu caminho. Com essas denúncias, a CPT tem contribuído na luta contra o trabalho escravo.

> Além disso, ela se propôs claramente abrir e indicar alternativas de ação e participação, em favor dos trabalhadores, na solução dos conflitos. Mesmo os casos de trabalho escravo desde o começo denunciados eram casos em que os trabalhadores submetidos a modos violentos de controle e coerção haviam fugido e pedido socorro a algum membro da Igreja ou a alguma autoridade. Também aí, a definição de escravidão procedia da própria consciência das vítimas, que com sua fuga e sua denúncia dimensionavam conflitivamente a opressão que as alcançava. Têm sido comuns casos muitos parecidos entre si em que uns trabalhadores tomam consciência de que se tornaram escravos e outros, ao contrário, recusam e não reconhecem essa qualificação (MARTINS, 1999, p.132).

Durante todo esses anos de sua criação, a CPT foi incorporando outras formas de luta, como a problemática da escravidão, que nem sempre está incorporada à categoria de conflito. Esse problema do escravismo ou da peonagem (MARTINS, 1999) se deu pelas injustiças e violência sofridas pelos trabalhadores. Os agentes da pastoral tiveram a sensibilidade de entender o problema mediante ao trabalho que já vinham fazendo em relação aos conflitos que ocorreram no campo. Na realização do trabalho com a população camponesa, de trabalhadores, indígenas, posseiros, entre outros, a pastoral foi adquirindo a confiança, e todos aqueles que lutam pela posse da terra passaram a confiar na entidade no sentido de adquirir conscientização na organização de suas estratégias de lutas. Assim, não é diferente com o trabalhador vítima da escravidão por dívida, as denúncias foram feitas primeiramente na pastoral, e a partir dessas denúncias a CPT monta sua forma metodológica dos dados, como apresenta F. X.:

> *Os dados vêm como denúncias. O que é um ponto complexo, se não fosse a CPT, essas denúncias não chegaria a lugar nenhum. A CPT tem uma credibilidade junto ao trabalhador, porque tem 35 anos de serviço, de confiança adquirida, e com certeza não é corrupta, não vai usar mal essas informações sigilosas, vai ficar no pé das autoridades para ter as fiscalizações. Então esse patrimônio de credibilidade reduziu no fato de que o trabalhador adotou a CPT, como primeira entidade para fazer sua denúncia. Eu tenho por exemplo porcentagem das denúncias nacionais que são encaminhadas através da CPT. Eu tenho os números de 2003 até hoje. Antes de 2003, 90% das denúncias eram da CPT. Vamos ver alguns dados identificados feitos pela CPT, em 2003 72%, 2004 63%, 2005 58%, 2006 57%, 2007 50%, 2008 baixaram para 34%, um terço. Você está vendo que durante todos esses anos a maioria considerada denúncia transita pela CPT. Por que está baixando? Eu diria por dois motivos: primeiro porque nós temos uma quantidade de instituições envolvidas no combate ao trabalho escravo muito mais considerável. E segundo o Ministério do trabalho adquiriu credibilidade, tem superintendências regionais que estão envolvidas no trabalho escravo. Além do Ministério Público resolveu ir para novas regiões justamente da expansão do agronegócio como Mato Grosso do Sul, Santa Catarina, Paraná onde a CPT não tem uma ramificação tão grande, especificamente na luta contra o trabalho escravo. (F. X., jan. 2009).*

Uma entidade também presente no Tocantins tem sido o Centro dos Direitos Humanos de Araguaína (CDHA), que faz um trabalho em parceria com a Pastoral da Terra, na luta contra a escravidão por dívida. Conforme apresentou uma das coordenadoras, Claudiene Gomes Borges, em entrevista, o programa de erradicação do trabalho escravo do CDHA abrange quatro municípios que apresentam maior incidência, como Ananás, Araguaína, Muricilândia e Palmeirante. Esse programa apresenta três linhas de trabalho, segundo a coordenadora: a primeira linha é o atendimento ao trabalhador escravizado e o acompanhamento aos órgãos públicos; a segunda linha de trabalho é a conscientização do trabalhador sobre os direitos trabalhistas e de sua mobilização junto a outras instituições, e a terceira diz respeito às alternativas de geração de emprego e renda. O programa de geração de emprego e renda foi aplicado apenas em Ananás como uma experiência para mostrar aos órgãos públicos que é possível tirar o trabalhador da servidão, segundo afirma a coordenadora.

A experiência em Ananás foi a partir da implantação de uma horta comunitária em que os trabalhadores trabalham coletivamente na plantação de verduras e legumes como a alface, o coentro, a abóbora, o quiabo, a berinjela, a couve, a abobrinha e o tomate, com uma produção orgânica, sem a presença de agrotóxicos. Esses homens e mulheres trabalham para manter a alimentação da família, e o excedente é vendido na feira de Ananás. Podemos observar a horta nas Figuras 10 e 11.

FIGURA 10 – PROJETO DE HABILITAÇÃO DE HORTA COMUNITÁRIA, DESENVOLVIDO PELO CDHA – ANANÁS – TO
FONTE: O autor, jun. 2008

FIGURA 11 - TRABALHADORES QUE FAZEM PARTE DO PROJETO, COLHENDO O RESULTADO DO SEU TRABALHO – ANANÁS – TO
FONTE: O autor, jan. 2009

A Figura 10 mostra um canteiro de plantação de alface no começo do nascimento da hortaliça, com galpões de proteção, além de tonéis de plástico azul em que é colocada a água capturada do rio por meio de um motor bomba a diesel, e logo distribuída para os canteiros de forma manual, em um trabalho coletivo entre as famílias. Da mesma forma, a Figura 11 retrata o momento da colheita do trabalhador e a terra preparada para refazer o plantio. São pequenas experiências, mas significativas, no contexto da recuperação da estima do trabalhador como sujeito, o qual tem capacidade de valorizar o seu próprio trabalho.

A pequena experiência do CDHA mostra o quanto é importante inserir o trabalhador vítima da opressão em trabalhos alternativos, um trabalhador que tem sido alvo de práticas abusivas por proprietários de terras. O projeto do CDHA serve de exemplo para que as autoridades vejam a reforma agrária como uma solução para extinguir a cadeia da escravidão. Todos os trabalhadores que fazem parte desse projeto moram na cidade em condições precárias e vivem na esperança de uma parcela de terra para trabalhar. Esse trabalho que o CDHA vem fazendo mostra como é possível o governo implementar políticas sociais de apoio aos trabalhadores por meio de uma reforma agrária que não seja apenas distributiva, mas que seja inserida em uma reforma social, de acordo com a necessidade do trabalhador como condição para que este permaneça na terra, e que outras necessidades sejam atendidas, como podemos verificar na afirmação de Martins (1999), como a necessidade de sobrevivência do trabalhador, de emprego, de saúde, de educação, justiça, futuro para outras gerações, de libertação de todos os vínculos de dependência e submissão, de reconhecimento como sujeitos de seu próprio destino e de um destino próprio.

Todas essas necessidades expostas nos mostram como há um desencontro entre quem reivindica e quem de fato concretiza a reforma agrária – o Estado. Este tem se pronunciado quando é pressionado, quando os conflitos emergem, quando a sociedade civil se organiza e clama por justiça social e por política social.

O papel que vêm assumindo algumas entidades, como a CPT e CDH, mostra o quanto o Estado é falho na organização e distribuição das políticas públicas, diríamos lento e sem vontade política em não resolver a estrutura fundiária, permanecendo o desmando e a expansão do latifúndio. A luta pela posse da terra vem de um tempo distante, não que o

Estado tenha a pretensão de realizar a reforma agrária, este tem criado os assentamentos graças à pressão de entidades e trabalhadores em suas organizações e manifestações. Trata-se de uma estrutura agrária que serve ao latifúndio e que tem desrespeitado o trabalhador por meio da precarização do trabalho.

> A atual estrutura agrária nos impede de ser uma nação, não é apenas um problema da pequena agricultura. Ela é um obstáculo para a conformação, consolidação e complementação da construção de uma nação republicana, democrática, autônoma, independente, que julgo ser a aspiração de todos nós. Somos sujeitos da reforma agrária e ela é a condição para que o nosso sonho de nação se concretize. [...] Reforma agrária não é um problema técnico, não é um problema agronômico, não se trata de uma busca produtivista. O capitalismo que aí está resolve os problemas de demanda sem dificuldades. Resolve, porém, perversamente, concentrando renda, destruindo, arrebentando a natureza. Resolve impondo uma visão autoritária ao país, que não aceitamos (SAMPAIO, 2004, p. 332).

É diante da concentração de terra que milhares de famílias estão sendo vítimas da escravidão, da perversidade dos fazendeiros que retiraram a mais-valia de forma exorbitante para acumulação do capital. Uma das soluções possíveis seria a incorporação do trabalhador à terra, ao trabalho, à moradia digna porque este se reconheceria como sujeito de sua força de trabalho e buscaria novas condições para sua sobrevivência. Nessa perspectiva, o CDHA tenta mostrar, de acordo com o resultado do programa implementado em Ananás, como é possível tirar o trabalhador das condições análogas à escravidão. Esse trabalho é uma resposta ao poder público, mostrando que apenas a fiscalização não causa a erradicação do problema, a menos que se integre o trabalhador à sociedade, criando condições de trabalho. A coordenadora do CDHA relata sobre o resultado do trabalho em Ananás:

> *Observa-se que os trabalhadores que estão envolvidos no grupo de produção, nunca mais precisaram voltar para as fazendas, a gente já vê como um avanço. Alguns desses trabalhadores já se tratavam de reincidentes. No programa tem havido um ciclo desses trabalhadores, pois quando alcançam determinada autonomia ou conseguem um melhor trabalho ou uma melhor qualificação, uma melhor colocação no mercado de trabalho, eles deixam a horta criando assim*

> *uma outra vaga para um outro trabalhador. Então tem tido essa movimentação de trabalhadores, sendo que já passaram mais de trinta famílias pela horta. Sendo que a horta é preparada para suportar quinze famílias envolvendo até setenta e cinco pessoas. Dessas, quinze famílias tem tido essa rotatividade (C. G. B., jun. 2008).*

Esse tem sido o trabalho do CDHA em conscientizar, em fazer um trabalho educativo com os trabalhadores, em realizar alternativas de trabalho mostrando que é possível melhorar este país com políticas sociais voltadas para melhorar a vida desses sujeitos, para não reincidirem a exploração ou a superexploração.

O Centro de Direitos Humanos de Araguaína tem se preocupado com a vida da população carente que está subordinada aos interesses dos capitalistas, dos proprietários de terras, que se utilizam da força de trabalho do trabalhador para reprodução do capital. Nesse segmento, a população que antes vivia no campo passou para a periferia das grandes cidades, foi expropriada das terras em que trabalhava de forma direta ou indireta, mediante os interesses do subordinador – o fazendeiro. Essa população que vive na periferia urbana tem sido a vítima principal dos aliciadores para trabalhar em lugares distantes da origem, como já abordamos anteriormente. É com o trabalho de conscientização que o CDHA tem levado à periferia, para que os trabalhadores tornem-se resistentes aos chamados dos aliciadores e que tenham uma entidade de confiabilidade para denunciar as agressões, os maus tratos que por ventura venha sofrer mediante o trabalho que exercem nas fazendas. O Centro tem exercido este papel de ser o meio de comunicação dos trabalhadores aliciados, conforme relato:

> *O centro trabalha mais com as comunidades carentes da periferia de Araguaína, eles não têm uma outra formação a não ser a do campo, são doutores da enxada. Mesmo trabalhando no campo as residências desses trabalhadores são nas periferias das cidades. Então é através do trabalho que é desenvolvido nessas comunidades como cursos, oficinas de conscientização que eles sabem a quem recorrer. Muitas das atividades são realizadas com mulheres que chegam em casa contam pro marido, contam pra vizinha e assim sucessivamente. Então não é uma instituição que nos encaminham esses trabalhadores, mas a própria comunidade a partir do reconhecimento do trabalho (C. G. B., entrevista em Jun. 2008).*

O trabalho do Centro de Direitos Humanos muitas vezes é visto por parte da classe dominante como apoio às pessoas que prejudicam a economia do país, são chamados de baderneiros, os vagabundos que querem ganhar a custa do trabalho alheio. É uma visão preconceituosa e retrógrada, mostra o quanto os senhores, donos do poder, invertem o discurso, criando uma forma ideológica de serem a própria vítima por parte dos agentes dos Direitos Humanos, passam isto para a sociedade pelos meios de comunicação para adquirir apoio e continuar com a condição do inaceitável, a violência à pessoa humana. Dornelles (2007, p. 58) questiona esta ideologia da ordem dos capitalistas e fazendeiros:

> Divulga-se a idéia de que a proteção dos direitos individuais e coletivos para toda a população e o pleno exercício da cidadania constituem um meio de estímulo ao crime, de privilégio aos bandidos e de 'boa vida' aos presos. Como se esta fosse a realidade vivida pela imensa maioria marginalizada de nossa sociedade.
> Cria-se, assim um quadro ideologizado que perversamente identifica as entidades de defesa dos direitos humanos como defensoras de bandidos, como entidades ligadas ao mundo do crime e que preferem dar atenção aos maus ao invés de se preocuparem com as vítimas.

É com essa visão ideológica que representantes da Bancada Ruralista têm se manifestado contra as formas de denúncias que têm sido feitas pelas entidades aos seus integrantes e mesmo sendo comprovadas pelo Ministério do Trabalho e Emprego de casos de escravidão, tentam enganar, criar fórmulas para abafar o descaso, por exemplo pondo a culpa na cultura de um povo, de um lugar, como tem sido estampada por alguns parlamentares em defesa dos envolvidos por tal crime.

O Sindicato dos trabalhadores rurais no norte do Tocantins, sobretudo o de Ananás, tem contribuído nas rescisões de contratos e benefícios, não tem se envolvido com os problemas tão comuns no município, que é o trabalho escravo por dívida. O município de Ananás, segundo a CPT, apresenta os maiores índices de escravidão contemporânea, haja vista o massacre que ocorreu na Fazenda Terra do Meio de trabalhadores em 2002. O Sindicato tem ficado alheio aos problemas existenciais dos trabalhadores, preso apenas à burocracia, como se o trabalho escravo por dívida não fosse um problema congênito de relações trabalhistas. Assim, a representante do presidente do Sindicato que assume o posto quando o seu esposo está fora argumenta sobre o papel do sindicato:

> *O sindicato é muito procurado, às vezes até pessoas que trabalha assalariado sobre a questão de rescisão de contrato e tudo mais, o sindicato é que tem feito muita rescisão pros trabalhadores. Em outras questões também do trabalhador estar insatisfeito, porque pediu as contas e o patrão não combina do acordo. E dos que já procurou o sindicato para essa questão tudo foi resolvido sem preciso dessa questão de denunciar porque foi o presidente que informou para o empregador. Tudo que acontece e das possibilidades dele, ele paga tudo direitinho os direitos dos trabalhadores, tudo feito legalmente na presença tanto do dono da fazenda como do empregado (R., entrevista, Janeiro, 2009).*

A sua posição é não se envolver com problemas de denúncias, como está implícito na sua fala, o envolvimento do sindicato se dá apenas nas rescisões de contratos e não na luta dos trabalhadores contra a degradação do trabalho. O sindicato se fecha em sua burocracia, não é uma instituição aberta para a denúncia, porque se assim fosse, havia uma relação de reciprocidade entre as entidades que têm feito um trabalho com os trabalhadores vítimas do descaso e da precarização do trabalho nas fazendas. Não há uma manifestação do sindicato contra o trabalho escravo; pelo contrário, ficam no silêncio, como se a instituição não tivesse um papel importante diante das atrocidades sofridas pelos trabalhadores em detrimento do desmando do fazendeiro ou dos seus representantes. Assim a representante do sindicato se manifesta:

> *Agora aqui não apareceu trabalhadores que estavam trabalhando como escravos, porque estavam sendo pressionados, trabalhando à força, isto não aconteceu. Eu sei que existem denúncias, mas essas pessoas nunca passaram aqui para dizer isto. Sempre denunciam lá para frente. Aqui do meu conhecimento não. (R., jan. 2009).*

A visão da representante do Sindicato dos trabalhadores rurais de Ananás a respeito do trabalho escravo por dívida é linear, sem envolvimento, como se o problema não fosse algo da alçada da instituição. Esse tem sido o papel do Sindicato em apenas resolver as aposentadorias ou pequenos problemas trabalhistas. O coordenador da CPT do Tocantins avalia a atuação do sindicato:

> *Não vale nada. O sindicato local é um sindicato que tem uma fraqueza congenital de anos, eu nunca vi este sindicato atuando em nada, não vale nada. Os sindicatos do Tocantins são fracos do conhecimento de suas bases. (F. X., jan. 2009).*

Outra organização que se manifesta em defesa dos trabalhadores vítimas do trabalho escravo por dívida é a ONG Repórter Brasil, contribuindo com informações e debates contra o trabalho escravo. Desde 2001, tem feito um trabalho de divulgação pública, atuando com outros veículos de comunicação no sentido de publicar notícias, artigos, reportagens, além de seminários sobre a escravidão por dívida no Brasil, fortalecendo assim a opinião pública. Existe um *site* que é atualizado diariamente com matérias vinculadas sobre o trabalho escravo. Entre os assuntos, estão as libertações de trabalhadores, a evolução do combate à escravidão, andamentos de processos judiciais e projetos de lei como a PEC, a condição de vida dos trabalhadores rurais e a questão agrária, o monitoramento de ações pró e contra a erradicação do trabalho escravo, a divulgação dos proprietários de terras, políticos e empresas que lucram com a prática da escravidão. Todo o conteúdo da Agência está disponível para pesquisa e reprodução (ONG Repórter Brasil, 2009).

Um trabalho que a ONG Repórter Brasil tem realizado juntamente com órgãos públicos como Ministério do Trabalho, entidades como a CPT, CDH e organismos internacionais tem sido o projeto "Escravo nem pensar", com o objetivo de diminuir por meio da educação o número de trabalhadores aliciados para o trabalho escravo nas regiões com maiores índices. Este projeto nasceu em resposta ao Plano Nacional de Erradicação do Trabalho escravo, lançado pelo governo Lula em 2003. O programa tem crescido graças à sua atuação em disseminar por meio da formação de lideranças populares, professores e educadores para que possa divulgar, discutir em sala de aula e nas comunidades as informações sobre esta grave violação dos direitos humanos. Também foi publicada no final de 2007 uma cartilha didática intitulada "Escravo nem pensar", que aborda o tema, sendo impressos mais de 25 mil exemplares, distribuídos gratuitamente a professores da rede pública dos estados atendidos pelo programa, com o apoio dos governos locais (ONG Repórter Brasil, 2009).

A OIT tem se manifestado em suas convenções relacionadas à erradicação do trabalho escravo em uma visão de articulação entre os atores nacionais e internacionais em uma cooperação global, haja vista os relatórios de 2005 e 2007 que retratam os princípios dos direitos fundamentais do trabalho, contra o trabalho forçado em países que praticam este ato desumano. Desde o século passado, a OIT já tratava essa temática em suas conversões, como podemos observar a primeira, de número 29 de 1930 e a segunda de número 105 de 1957. O relatório de 2007 da OIT retrata essa questão:

> A primeira (Convenção sobre Trabalho Forçado) dispõe sobre a eliminação do trabalho forçado ou obrigatório em todas as suas formas. Admite algumas exceções de trabalho obrigatório, tais como o serviço militar, o trabalho penitenciário adequadamente supervisionado e o trabalho obrigatório em situações de emergência, como guerras, incêndios, terremotos entre outros. A segunda (Convenção sobre Abolição do Trabalho Forçado) trata da proibição do uso de toda forma de trabalho forçado ou obrigatório como meio de coerção ou de educação política; castigo por expressão de opiniões políticas ou ideológicas; medida disciplinar no trabalho, punição por participação em greves; como medida de discriminação. Há também a Declaração de Princípios e Direitos Fundamentais do Trabalho e seu Seguimento, de 1998 (OIT, 2007, p. 30).

Os diversos problemas de coerção no mundo têm sido um fator predominante para que este organismo internacional atue com políticas de prevenções juntamente com os Estados, criando planos de ações que incluem promoção de conscientização, coleta de dados, prevenção, identificação e proteção das vítimas, aplicação da lei e retorno e reabilitação de vítimas. Em vários países do mundo a OIT tem atuado no combate ao trabalho forçado, tráfico de crianças, mulheres e outros problemas contra os direitos humanos. As modalidades do trabalho forçado diferem em cada país, como na Índia as vítimas do regime de servidão estão na agricultura, olarias, mineração e outros setores. No Nepal, os trabalhadores rurais chamados Haliya são obrigados a trabalhar para os proprietários de terras, tanto por pobreza e endividamento. No Paquistão, o regime de servidão vem de famílias de hindus ou cristãos sujeitos à exploração, a agricultura é o setor que mais escraviza, uma vez que as leis referentes à posse da terra são facilmente burladas pelos proprietários que exercem muitas influências sobre os funcionários e a polícia local. Outro fator preponderante da exploração aos camponeses é o fato de serem analfabetos e sem recursos, permitindo que o grande proprietário de terra exerça seu domínio e suas pretensões de ganhar em cima do trabalho do outro (ASI, 1999).

O trabalho forçado, conforme enfatiza a OIT, tem se expandido em várias partes do mundo, além desses países citados, como países da América Latina, do Oriente Médio, da África etc. (ASI, 1999). Precisamente no Brasil, o trabalho escravo tem seu conceito constituído a partir da soma de trabalho degradante e o cerceamento da liberdade (OIT, 2007).

As ações tomadas pela OIT têm sido por meio de estratégias para a criação de Planos Nacionais de Erradicação do Trabalho Escravo, em vários países do mundo que praticam esta forma abusiva de desumanidade. O primeiro relatório global de 2003 já apresentava uma metodologia contra a escravidão, em parceria com os governos dos Estados no sentido de acabar os sistemas de trabalho em servidão, criando leis e planos de ação contra toda espécie de exploração e discriminação de povos no mercado de trabalho, como os indígenas na América Latina (OIT, 2005).

O Brasil tem sido um dos países que, apesar de algumas dificuldades de acabar com o problema da superexploração dos trabalhadores devido à sua estrutura fundiária que favorece este tipo de trabalho e de uma população que foi expropriada do campo e vive nas periferias da cidade em condições precárias, vem criando medidas em seus estados com planos de ações para erradicar esta forma abusiva de quem pratica, conscientizando a população dos seus direitos como cidadãos. Segundo o relatório da OIT de 2005, o Brasil desde 2003, assumiu a capacidade de executar o Plano Nacional de Ação para Erradicação do Trabalho Escravo, cuja estratégia inclui os seguintes componentes:

> Aumento intensivo da conscientização; coordenação de atividades do governo; promoção de nova lei com sansões mais severas contra criminosos, inclusive confisco da propriedade; intensificações de trabalho de resgate de vítimas de trabalho escravo em regiões remotas, com a criação de unidades móveis de policiamento e de mais agentes responsáveis pelo cumprimento das leis trabalhistas e penais, e intensificações de ações penais. O desafio do Brasil é complementar seus louváveis esforços no cumprimento da lei contra a impunidade com estratégias eficazes de prevenção e reabilitação (OIT, 2005, p. 46).

Todos esses esforços do Brasil ainda não foram suficientes para conter a escravidão por dívida, porque as estratégias de prevenção e reabilitação dos trabalhadores ainda não ocorreram de forma eficiente, o que demonstra uma falha no poder público mediante a própria complexidade que é o trabalho escravo no país. Os esforços das entidades, de órgãos internacionais, têm sido de fundamental importância no combate a este crime, mas é preciso uma política social agrícola que envolva os trabalhadores em sua reabilitação como ser humano que tem necessidade de qualidade de vida por meio do acesso à terra, à educação, à moradia, ao trabalho e ao emprego, e acima de tudo a uma reforma agrária que, de fato, faça com que o trabalhador tenha a capacidade de produzir, de permanecer na terra. E que a terra não se torne uma mercadoria de valor, mas um bem necessário para sua sobrevivência de forma digna, sem a necessidade de migrar para outras localidades à procura de trabalho, sem direção, em uma dinâmica que se torna a vida sem destino fora do compasso, aceitando a condição da exploração, do medo, do cerceamento da liberdade, como forma de sobreviver.

CONSIDERAÇÕES FINAIS

As temporalidades históricas não foram suficientes para acabar com o problema da desumanização do homem contra o próprio homem como ser, como objeto de sua própria história, porque as transformações ocorridas no mundo têm sido vinculadas a uma hegemonia de classe que ocupa determinada forma de ascensão para o processo de acumulação do capital. É diante do processo de expansão do capital que vão se configurando as formas capitalistas de produção de desenvolvimento desigual discutidas por Marx, em que as forças produtivas se apropriam da exploração do trabalho do outro para a acumulação capitalista de produção.

No século XVI, a transição de um sistema para outro fez com que houvesse uma transgressão no sistema feudal. Os servos se tornaram como trabalhadores escravos, por meio da coação diante das exigências dos senhores feudais para produzirem para o mercado. Em determinado momento, os servos se submeteram a castigos violentos pelos seus senhores, como ainda se encontrassem no regime da escravidão, por não aceitarem as mudanças que se acentuavam em relação à propriedade individual, que foi substituída pela propriedade privada capitalista para acumulação do capital. Essa condição do servo para o trabalhador assalariado mostra a mudança que ocorrera no campo com a passagem do sistema feudal para o novo sistema em ascensão de acumulação primitiva, com formas degradantes de trabalho, asseguradas pelo Estado por meio de leis para garantir o domínio sobre o camponês, conforme já exposto no trabalho.

Esse retrocesso nos mostra o quanto o camponês foi submetido à humilhação, à expropriação de suas terras para ser vítima das atrocidades dos capitalistas. Essas formas em que o trabalhador camponês foi submetido por meio da coerção mostram o quanto o sistema capitalista é contraditório desde a sua criação, criando relações não capitalistas de produção para garantir a sua expansão e acumulação, submetendo os que vendem a sua força de trabalho à condição degradante e à submissão do trabalho.

É com base na história da transição do sistema feudal para o capitalista que podemos comprovar a reprodução do capital por meio de relações não capitalistas de produção, em que exige a força do trabalho sem um valor pago por esse trabalho para a produção da mais-valia ao capitalista. No Brasil, desde a sua colonização, as formas de reprodução do capital sempre foram constituídas por meio da força de trabalho do escravo, do indígena, do trabalhador, do camponês, para satisfazer a classe dos proprietários de terras. A exploração do trabalho vem desde a ocupação deste país e se atualiza na forma de escravidão por dívida na atualidade.

No Brasil Colônia, essa condição de trabalho escravo se caracteriza pela forma privada da terra pelas relações de uma mão de obra desumana voltada para acumulação produtiva em larga escala destinada ao mercado externo, exigindo dos trabalhadores a submissão do seu trabalho para o seu senhor, sem ter o resultado do trabalho para si. A teoria do capitalismo colonial reporta-se à exploração reacionária, acumulativa, em que o escravo é submetido à superexploração da sua força de trabalho para permitir a acumulação primitiva do capital e os ganhos dos seus senhores, além de servir como bens de entesouramento. Na atualidade, o trabalhador vítima da escravidão vive quase as mesmas condições de exploração do trabalho, com um agravante que é a precarização da alimentação, da moradia, da água, além da negação à liberdade.

A relação entre as classes dominantes e as classes que representam a força do trabalho se dá pela exploração na produção, como também na mão de obra. Ou seja, a classe superior explora a classe inferior. Essa exploração dos donos dos meios de produção em relação ao escravo colonial se dá pela própria condição de expansão e acumulação capitalista em relações não capitalistas. Desse modo, podemos observar que a teoria de Marx é relevante para entendermos as manifestações de crises que são criadas pelo sistema capitalista, como o desemprego, o trabalho forçado, a falta de oportunidade para os mais pobres, a exploração, a alienação etc.

O sistema capitalista demonstra a viabilidade das forças produtivas que se destinam ao domínio de um determinado território sob a possessão política e econômica. Dessa forma, encontra-se a fronteira de zona de povoamento recente, como no caso da Amazônia, em cuja região se encontra o Tocantins. Essa região foi e continua sendo ocupada, para se tornar produtiva de acordo com as forças propulsoras que se destinam à exploração do outro, do subjugado, do necessitado que busca na fronteira a sua condição, nela encontrando o seu limite, como afirma Martins (1997).

É na fronteira, sobretudo, que podemos compreender as novas formas de opressão, de exploração dos vitimados, dos escravizados reduzidos à condição do isolamento geográfico. A nova fronteira do país é o desencontro dos que chegam com os que já se encontram, como afirma Martins (1997). É também o local da apropriação de uma classe sobre a outra, criando formas de subordinação com relações não capitalistas marcadas para a reprodução ampliada do capital, como também a reprodução da contradição do capitalismo. É a sujeição que tem acontecido com os trabalhadores vítimas da escravidão por dívida, diante da própria condição de vida em que se encontram – sem alternativas de novas relações de trabalho, submetem-se a realidades não adequadas à forma de vida humana, e sim à irracionalidade, como tem acontecido no interior das fazendas.

A produção do capital está situada na teoria de acumulação estudada por Marx, que só encontra sua forma adequada mediante a concorrência. Ao contrário, enquanto o capital é débil, este se apoia em modos de produção anteriores. Assim, a acumulação primitiva do capital, por meio da concentração de grande quantidade de terras nas mãos de pequena parcela da população é que estabelece novas formas de relações de produção, como as não capitalistas, dentro do próprio sistema capitalista, em que se encontra a prática de trabalho escravo por dívida.

No entanto, a reprodução ampliada do capital, por meio da modernização, expropria e exclui os trabalhadores na cidade ou no campo. No campo, que é o enfoque de estudo deste trabalho, predomina a desigualdade do trabalhador à margem da sua própria vida. A sujeição às forças produtivas no campo é o resultado da modernização que constitui uma nova roupagem na lógica perversa do mercado mundial.

Dessa forma, a teoria de acumulação criada por Marx retrata a sujeição do trabalhador no sistema capitalista em que surgem as crises diante das novas tecnologias no campo, excluindo e expropriando, levando ao desemprego, ou ao subemprego. Uma das formas de acumulação de capital no campo que temos observado na estrutura fundiária brasileira é a concentração de terra nas mãos de poucos, ocasionando a conflitualidade, caracterizando as bases da violência. Assim, o capitalismo não produz apenas riqueza, produtividade, mas desenvolve, acima de tudo, as desigualdades sociais e econômicas geradas pela sua acumulação.

A reprodução ampliada do capital tem demonstrado que a sua expansão, principalmente na fronteira, constitui uma realidade diferenciada no contexto das relações humanas que são peculiares quando pensamos no cotidiano dos trabalhadores envolvidos e que, de certa forma, se sujeitam às forças produtivas impostas pelo capital monopolista para sobreviverem. Na realidade, as frentes de expansão, no caso do Tocantins, estão inseridas no conjunto das relações capitalistas que envolvem a subordinação, a dominação e o trabalho escravo.

O trabalho escravo por dívida constitui um dos fatores resultantes das forças produtivas para acumular suas riquezas à custa de mão de obra gratuita à base da repressão, constituindo, como afirma Martins (1997), uma acumulação primitiva no interior da reprodução ampliada do capital. O trabalho escravo, como tema desta pesquisa, é um dos fatores da economia globalizada contemporânea que se concentra na região amazônica brasileira. O homem é reduzido à exploração, à violência, ao desrespeito aos seus direitos, sendo obrigado a cumprir deveres que são impostos de uma forma que o amedronta e degrada a sua própria vida.

Os fatores determinantes da escravidão por dívida no Brasil estão relacionados, com a própria expansão do capital em direção à fronteira, porque há uma escassez da mão de obra, além de dificuldade de acesso, o que irá promover relações de poder, subjugando o trabalhador ao domínio do latifúndio. A própria condição de pobreza em que se encontram os trabalhadores nas periferias das cidades, por terem sido expropriados do campo, é um fator determinante para condição da peonagem em direção aos lugares de aliciamento para trabalharem nas fazendas e serem as vítimas da escravidão.

A estrutura fundiária do Brasil favorece as formas degradantes de trabalho e a escravidão por dívida, por se apresentar concentrada nas mãos de uma minoria, que tem sido responsável por vários problemas de atrocidades, desde muitas vezes as terras griladas ao aliciamento de trabalhadores que se tornam vítimas da escravidão. A expansão da grande propriedade no Brasil, desde sua ocupação pelos portugueses, tem sido marcada pela expropriação dos trabalhadores e outros sujeitos no campo, que foram obrigados a procurar outras localidades, sobretudo as cidades, na luta pela sobrevivência. Esse fator de expropriação dos trabalhadores e expansão da grande propriedade tem sido marcado pelo aumento da pobreza e da miséria, em que os trabalhadores são obrigados a aceitar as promessas dos aliciadores para trabalharem em locais desconhecidos e distantes do local de origem.

A falta de uma reforma agrária no Brasil tem sido comprovada nos relatos dos trabalhadores, que são obrigados a reincidirem na precarização do trabalho, para o retorno às fazendas e acima de tudo para a manutenção da estrutura fundiária mediante a concentração da riqueza, que resulta na falta de oportunidade do outro. O trabalho escravo por dívida aparece no interior da grande propriedade em suas atividades diversas: a pecuária, a soja, a cana-de-açúcar, o algodão, o café. Essas atividades estão interligadas com o latifúndio. Não há indícios de degradação do trabalho em pequenas propriedades, nos assentamentos rurais, porque existem outras relações de trabalho, pautadas principalmente na relação familiar, na sociabilidade da produção, no mutirão, entre outras relações.

O trabalho escravo por dívida representa a falta de distribuição de renda equitativa, falta a terra para as famílias trabalharem e ter o sustento, sem precisarem se deslocar para outras regiões, sem rumo e sem destino, tornando-se deserdados do sistema, como os peões de trechos que perdem toda uma vinculação familiar. A alternativa para erradicar o problema da escravidão por dívida é a reforma agrária, com políticas sociais que permitam a permanência do trabalhador na terra, sem precisar utilizar a terra como mercadoria de valor, mas como um bem necessário para a sobrevivência com qualidade de vida.

Os trabalhadores vítimas da escravidão contemporânea são sujeitos que procuram meios para sobreviver diante da própria dificuldade encontrada em suas localidades de origem. A cidade como local em que estão suas residências não tem oferta de trabalho por não haver indústrias, e o comércio e os serviços serem incipientes; a única alternativa que resta é buscar nas fazendas os serviços convenientes, mesmo em sua forma depreciativa, com jornadas de trabalho exaustivas e a degradação do trabalho.

É importante ressaltar que há uma diferença entre trabalho degradante e trabalho escravo por dívida. Nem todo trabalho degradante é escravo, mas o trabalho escravo por dívida é degradante. O trabalho degradante decorre das condições desumanas em que a vítima é tratada de forma degenerativa, trabalho pesado, má alimentação, local de repouso inadequado – como os barracões de lonas –, falta de equipamentos de proteção etc. Vale salientar que o trabalhador, nesse regime, tem liberdade de ir e vir, de deixar o trabalho e pedir o seu ressarcimento pelos dias trabalhados. O trabalho escravo por dívida, ao contrário, é a soma de todas essas características da degradação do trabalho com a privação da liberdade, como já mencionamos no decorrer do trabalho. Por isso, é preciso ter a convicção do que seja trabalho degradante e trabalho escravo contemporâneo, para não haver problemas de análises com contextualizações distorcidas.

Assim, o trabalho escravo por dívida tem uma característica peculiar que é a aceitação das relações trabalhistas pelos trabalhadores estabelecidas pelo proprietário de terra ou aliciador. A dívida é criada como forma de subordinação para que a força de trabalho permaneça em condições precárias, com um custo baixíssimo para quem a contrata. É a dominação de um sobre o outro, enquanto o trabalhador é obrigado a pagar o que não deve, mas, diante da alienação pela falta de conhecimento trabalhista e educacional, sente-se na obrigação de trabalhar além do contrato para poder pagar a dívida que foi imposta.

A cadeia para a formação da escravidão é constituída a partir dos sujeitos como o aliciador, os trabalhadores, os donos de pensão, e estes são subordinados ao fazendeiro. Mas essa subordinação tem suas especificidades mediante a hierarquia; o aliciador tem poder sobre os trabalhadores e donos de pensão. Há também entre os trabalhadores e o líder ou chefe dos empreiteiros, que repassa toda dimensão do trabalho imposta pelo aliciador, mas também este pode assumir uma liderança em prol dos trabalhadores para exigir melhores condições de trabalho, como também organizar a fuga quando existe ameaça às próprias vidas.

Outro fator determinante para a condição do trabalho escravo por dívida é a falta de organização dos trabalhadores. Estes não estão ligados a nenhum movimento no campo, as lutas são muitas vezes isoladas; quando denunciam à CPT, ao Ministério Público, ao Centro de Direitos Humanos, isso só vem acontecer quando o poder do desmando, a degradação do trabalho e a ameaça à vida estão em evidência. A única alternativa é a busca de ajuda nos órgãos competentes. A complexidade é tanta no que diz respeito à organização desses trabalhadores vítimas da escravidão contemporânea que muitos não denunciam os maus tratos com medo das represálias, estes obedecem ao fazendeiro ou ao gato. Quando o Grupo Móvel da Polícia Federal chega para autuar as denúncias, os trabalhadores escapam por caminhos na mata para satisfazer a vontade dos aliciadores ou fazendeiros, conforme os relatos analisados.

A reforma agrária sempre está em evidência entre os trabalhadores, mas não há um movimento ou uma integração, pelo fato de esses trabalhadores serem volantes e de virem de várias regiões do país. Esse é um fator importante porque estes sujeitos são dispersos tanto em termos regionais, como em termos da própria fazenda, onde os serviços são divididos em blocos de trabalhadores com localidades distantes, dependendo do tamanho da área a ser trabalhada.

É com base nessa análise que compreendemos o trabalho escravo por dívida como fator determinante para a acumulação do capital, sobretudo na última fronteira do país. Obviamente, em outras regiões acontece essa segregação da vida humana, mas a fronteira tem sido o local onde se encontram elementos facilitadores para a formação da cadeia da escravidão, como o isolamento geográfico, a formação de novas fazendas, as leis do mando e desmando criadas pelos próprios proprietários de terras, por não haver uma investigação por parte do poder público, devido a fatores peculiares já discutidos nesta pesquisa.

O Tocantins tem sido um dos estados com maiores índices de trabalho escravo por dívida. Sua história de criação faz jus aos elementos que correspondem à escravidão, uma vez que está associado à estrutura fundiária que concentra a propriedade nas mãos de uma pequena parcela da sociedade, os latifundiários, ou os chamados pecuaristas.

No Tocantins, a maior concentração de trabalhadores escravizados está na pecuária, seguindo-se outras atividades como a soja, o carvão, o garimpo etc. Isso mostra o quanto o proprietário tem investido nessas atividades para expansão do capital em áreas longínquas do país. Outra questão que chama atenção são as regiões no estado onde acontece o trabalho escravo por dívida; a concentração está no centro-norte e extremo norte, mais a oeste do Tocantins. Trata-se de locais em que a grande propriedade pautada na pecuária está mais concentrada. Além disso, tais regiões fazem divisa com o Pará, estado com o maior índice de trabalhadores escravizados. Essa condição de divisa mostra o quanto há mobilidade de trabalhadores vindos de outras regiões do país para trabalharem nas fazendas, seja no Tocantins, seja no Pará.

A cidade de Araguaína é o corredor de mobilidade de trabalhadores vindos dos estados do nordeste e do próprio Tocantins para trabalharem nas fazendas agropecuárias. Essa cidade está situada em uma localização geográfica privilegiada, à margem da Rodovia Belém-Brasília, além de ser um polo econômico regional dinâmico em que os serviços como bancos, hospitais, universidades, comércio, hospedaria são bem distribuídos e atendem à população local e de outras regiões, como sul do Pará, oeste do Maranhão e sul do Piauí. Nessa cidade, entram e saem os trabalhadores vítimas da escravidão, diante das facilidades encontradas, como os eixos viários estaduais que se encontram com a Rodovia Belém-Brasília, as pensões baratas localizadas em locais estratégicos e a antiga rodoviária que ainda está em pleno funcionamento, localizada na chamada feirinha que abriga os trabalhadores aliciados.

A cidade também abriga em sua periferia os trabalhadores expulsos do campo, que se tornam vítimas fáceis para os aliciadores devido à pobreza, à mão de obra ociosa, ao desemprego, à falta de alternativa de trabalho – elementos que se combinam para que o trabalho escravo por dívida criado pelos grandes proprietários esteja em evidência. A pobreza é notória, as residências são construídas de palhas, sem nenhuma estrutura, a energia é feita pela ilegalidade, tornando-se um perigo para as famílias, a água é abastecida da mesma maneira; a única alternativa das famílias é buscar nas fazendas o serviço para sobreviver.

O trabalho nas fazendas é o que lhes restou, não que esses sujeitos queiram estar na sujeição ao trabalho, mas são obrigados a aceitar. Por mais que seja degradante o trabalho, por mais que seja doloroso deixar a família, tornam-se presas fáceis nas mãos dos aliciadores que fazem promessas falsas para ganhar em cima do trabalho alheio.

Podemos dizer que Araguaína é a receptora dos aliciados e aliciadores, para formar a cadeia da escravidão por dívida. Essa cidade no centro-norte do Tocantins completa toda formação da cadeia da escravidão, porque encontramos todos os sujeitos e elementos favoráveis à sujeição do trabalho, como podemos mencionar os aliciadores, também chamados de gatos, os trabalhadores aliciados, os donos de pensões, além dos fazendeiros que estão na lista suja do Ministério do Trabalho e Emprego.

No que diz respeito ao município de Ananás, é formado por grandes fazendas agropecuárias, em que o trabalho escravo é um fenômeno comum; isso mostra o quanto há uma cultura patronal. A cidade é pequena, com menos de 10 mil habitantes, mas na sua periferia encontram-se os trabalhadores vítimas da escravidão que se refugiam em busca de novas atividades. A única solução, porém, é arriscar suas próprias vidas na formação de fazendas, na arrumação das cercas, no plantio do capim para o gado, nas carvoarias, no garimpo, conforme seja o chamado do aliciador, em sua região de origem ou em outras regiões distantes.

As periferias das cidades tornaram-se refúgio para as famílias que foram expulsas ou expropriadas de suas terras. São as vítimas do trabalho degradante, do trabalho forçado e do trabalho escravo por dívida nas fazendas, seja na região onde moram, seja em localidades afastadas. Não importa o tamanho da cidade para onde migram, a importância é ter um lugar de apoio para a família, mesmo com péssimas condições de infraestrutura e de extrema pobreza.

Uma característica importante desses trabalhadores que são vítimas das atrocidades dos fazendeiros e que moram na periferia da cidade é que todos vieram do campo, desde a terceira geração, como o avô, o pai e o filho, e estes foram obrigados a procurar novas formas de sobrevivência na cidade. No entanto, a cidade não ofereceu o que imaginariam – os serviços com facilidades. Serviu apenas de refúgio, como o local de moradia, em terrenos legais ou ilegais. As atividades desses trabalhadores continuam no campo para manter a família com salários irrisórios quando recebem o que lhes resta de um trabalho exaustivo, desvalorizado pelos fazendeiros.

A desqualificação profissional, a falta de escolaridade e a pobreza são ingredientes que se combinam para os trabalhadores se tornarem vítimas da escravidão por dívida. Trata-se de elementos que condicionam um estado de conformidade, de submissão, de alienação. É a negação da própria existência do trabalhador como ser humano, que tem direitos e deveres perante a lei.

A violência física contra os trabalhadores é praticada nas fazendas como forma de amedrontar, de obrigar e mostrar o domínio perante o outro, em uma demonstração de poder econômico, social e político que vem desde o Brasil colônia e atravessou vários séculos, chegando ao século XXI com relações servis de dependência, de maus tratos e até de morte.

Nesse contexto, a violência é uma das características peculiares do trabalho escravo por dívida no Brasil, com condições piores que a escravidão moderna colonial. São homens e mulheres que sofrem com as atrocidades existentes no campo brasileiro, por conta de uma estrutura agrária que perdura, concentrada em uma hegemonia de classe, os ruralistas, agora com novas relações de trabalho pautadas em condições de trabalho ilegais, como a escravidão por dívida.

As mulheres dos trabalhadores aliciados tornam-se vítimas da escravidão, porque estão cativas em suas residências, cuidando das crianças e dos afazeres domésticos, administrando a casa na ausência do marido. São vítimas indiretas porque ficam confinadas em casa, sem poder trabalhar em outra atividade. Podemos perceber que na cadeia da escravidão há diversos tipos de trabalhos feitos pelas mulheres, como as mulheres donas de pensão que têm uma ligação direta com o aliciador para hospedar os trabalhadores em seu estabelecimento. As mulheres prostitutas que ficam à disposição dos trabalhadores e aliciadores no momento da hospedagem; as mulheres que irão servir de cozinheiras nas fazendas, que sofrem as mesmas privações do não pagamento do salário. Tais privações talvez sejam piores do que as dos homens, porque essas mulheres são ameaçadas pelos gatos para se entregarem como mulher; e as mulheres, esposas dos trabalhadores, como também dos próprios aliciadores que administram a casa ajudando o marido na luta pela sobrevivência, são as viúvas temporárias que vivem da esperança de dias melhores e que vivem na preocupação sobre o paradeiro dos maridos.

As mulheres fazem parte da cadeia da superexploração do trabalho escravo, porque são protagonistas das histórias, da violência física sofrida pelos seus maridos. Estão em suas residências como escravas indiretas de uma situação gerada pelos aliciadores. Não estão nas estatísticas dos órgãos que lidam com os números de denúncias e fiscalizações da escravidão por dívida, não são autuadas nas fazendas porque ficam confinadas no seu triste fado.

O Estado como instituição tem procurado atender às instituições internacionais, como a Organização das Nações Unidas e a OIT, criando planos de ações para erradicar o trabalho escravo, tanto na esfera federal como estadual. A aplicação desses planos anda ainda a passos lentos, por não integrar o trabalhador à sociedade com alternativas viáveis, como reforma agrária, emprego e renda, e educação profissionalizante para que o trabalhador não retorne à escravidão.

Esse mesmo Estado tem apoiado em toda a sua história as oligarquias agrárias. Talvez essa incapacidade de erradicar a escravidão por dívida esteja atrelada a um passado em que os favores políticos estão acima do direito do cidadão. Por isso, as medidas tomadas são ainda vagas, alguns representantes do poder judiciário também dificultam os processos contra os escravistas por fazerem parte da classe oligárquica no campo. Alguns juízes têm os seus méritos por se preocuparem com a violência que contraria as leis que regem este país, mas o que confirmamos é a lista suja criada pelo governo federal ter aumentado; isso demonstra que as ações ainda são muito decrépitas. O Estado brasileiro ainda continua frágil para combater a corrupção que vai desde o poder executivo até o judiciário. Isso demonstra a incapacidade de resolver os problemas existentes no campo com reformas que favoreçam os trabalhadores, e não, ao contrário, os fazendeiros e capitalistas que sempre foram premiados com as políticas de investimentos por meio dos créditos desde a época da ditadura militar.

É preciso que haja um Estado forte que tome medidas corajosas e que o Plano de Erradicação do Trabalho Escravo seja executado em toda a sua essência, sem a necessidade de que os trabalhadores voltem para as fazendas em situações deploráveis, humilhantes, como tem acontecido em várias regiões do país, sobretudo nos estados da recente fronteira.

As entidades têm assumido um papel importante na luta contra a escravidão por dívida. Em alguns lugares, tem havido uma participação maior do que o próprio estado, como acontece no Tocantins, com a CPT e o CDHA, com projetos alternativos para tirar os trabalhadores do sistema de exploração e deploração do trabalho exercido nas fazendas. A CPT tem feito um trabalho de conscientização com os trabalhadores, camponeses, posseiros, seringueiros e ribeirinhos desde a década de 1970, e na atualidade tem travado essa mobilização por meio das denúncias dos trabalhadores contra a peonagem, o trabalho degradante e o trabalho escravo por dívida, levando estas denúncias às autoridades, como Ministério Público do Trabalho e Emprego e a Polícia Federal. Essas entidades assumiram um compromisso em favor dos necessitados, dos trabalhadores rurais que não têm uma organização para fazer valer o direito do cidadão.

Em relação aos sindicatos dos trabalhadores rurais do norte do estado do Tocantins, estes são muito tímidos no contexto da luta contra a escravidão, ficam mais nos bastidores resolvendo os problemas burocráticos da aposentadoria, não se envolvem com a luta dos trabalhadores e das entidades como CPT e o CDHA. A ONG Repórter Brasil tem assumido um papel importante por meio da divulgação, dos seminários prestados, que envolvem várias entidades e instituições na luta contra o escravismo contemporâneo no Brasil. Os organismos internacionais, em destaque a OIT, têm se preocupado em denunciar as formas de trabalho degradante em quase todos os continentes, por meio dos relatórios globais, apresentando números de trabalhadores envolvidos em condições de trabalho deploráveis. Em 2007, a OIT apresentou ao Brasil o relatório "Trabalho escravo no Brasil do século XXI", em que apresenta as causas que dão origem ao trabalho escravo e a magnitude do problema. Faz uma análise das principais formas que a escravidão por dívida assume na atualidade, além das áreas de maior incidência em termos geográficos, como também em termos de atividades econômicas.

Enfim, o trabalho escravo contemporâneo tem sido um malefício que afeta uma parte da sociedade, a marginalizada e excluída do direito de ser cidadã, sendo violentada pelos mecanismos de coerção física e às vezes por coerção moral, utilizados pelos fazendeiros, aliciadores, capatazes para subjugar e perpetuar as concepções de obediência e sujeição. Essa é uma forma em que tais mecanismos têm sido efetuados por aqueles que continuam em uma cultura de servidão, deixando os trabalhadores com relações de dependência **com suas vidas dilaceradas**.

REFERÊNCIAS

AJARA, C. (Org). O Estado do Tocantins: reinterpretação de um espaço de fronteira. **Revista Brasileira de Geografia**, Rio de Janeiro, v. 53, n. 5, p. 5-48, out./dez. 1991.

ALMEIDA, J. **A construção social de uma nova agricultura**. Rio Grande do Sul: UFRS, 1999.

AMIN, S; VEROPOULOS, K. **A questão agrária e o capitalismo**. Tradução: Beatriz Resende. 2. ed. São Paulo: Paz e Terra, 1986.

ANANÁS. **Plano Diretor de Desenvolvimento Sustentável – PDDS**. Município de Ananás, 2003.

ANDRADE, M. C. de. **A terra e o homem no nordeste:** contribuição ao estudo da questão agrária no Nordeste. 6. ed. Recife: Ed. da UFPE, 1998.

_____. **A questão do território no Brasil**. 2. ed. São Paulo: Hucitec, 2004.

ASI- ANTI-SLAVERY INTERNACIONAL. Formas contemporâneas da escravidão. CPT (Comissão Pastoral da terra). **Trabalho escravo no Brasil contemporâneo**. Goiânia: Edições Loyola, 1999. p. 49-70.

AZEVEDO, F. A. **As ligas camponesas**. Rio de Janeiro: Paz e Terra, 1982.

BARBOSA, Y. M. **As políticas territoriais e a criação do Estado do Tocantins.** 1999. 158p. Tese (Doutorado em Geografia Humana) – Universidade de São Paulo, São Paulo, 1999.

BAUER, C. **Breve história da mulher no mundo ocidental**. São Paulo: Xamã, Edições Pulsar, 2001.

BECKER, B. K. **Amazônia:** geopolítica na virada do III milênio. 2. ed. Rio de Janeiro: Garamond, 2006.

_____. Redefinindo a Amazônia: o vetor tecnológico. In: CASTRO, I. E. de; GOMES, P. C. da C; CORRÊA, R. L. **Brasil:** questões atuais da reorganização do território. Rio de Janeiro: Bertrand Brasil, 1996. p. 223-244.

BRASIL. **Código Penal; Código de Processo Penal; Constituição Federal**. São Paulo: RIDEEZ, 2003.

_____. **Direitos Humanos no Brasil 2004:** Relatório da rede social de justiça e direitos humanos. São Paulo, 2004.

_____. **Plano do MDA/INCRA para a erradicação do trabalho escravo**. 2. ed. (Rev.). Brasília, Ministério do Desenvolvimento Agrário, 2005.

_____. II **Plano Nacional para Erradicação do trabalho Escravo**. Presidência da República. Secretaria Especial dos Direitos Humanos Brasília, SEDH, 2008.

_____. Ministério do Trabalho e Emprego. MTE. Disponível em: <http://www.mte.gov.br>. Acesso em: jun. 2009.

_____. Ministério do Trabalho e Emprego / Delegacia Regional do Trabalho do Tocantins. **Relatório de Fiscalização da Fazenda Castanhal**. Tocantins, 2006.

_____. Ministério do trabalho e emprego. **Reclamações Trabalhistas**. Agência de atendimento do trabalho em Araguaína, Tocantins, 2007.

BRETON, B. Le. **Vidas roubadas**: a escravidão moderna na Amazônia brasileira. Tradução: Maysa Monte de Assis. São Paulo: Loyolas, 2002.

BRUNO, R. 'Com a boca torta pelo uso do cachimbo'. Estado e empresários agroindustriais no Brasil. In: COSTA, Luiz Flávio de Carvalho; FLEXOR, Georges; SANTOS, R. (Org.). **Mundo rural brasileiro:** ensaios interdisciplinares. Rio de Janeiro: Mauad X; Seropédica; EDUR, 2008. p. 271-282.

CAMPOS, M. G. A política nacional para erradicação do trabalho escravo. In: Brasil. **Direitos Humanos no Brasil 2004:** Relatório da rede social de justiça e direitos humanos. São Paulo, 2004.

CANUTO, A.; LUZ, C. R. da S; AFONSO, J. B. G. (Coord.) Conflitos no campo Brasil 2005. Goiânia: CPT Nacional Brasil, 2004.

CARVALHO, F. M. A. de; GOMES, M. F. M; LÍRIO, V. S. **Desigualdades sociais:** pobreza, desemprego e questão agrária. Viçosa: UFV, 2003.

CARVALHO, M. Sangue da Terra: a luta armada no campo. São Paulo: Brasil debates, 1980.

CHAYANOV, A. V. Sobre a teoria dos sistemas econômicos não capitalistas. In: GRAZIANO DA SILVA, J; STOCKE, V. **A questão agrária.** São Paulo: Brasiliense, 1981.

CHOSSUDOVSKY, M. **A globalização da pobreza**: impactos das reformas do FMI e do Banco Mundial. Tradução de Marylene Pinto Michael. São Paulo: Moderna, 1999.

COGGIOLA, O. **Brasil**: A questão agrária e a luta do MST. In: PERICÁS, L. B; BARSOTTI, P. (Org.). América Latina: história crise e movimento. São Paulo: Xamã, 1999. p. 51-87.

CORRÊIA, L. B. Um fenômeno complexo. In: CPT (Comissão Pastoral da terra). **Trabalho escravo no Brasil contemporâneo.** Goiânia: Edições Loyola, 1999. p. 77-80.

CPT (Comissão Pastoral da Terra). **Os Pobres Possuirão a Terra**: Pronunciamento de bispos e pastores sinodais sobre a terra. São Paulo: Paulinas, 2006.

_____. **Trabalho escravo no Brasil contemporâneo.** Goiânia: Edições Loyola, 1999.

_____. Disponível em: <http://www.cptnac.com.br>. Acesso em: jun. 2009.

DAVATZ, T. **Memórias de um colono no Brasil:** 1850. Tradução, prefácio e notas de Sérgio Buarque de Holanda. São Paulo: Martins; Editora da Universidade de São Paulo, 1972.

DORNELLES, J. R. W. **O que são direitos humanos**. São Paulo: Brasiliense, 2007. (Coleção Primeiros Passos).

ESTERCI, N. A dívida que escraviza. In: CPT (Comissão Pastoral da terra). **Trabalho escravo no Brasil contemporâneo.** Goiânia: Edições Loyola, 1999. p. 101-125.

_____. **Escravos da desigualdade:** um estudo sobre o uso repressivo da força de trabalho de hoje. Rio de Janeiro: CEDI; Koinonia, 1994.

FERLINI, V. **Terra, trabalho e poder:** o mundo dos engenhos no Nordeste colonial. Bauru: Edusc, 2003.

FERNANDES, B. M. Questão agrária: conflitualidade e desenvolvimento territorial. In: BUAINAIN, A. M. (Ed). **Luta pela terra, reforma e gestão de conflitos no Brasil.** Campinas: Ed. Unicamp, 2005.

_____. **A formação do MST no Brasil**. Petrópolis: Vozes, 2000.

FERRAZ, S. **O movimento camponês no Bico do Papagaio**; sete Barracas em busca de um elo. Imperatriz: Ética Editora, 1998.

FERREIRA, D. M. M. **Discurso feminino e identidade social**. São Paulo: Annablume; Fapesp, 2002.

FIGUEIRA, R. R. **Pisando fora da própria sombra**: a escravidão por dívida no Brasil contemporâneo. Rio de Janeiro: Civilização Brasileira, 2004.

FUNARO, V. M. B. de O. et al. (Coord.). **Diretrizes para apresentação de dissertações e teses da USP**: documento eletrônico e impresso Parte I (ABNT). 2. ed. rev. ampl. São Paulo: Universidade de São Paulo: Sistema integrado de Bibliotecas da USP, 2009. Disponível em: <http://www.tesesusp.br>. Acesso em: 1 set. 2009.

FURTADO, C. **Formação econômica do Brasil**. 34. ed. São Paulo: Companhia das Letras, 2007.

GASPAR, J. G. **Araguaína e sua região**: saúde como reforço da polarização. 2002. 160f. Dissertação (Mestrado em Geografia) – Centro de Filosofia e Ciências Humanas, Universidade Federal de Pernambuco, 2002.

GIANNOTTI, J. A. **Filosofia miúda e demais aventuras**. São Paulo: Brasiliense, 1985.

GONÇALO, J. E. **Reforma agrária como política social redistributiva**. Brasília: Ed. Plano, 2001. (Série terceiro milênio)

GUIMARAES, A. P. **Quatro séculos de latifúndio**. 6. ed. Rio de Janeiro: Paz e Terra, 1989.

GUIMARÃES, P. W.; BELLATO, S. A. Condições de trabalho análogas às do trabalho escravo. In: CPT (Comissão Pastoral da terra). **Trabalho escravo no Brasil contemporâneo**. Goiânia: Edições Loyola, 1999. p.71-76.

HARVEY, D. **A produção capitalista do espaço**. Tradução: Carlos Szlak. São Paulo: Annablume, 2005.

IANNI, O. **A era do globalismo**. 3. ed. Rio de Janeiro: Civilização Brasileira, 1997.

_____. **A luta pela terra**: história social da terra e da luta pela terra uma área da Amazônia. 2. ed. Petrópolis: Vozes, 1979. (Coleção Sociologia Brasileira, v.8).

_____. **Raças e classes sociais no Brasil**. Edição revista e ampliada. São Paulo: Brasiliense, 2004.

IBGE – Instituto Brasileiro de Geografia e Estatística. Disponível em: <http://www.ibge.gov.br>. Acesso em: jun. 2009.

IZUMINO, W. P. **Justiça e violência contra a mulher**: o papel do sistema judiciário na solução dos conflitos de gênero. 2. ed. São Paulo: Annablume: FAPESP, 2004.

KAUTSKY, K. **A questão agrária.** Tradução de C. Iperoig. 3. ed. São Paulo: proposta editorial, 1980.

KOTSCHO, R. **O massacre dos posseiros**: conflito de terras no Araguaia – Tocantins. São Paulo: Brasiliense, 1981.

LENIN, V. I. **Sobre a emancipação da Mulher**. Tradução: Maria Celeste Marcondes. São Paulo: Editora Alfa-Omega, 1980.

LOPES, A. P.; MONTELO, R. C. **O amanhecer do trabalhador**. Araguaína: CDHA, 2007.

LOPES, A. P. **Depois da terra, o desafio para permanecer**: o assentamento Muricizal – Muricilandia (TO). 2001. 157f. Dissertação (Mestrado em Geografia) – Instituto de Geografia, Universidade Federal de Uberlândia. 2001.

LUZ, V. P. da. (Org.) **Estatuto da Terra**. 2. ed. Porto Alegre: Sagra, 1991.

MAESTRE FILHO, M. J. **O escravismo antigo**: o escravo e o trabalho: luta de classes na antiguidade: resistência e escravidão. São Paulo: Atual; Campinas: Editora da Universidade Federal de Campinas, 1988.

MALAGODI, E. **O que é materialismo dialético**. São Paulo: Brasiliense, 1988.

MARTIN, A. R. **Fronteiras e nações**. São Paulo: Contexto, 1992. (Repensando a geografia).

MARTINS, J. de S. **Fronteira**: a degradação do outro nos confins do humano. São Paulo: Hucitec, 1997.

_____. **O cativeiro da terra**. 7. ed. São Paulo: HUCITEC, 1998.

_____. A escravidão nos dias de hoje e as ciladas da interpretação. (reflexões sobre riscos da intervenção subinformada). In: CPT (Comissão Pastoral da terra). **Trabalho escravo no Brasil contemporâneo**. Goiânia: Edições Loyola, 1999. p. 127-163.

_____. **A militarização da questão agrária no Brasil**. Petrópolis: Vozes, 1984.

_____. **A reforma agrária e os limites da democracia na Nova República**. São Paulo: Hucitec, 1986.

_____. **O poder do atraso**: ensaios de sociologia da história lenta. 2. ed. São Paulo: Hucitec, 1999.

MARX, K; ENGELS, F. **Manifesto do Partido Comunista**. [S.l.; s.n.; s.d.]

MARX, K. **A origem do capital**: a acumulação primitiva. Tradução: Klaus Von Puchen. 2.ed. São Paulo: Centauro, 2004.

_____. **O capital**: crítica da economia política: livro I. Tradução: Reginaldo Sant'Anna. 22ª ed. Rio de Janeiro: Civilização Brasileira, 2008.

_____. **Tendências históricas da acumulação capitalista** (Excerto do capítulo XXIV do tomo I de O Capital). In: MARX, Karl; ENGELS, Friedrich. Textos. v. 2. São Paulo: Edições Sociais, 1976. p. 19-21.

MEDEIROS, L. et al. (Org.). **Assentamentos rurais**: uma visão multidisciplinar. São Paulo: Ed. UNESP, 1994.

MELLO, N. A. **Políticas territoriais na Amazônia**. São Paulo: Annablume, 2006.

MORAES, A. C. R. **Bases da formação territorial do Brasil**: o território colonial brasileiro no ' longo ' século XVI. São Paulo: Hucitec, 2000.

NEVES, D. P. **Assentamento rural**: reforma agrária em migalhas. Niterói: EDUF, 1997.

OIT. Conferência Internacional do Trabalho, 93ª Reunião. **Aliança global contra trabalho escravo**: relatório global de seguimento da declaração da OIT sobre princípios e fundamentos no trabalho 2005. Secretaria Internacional de Genebra, 2005. Disponível em: <http://www.oitbrasil.org.br>. Acesso em: set. 2007.

_____. **Trabalho Escravo no Brasil do Século XXI**. Coordenação de Leonardo Sakamoto. Brasília: Organização Internacional do Trabalho, 2007. Disponível em: <http://www.oitbrasil.org.br>. Acesso em: ago. 2007. (Relatório 2)

OLIVEIRA FILHO, M. de. **Rio Maria**: a terra da morte anunciada. São Paulo: Editora Anita Garibaldi, 1991.

OLIVEIRA, A. U. de. **A geografia das lutas do campo**. 8. ed. rev. amp. São Paulo: 1998.

_____. **A geografia das lutas no campo**. São Paulo: Contexto, 1997. (Repensando a Geografia).

_____. **Integrar para (não) entregar:** políticas públicas e Amazônia. Campinas: Papirus, 1988.

_____. **Modo capitalista de produção e agricultura**. 2. ed. São Paulo: Ática, 1987.

_____. **O campo brasileiro no final dos anos 80**. In: STÉDILE, J. P. (Coord.). **A questão agrária hoje**. 2. ed. Porto Alegre: Editora da Universidade/ UFRGS, 1994. p. 45-67.

OLIVEIRA, A.U. de; MARQUES, M. I. M. (Org.). **O campo no século XXI:** território de vida e de construção da justiça social. São Paulo: Editora Casa Amarela; Paz e Terra, 2004.

ONG Repórter Brasil. Disponível em: <http://www.reporterbrasil.com.br>. Acesso em: ago. 2007.

ONU. Organização das Nações Unidas. **Declaração Universal dos Direitos Humanos**. Adotada e proclamada pela resolução 217A (III) da Assembleia Geral das Nações Unidas em 10 de dezembro de 1948. Disponível em: <http://www.mj.gov.br>. Acesso em: out. 2008.

PAULINO, E. T. **Por uma geografia dos camponeses**. São Paulo: Editora UNESP, 2006.

PICOLI, F. **O capital e a devastação da Amazônia**. São Paulo: Expressão Popular, 2006.

PINTO JÚNIOR, J. M; FARIA, V. A. **Função social da propriedade:** dimensões ambiental e trabalhista. Brasília: Núcleo de Estudos Agrários e desenvolvimento rural, 2005.

PRADO JUNIOR, C. **A questão agrária no Brasil**. 3.ed. São Paulo: Brasiliense, 1981.

PRADO, A.A; FIGUEIRA, R. R. (Coord.). **Terra e trabalho escravo violência e impunidade**. Niterói: Universidade Federal Fluminense, 2002.

RIBEIRO, F. de A. **A invenção do Tocantins**: memória, história e representação. 2001. 165f. Dissertação (Mestrado em História das Sociedades Agrárias) – Faculdade de Ciências Humanas e Filosofia, Universidade Federal de Goiás, 2001.

ROSDOLLSKY, R. **Gênese e estrutura de O capital de Karl Marx.** Tradução: César Benjamin. Rio de Janeiro: EDURJ; Contraponto, 2001.

ROSSINI, R. E. **Geografia e Gênero**: a mulher na lavoura canavieira paulista. 1988. Livre-Docência (Disciplina Geografia da População – A população Paulista) – Faculdade de Filosofia, Letras e Ciências Humanas, Universidade de São Paulo, 1988.

SADER, E. **Sete pecados do capital**. Rio de Janeiro: Record, 1999.

SADER, M. R. C. de T. **Espaço e luta no Bico do Papagaio**. Programa de Pós-Graduação em Geografia Humana. 1986. 430f. Tese (Doutorado em Geografia Humana) – Faculdade de Filosofia, Letras e Ciências Humanas – Departamento de Geografia da Universidade de São Paulo, São Paulo, 1986.

SAKAMOTO, L. **A economia da escravidão**. Disponível em: <www.reporterbrasil.org.br>. Acesso em: 19 jun. 2006.

_____. A reinvenção capitalista do trabalho escravo. In: CPT. (Comissão Pastoral da Terra). **Conflitos no campo** – Brasil 2007. Goiânia: CPT nacional – Brasil, 2007. p. 110-112.

_____. **Lucro alto, mão-de-obra descartável:** o trabalho escravo na economia de mercado da Amazônia brasileira. Disponível: www.reporterbrasil.org.br. Acesso: dez. 2006.

SALAMA, P. **Pobreza e exploração do trabalho na América Latina.** Tradução: Emir Sader. São Paulo: BOITEMPO EDITORIAL, 1999.

SAMPAIO, P. de A. **A reforma agrária que nós esperamos do governo Lula**. In: OLIVEIRA, A.U. de; MARQUES, M. I. M. (Org.). **O campo no século XXI:** território de vida e de construção da justiça social. São Paulo: Editora Casa Amarela; Paz e Terra, 2004. p. 329-334.

SAMPAIO, P. de A.; RESENDE, M. Tendências da conjuntura que impedem a reforma agrária. In: **Direitos Humanos no Brasil 2004**: relatório da sede social de justiça e direitos humanos. São Paulo, 2004.

SILVA, M. A. **A luta pela terra:** experiência e memória. São Paulo: UNESP, 2004.

SILVA, M. A. de M. **Errantes do fim do século**. São Paulo: UNESP, 1999.

SILVA, M. A. de M.; MARTINS, R. C.; MELO, B. M. de. Da luta no eito à luta pelos direitos. In: CPT. (Comissão Pastoral da Terra). **Conflitos no campo** – Brasil 2007. Goiânia: CPT nacional – Brasil, 2007. p. 120-129.

SINGER, P. **Globalização e desemprego**: diagnóstico e alternativas. 4. ed. São Paulo: Contexto, 2000.

SOJA, E. W. **Geografias pós-modernas**: a reafirmação do espaço na teoria social crítica. Tradução: Vera Ribeiro. Rio de Janeiro: Jorge Zahar Ed., 1993.

SUTTON, A. **Trabalho escravo**: um elo na cadeia da modernização no Brasil de hoje. Tradução: Siani Maria Campos. São Paulo: Edições Loyola, 1994.

SUZUKI, J. C. Questão agrária na América Latina: renda capitalizada como instrumento de leitura da dinâmica sócio-espacial. In: LEMOS, A. I. G. de; ARROYO, M.; SILVEIRA, M. L. (Org.). **América Latina:** cidade, campo e turismo. Buenos Aires: Clacso, 2006. p. 213-223.

TELLES, M. A. de A. **O que são direitos humanos das mulheres**. São Paulo: Brasiliense, 2006.

TOCANTINS. Comissão Estadual de Erradicação do Trabalho Escravo. **Plano Estadual de Erradicação do Trabalho Escravo no Tocantins**. Palmas, 2007.

VERGOPOULOS, K. Capitalismo disforme. (O caso da agricultura no capitalismo). In: AMIN, S. **A questão agrária e o capitalismo**. Tradução: Beatriz Resende. Rio de Janeiro: Paz e terra, 1977. (Pensamento crítico, v. 15).

VILELA, R. B. V.; CUNHA, R. M. A. A experiência do Grupo Especial de Fiscalização Móvel no combate ao trabalho escravo. In: Comissão Pastoral da Terra. (CPT). **Trabalho escravo contemporâneo**. São Paulo: Loyola, 1999. p. 35-39.